政治文明与政治发展研究丛书

ZHENGZHI WENMING YU ZHENGZHI FAZHAN YANJIU CONGSHU

当代中国政治资源配置研究

陈文新 著

武汉大学出版社
WUHAN UNIVERSITY PRESS

图书在版编目(CIP)数据

当代中国政治资源配置研究/陈文新著. —武汉：武汉大学出版社，2014.9
（政治文明与政治发展研究丛书）
ISBN 978-7-307-14293-0

Ⅰ.当… Ⅱ.陈… Ⅲ.政治—研究—中国 Ⅳ.D6

中国版本图书馆 CIP 数据核字(2014)第 213248 号

责任编辑:赵怨容　　责任校对:汪欣怡　　版式设计:马　佳

出版发行：武汉大学出版社　（430072　武昌　珞珈山）
（电子邮件：cbs22@whu.edu.cn　网址：www.wdp.com.cn）
印刷:武汉中远印务有限公司
开本：720×1000　1/16　印张:16.5　字数:237 千字　插页:2
版次:2014 年 9 月第 1 版　2014 年 9 月第 1 次印刷
ISBN 978-7-307-14293-0　定价:32.00 元

序

记得20年前我在研究政治文明问题，特别是在比较发达国家与发展中国家不同的政治发展绩效时，产生了一系列困惑和问题：为什么有的国家政治发展绩效高而另一些国家政治发展绩效低？为什么基本政治制度相同的国家政治发展绩效却截然不同？为什么有的国家政治局面能够保持有条不紊，而另一些国家却是危机四伏？面对风云变幻的国际国内政治形势，为什么有的国家能够应付裕如，有的国家却捉襟见肘？

经过反复比较和深入研究后我发现，这其中有一个国家政治资源合理配置和利用的问题。于是，在我2003年招收的第一届博士生中，我就希望自己的学生能够研究政治资源问题，以期从中找到上述问题的答案。陈文新的博士论文选题就是在这种学术背景下确定的。

但是当时，政治资源研究在国内还是一个没有多少人问津的新领域。这倒不是因为政治资源问题对中国政治发展不重要，恰恰在于它太重要了，以至于中国的政治发展和政治改革能否成功，归根到底都取决于能否合理地开发利用和配置政治资源。因此，我就让文新从政治资源的一般概念做起，然后再寻找突破点。但是，文新研究了将近一年，仍然是一头雾水，此时距离博士论文最后答辩只有半年时间了。于是，我不得不让他赶快收缩战线，集中于研究当代中国政治资源配置问题。我为他清理了一个大致的思路，要求他按图索骥，填充资料和内容。他也是马不停蹄，日夜奋战，直至正式答辩前夕仍在修改补充。“功夫不负有心人”，尽管他这篇论文有些急就成章，还存在诸多问题，但由于选题新颖，研究价值重大，仍然获得答辩专家们的一致肯定，顺利通过了论文答辩。

应该说，文新的博士论文虽然是研究政治资源问题，但仅仅只是提出了问题，因此，在他答辩后，我反复对他强调，政治资源研究是一个新的研究领域，随着我国改革开放和现代化事业的发展，会越来越显示出合理配置和开发利用政治资源的重要性。文新毕业到郑州大学工作后，谨记我的嘱咐，心无旁骛，继续潜心于政治资源问题研究，在国内重要期刊上连续发表关于政治资源研究的论文 10 余篇，其中一些学术观点和研究视角被政治学界同仁征引，产生了良好的学术影响。之后，他又围绕政治资源配置问题申报了国家社会科学基金项目，并成功地获得批准。

摆在我们面前的这本《当代中国政治资源配置研究》书稿，就是文新上述研究历程的结晶。相对于前述博士论文和其他相关研究成果而言，这部书稿无论在理论视野、研究内容、研究方法上均有极大的修改和提升，已经是不同于原有论文的一部新著了。粗读这部书稿，我以为至少有以下几个方面值得向读者推荐：

其一，本书建立了政治资源和政治资源配置研究的基本框架。此前，关于政治资源研究的成果本来就不多，更鲜有建立政治资源研究理论框架的尝试。文新的书稿从政治资源概念、类型、特征到政治资源配置的机制、规则和判断标准这些方面，都作了十分详尽的界定和解释，初步形成了政治资源研究的概念系统。经过对各种概念的梳理和比较分析，他认为政治资源是指能够使政治行为主体对政治客体发生作用，从而影响政治变迁、维护政治稳定、推动政治发展的物质与非物质因素的总和。又根据政治主体的不同，本书将政治资源分为个体性的政治资源和集体性的政治资源。特别是从政治资源的表现形态，把政治资源分为实体性的政治资源和规范性政治资源两个主要部分。实体性政治资源分为政治实体（政治权力、政治组织）部分和经济实体（国家财政、国有企业）部分；规范性政治资源是指政治实体性质、地位、作用、相互关系、运行程序、运行方式等的制度规范，它是政治资源体系不可缺少的重要组成部分，关系到实体性政治资源的顺利运行和预定的政治目标的顺利实现，主要包括法律规范和政治规范、意识形态以及政治权利。这些基本概念的科学厘定，为后来者深入研究政治资源提供了便利。

其二，本书总结了新中国成立以来中国政治资源配置的经验教训。本书系统考察了改革开放前中国政治资源配置的历史，分析了当时两种基本政治资源配置路径——城市“单位制”和乡村“人民公社体制”，指出这两种政治资源配置是计划经济的产物，也是制约和谐政治发展的重要原因。然后考察了改革开放以来政治资源配置的变迁，具体分析了政治权力配置变迁、国有企业配置变迁、财政资源配置变迁、意识形态配置变迁、政治权利配置变迁的实然状况，总结了各自的利弊得失，进而说明当代中国政治资源配置变迁三个应然的取向：现代化的战略需求；经济利益的追求；交易费用机制的导向。这种基于历史事实而总结出的经验教训，对于社会主义市场经济基础上的政治资源配置具有重要启示作用。

其三，本书分析了当代中国政治资源配置的现状。本书稿着重分析了当代中国政治权力配置的结构和特点、国有企业配置的现状和特点、国家财政配置的现状和特点、意识形态配置的结构和特点、政治权利配置的结构和特点，从中梳理出当代中国政治资源配置的问题与不足，指出正是由于政治资源配置的不科学，导致政治资源的流失，造成政治权力配置的不均和政治权利配置的失衡，从而影响了国家政治稳定和社会和谐。其中关于改革以来政治资源流失的表现、后果及其成因的分析，具有较强的理论观照和现实关怀。

其四，本书重点讨论了和谐社会的政治资源优化配置问题。和谐社会是新时期中国社会发展的主旋律。和谐社会需要政治资源的合理配置，换言之，政治资源合理配置是和谐社会的重要前提和保证。本书在分析了和谐社会与政治资源及其配置的相关度之后，明确提出优化政治资源配置是促进社会和谐的基本要求。最后，根据和谐社会对政治资源配置的要求，提出和谐社会政治资源优化配置的前提是加强执政党的执政能力建设；核心是优化政治制度资源配置；基础是财政资源的优化配置；保障是意识形态资源的优化配置；归宿是政治权利资源的优化配置。这些分析和论证不仅从理论与实践相结合的高度辨明了和谐社会与政治资源配置的关系，而且直接指明了和谐社会政治资源配置的原则和方向，拓展了政治资源研究的广度和深度。

如同任何研究都具有时空限制一样，文新的书稿对于政治资源的研究也只是初步的，特别是中共十八届三中全会提出推进国家治理体系和治理能力现代化的改革目标后，如何结合国家治理现代化进一步深入研究政治资源问题，已经摆到中国政治学者的面前。

当十八届三中全会公开提出推进国家治理现代化目标后，人们不约而同地意识到，国家治理现代化对于正在实现中华民族伟大复兴的中国来说，无疑是继“现代工业、现代农业、现代国防和现代科学技术”（四个现代化）之后的第五个现代化。相对于前四个现代化而言，第五个现代化（国家治理现代化）将是一场深刻的制度变革和治理变革。国家治理体系和治理能力现代化，强调制度的现代化、制度执行力的现代化，体现时代性、把握规律性、富于创造性，彰显了理论创新的科学精神和开放态度。推进国家治理体系和治理能力现代化，是完善和发展中国特色社会主义制度的必然要求，是实现社会主义现代化的应有之义，也是最根本意义上的现代化，是实现中华民族伟大复兴的现代化和中国全面走向世界的现代化。

推进国家治理体系和治理能力现代化必须充分挖掘和利用各种政治资源。俗话说：“巧妇难为无米之炊。”再高远的政治理想，再高级的政治制度，再高超的政治艺术，如果没有可供利用的政治资源，或者有了政治资源而不能合理地配置，那也无用。因此，推进国家治理体系和治理能力现代化，不仅是一个新的表述或提法，更是一项重大的政治决策，涉及各个领域的全面深化改革，都是围绕完善和发展中国特色社会主义制度、推进国家治理体系和治理能力现代化而展开的。要使这样一项涉及制度安排、组织架构和运行机制等多方面内容的系统工程取得实效，必须充分挖掘和利用各种政治资源。一是制度资源。党领导人民建立的社会主义制度，是一个巨大的制度资源宝库，必须大力挖掘其中的制度优势，尽可能地发挥各项制度在国家治理方面的强大功能。二是组织资源。作为执政党的中国共产党和国家政权，是当代中国最重要的组织源源，必须充分发挥支撑政治制度运行的组织体系的巨大力量。三是文化资源。中国是一个具有深厚传统文化的国家，有效地利用博大精深的传统文化资源，同时借鉴全球化时代人类的进步文化资源，是促进国家治理现代化的文化前提。四是社会资源。改革开放以来中国社会自主性得到加强，各种不同的社会合作机制正在形成，国家治理现代化必须有效利用已经形成的社会机制和社会资源。

谈到政治资源配置，我们不由得想到一句中国俗语："吃不穷，穿不穷，不会算计一世穷。"这句俗语告诉我们一个浅显的真理：资源的合理配置可以产生新的效能，是可持续发展的条件。

当代著名政治学家弗兰西斯·福山在《什么是治理》中谈道，在当代政治科学中，对行政机构和官僚组织的功能的重视程度相对不足。大家都对研究权力受限或制衡的政治机制感兴趣，比如民主责任或法治政府，却很少有人注意掌握和操作权力的机构以及治理的绩效。因此，他提出现代治理应该研究如何通过调动职业官僚的积极性进而激活政治资源和提高治理绩效。而要激活政治资源和提高治理绩效，就需要科学配置、有效利用和合理开发政治资源。

"众人拾柴火焰高"。在现代市场条件下，政治资源的科学配置、有效利用与合理开发，并非只是执政党和政府的事情，而是全社会的事情，不同的政治主体都必须投身其中，充分发挥政治市场和思想市场的作用。如同经济资源需要市场配置一样，政治资源的合理配置也要依赖于政治市场和思想市场。尽管政治市场和思想市场与经济市场有着不一样的机制，但是如果没有政治市场和思想市场，政治资源的配置就很难做到公平和科学的配置。因此，如何在民主和法治轨道上发展政治市场和思想市场，使不同政治主体能参与政治资源配置，从而实现政治资源的合理配置，这已经成为制约我国国家治理现代化的重要问题。

长期以来，我国政治资源的配置主要是依靠执政党和政府，这种脱离政治市场和思想市场的政治资源配置，曾经使我国的政治资源发挥了巩固国家政权和执政党地位，促进社会安定团结和作用。但是，缺乏必需的政治市场和思想市场，导致了政治资源的流失和滥用。

那么，如何才能形成自主自治、富有活力的政治市场和思想市场机制呢?

十八届三中全会《决定》在提出全面深化改革的总目标是完善和发展中国特色社会主义制度，推进国家治理体系和治理能力现代化的同时，针对我国社会主义市场经济发展中的问题，提出要发挥市场在资源配置中起决定性作用。在这里,《决定》实际上已经指明发展经济市场、政治市场和思想市场的基本途径，这就是全面深化改革。只有通过全面深化改革，才能完善和发展中国特色社会主义制度，推进国家治理体系和治理能力现代化。只有通过全面深化改革，才能革除束缚生产力发展的体制机制，形成让一切劳动、知识、技术、管理、资本的活力竞相迸发，让一切创造社会财富的源泉充分涌流，让发展成果更多更公平惠及全体人民。可见，全面深化改革与推进国家治理现代化、完善社会主义市场机制是三位一体改革发展目标。关于政治资源的研究，如果能够与这三者结合起来，并体现这三者的基本要求，其研究境界、学术指向和现实关照将得到大大的提升，并将展示出其广阔的发展前景。

是为序。

虞崇胜于珞珈山下

2014 年 7 月 31 日

目　　录

绪　　论

一、政治资源研究现状回顾

政治资源这一术语最早出现在20世纪40年代西方企业（公司）管理领域。1940年，英国学者Fainsod提出在企业（公司）管理中应该动员三种类型的资源即财政（政治运动的经济支持）、人力（议员和律师）、政治（政治联合），强调工业的发展需要获得强大的政治支持，必须同广泛的社会目标紧密联系起来。① 后来，一些管理学的研究者相继发展了政治资源的理论，把它引入政治学和公共政策的研究领域之中。

然而，使政治资源范畴真正被规范化和广泛使用的当属西方行为主义政治学家的推动。西方行为主义政治学主张政治学研究应秉持价值中立，主张大量借鉴和采用自然科学的相关理论和方法来分析政治现象，其革命性的标志之一是建立了一套不同于传统政治学的话语体系，扩大了对政治内涵的认识。政治与我们的生活息息相关，但长期以来，人们对政治的理解存在着误区，对政治的本质并没有形成完全清晰的认识。在传统政治学中，人们倾向于把政治理解为规范性的道

---

① Nicolas Dahan：A contribution to the conceptualization of political resources utilized in corporate political action, Journal of Public Affairs. London：Feb 2005. Vol. 5, Iss1；p. 43.

德或超自然、超社会力量的体现或外化。① 更多的时候，政治在现实生活中往往被理解为就是权力、阶级斗争等，是一种让人可望而不可及的“奢侈品”或让人产生怨恨的“灾难”。这种对政治的理解，使政治的丰富内涵被人为压缩，不仅在理论上造成了人们认识上的混乱和迷茫，而且在实践中容易酿成政治悲剧或政治灾难，在人们的心理投下了沉重的政治阴影。随着现代政治学的建立与发展，相当多的学者开始用开放式的思维方式重新认识政治，寻找政治的本真，提出了许多新的关于政治本质的见解。行为主义政治学将政治理解为一种权威性的分配活动，美国当代著名政治学家戴维·伊斯顿首次将体系概念引入政治学研究中，认为“政治学的总目标必须是了解政治体系所起的作用”。“为了便于实际研究，有必要把政治学描绘成探讨人们如何为一个社会进行权威性价值分配的问题。”② 因此，政治学只涉及种种权威性的分配方法或政策，这就要求政治体系必须掌握一定的资源来保证政治体系的正常运转和有序发展，政治共同体掌控的资源数量与质量往往影响到政治权力效能的发挥，资源对于政治共同体十分重要。这样，经济学上的资源概念就自然而然地被借用到政治学研究中去，政治资源范畴就产生了。

除了戴维·伊斯顿以外，其他的行为主义政治学家，如哈罗德·拉斯韦尔、罗伯特·达尔、阿尔蒙德等也强调政治与资源的配置或分配有关，强调政治的权威性分配的功能。同时，西方一些社会学者如威廉姆·甘森、丹尼斯·朗、罗伯特·杰克曼等也对政治资源理进行过研究和探讨。

总体上，西方学者对于政治资源的研究成果主要较为分散，并没有对政治资源进行系统地专题式研究，往往在著作中涉及政治资源问题。其中，美国政治学家阿尔蒙德和达尔以及社会学家丹尼斯·朗关

① 王浦劬等：《政治学基础》（第2版），北京大学出版社2006年版，第1~6页。

② ［美］戴维·伊斯顿著，马清槐译：《政治体系——政治学状况研究》，商务印书馆1993年版，第123页。

于政治资源的研究具有一定的影响力，主要对上述三位学者的政治资源研究作一简要梳理。

阿尔蒙德和小鲍威尔在《比较政治学：体系、过程和政策》中，不仅对政治资源进行了界定，而且对政治资源的提取和开发问题进行了探讨。他们实际上把政治过程中各种各样的支持看做政治资源，这种支持不仅包括政治性，还包括物质性的。因此，政治体系对政治资源的提取与开发是很重要的。所有的政治体系，甚至最原始的政治体系，都以人们对社会义务性贡献的方式来提取某种资源，在现代政体中，最普通的提取资源的形式是税收，而战争掠夺是一种常见的国际提取形式。阿尔蒙德和小鲍威尔通过对当代一些国家提取的税收、社会保险金和国有财产所得利润和利息占国内生产总值的比例的比较研究后，认为，一般来说，从发达的工业经济中，政治体系更容易提取比例高、绝对量也较多的资源。在经济不发达的农业社会中，大多数人生活在最低生存线上，要想提取他们收入的大部分是十分困难的。除了经济发展程度这一限制性因素外，政策目标和战略对资源提取的程度和形式也起到重大的影响。他们认为，政治资源的提取具有重要意义，历史上的重大政治斗争，特别是民主化运动所取得的具有历史转折意义的胜利，往往与税收有关，如：英国大宪章的制订和法国大革命的部分起因就源于税收的斗争。① 总之，从体系、过程与决策三个层次来看，政治资源都是政治结构功能发挥的基础，政治资源的提取与开发是政治分配活动的前提。

达尔对政治资源的研究与分析主要集中在《现代政治分析》《多头政体》《谁统治?》《论民主》《民主理论的前沿》《多远民主的困境》《论政治平等》等重要著作中。达尔关于政治资源理论研究主要体现在四个方面：第一，他提出了政治资源的概念。在其重要著作《现代政治分析》中，达尔认为，政治分析涉及权力、权威与统治，

① ［美］加布里埃尔·A. 阿尔蒙德、小G. 宾厄姆·鲍威尔著，曹沛霖等译：《比较政治学——体系、过程和政策》，上海译文出版社1987年版，第338～343页。

而政治体系可定义为“任何在重大程度上涉及控制、影响力、权力或权威的人类关系的持续模式”。① 在阐述政治影响力的基础上，达尔提出了政治资源的概念。他说：“政治资源是一个人可用于影响他人行为的手段。因而政治资源包括金钱、信息、食物、武力威胁、职业、友谊、社会地位、立法权、投票以及形形色色的其他东西。”② 第二，政治资源与政治参与。政治参与以拥有政治资源为基础。达尔以美国纽黑文市为例，详细探讨了在一个城市的政治权力运作、政治民主决策过程中，城市各个群体拥有的政治资源对政治决策的影响。第三，他探讨了政治资源分配与政治平等问题。达尔认为，所有政治体系所具备的一个普遍特征就是政治影响力的分配是不公平的，政治资源在不同的政治体系中都是不平等分配的，但不平等的程度却随体系和社会而异。政治资源在社会体系中的不平等分配主要有两种：累积性的和分散性的。第四，他分析了政治资源分配与政治体制的关系。在《多头政体》中，达尔把政治体制的划分与政治资源的分配结合起来，提出了多头政体与霸权政体的概念，并对多头政体与霸权政体中的政治资源的分配进行了描述与研究。总之，在西方行为主义政治学家中，达尔对政治资源的研究较为具体和丰富，提出了很多开创性的见解和观点，奠定了政治资源理论的基本分析架构，对政治资源的理论研究做出了重要贡献。

美国著名的社会学教授丹尼斯·朗在其著作《权力论》中，围绕着政治权力来讨论政治资源。他认为，政治权力与政治资源是密切相关的，政治权力来源于对政治资源的占有和掌握，政治权力作用力的大小受制于政治主体掌握的政治资源的数量与质量。他把政治资源分为个人资源与集体资源，前者是个人拥有的、流动性比较高并且易于转化为政治用途的资源，如：自由支配的时间、金钱、声望、个人

---

① ［美］罗伯特·A. 达尔著，王沪宁译，《现代政治分析》，商务印书馆1987年版，第17～18页。

② ［美］罗伯特·A. 达尔著，王沪宁译：《现代政治分析》，商务印书馆1987年版，第47页。

魅力、操纵或说服技巧、某种知识或信息，后者最重要的是团结和组织；另外，数量与政治民主也是特殊的政治资源。“数量是令人畏惧的集体资源。聚集起来的个人资源分量决定性地依赖于向公共仓库作贡献的群体规模，不论所说的资源是金钱、货物、劳动时间、票数、小型武器、体力或空间的完全占有。”“民主制给每个人一种特殊的政治资源，即选举权，不管他或她可能拥有其他什么资源。”① 在集体资源与个人资源关系上，集体资源优于个人资源，而且这种资源由比较稳定的集团和组织拥有时也更加持久。因为，一般来说，整体大于部分之和，不管个人资源多么丰富，个人权力明显不能胜任和完成的任务往往可以通过有组织的集团来取得成功。因此，丹尼斯·朗认为，“在决定社会的权力结构时，创造和保持集体资源远比个人资源的分配更为重要”。②丹尼斯·朗的政治资源理论是建立在当代西方资本主义国家政治现实的基础上的，具有很强的针对性。

中国学者对政治资源的研究和运用，在很大程度上于当代中国政治发展的实践密切相关。党的十一届三中全会以来，中国社会进入现代化的新阶段，但中国新型现代化之路并不是一帆风顺的，改革开放的制度效应的释放到20世纪90年代中后期遇到一定的阻力，主要表现为：高速的经济增长与滞后的政治发展并存，中国的经济实力显著提高，但中央政府的权威下降、政治整合力削弱、地方主义抬头、政治文化的滑坡、腐败行为猖獗。因此，为了适应社会和经济生活的迅速变革，政治体系必须能够发挥强有力的政治功能，即要提高和增强国家对社会发展的整体调控能力。政治体系新的政治功能的实现，必须具备这样一个前提，即政治体系能够拥有丰富的可以进行调配的资源。所以，资源的积聚是当代中国现代化能否成功的关键。这是当代中国政治发展必须关注的问题，也是理论界必须要做出回答的问题。

① ［美］丹尼斯·朗著，陆震纶、郑明哲译：《权力论》，中国社会科学出版社2001年版，第235页。

② ［美］丹尼斯·朗著，陆震纶、郑明哲译：《权力论》，中国社会科学出版社2001年版，第168页。

于是，西方行为主义政治学中的政治资源范畴就进入中国理论研究者的视野。在翻译西方行为主义政治学重要著作的基础上，复旦大学王沪宁教授最早借鉴政治资源的概念并展开对当代中国政治资源问题的理论研究，他在《市场发育和权威基础：保护和开发政治资源》一文中，不仅对政治资源的各个组成部分进行了详细论述，而且强调在经济体制转型中政治资源的保护和开发的重要性。此后，中国学者从不同的视角、按照不同的方法展开对政治资源的多方面研究，取得了一定的研究成果。

从研究的基本内容来看，国内理论界对政治资源的研究主要可以分为两个方面。

其一是关于政治资源基本理论的研究，主要涉及的内容有：①政治资源基本概念的探讨，戚珩、傅菊辉、周圣平、沈艳兴、臧乃康、何深思等研究者对政治资源作了不同的界定。②政治资源的类型研究，中国的大多数学者在对政治资源丰富的内容进行分类时，倾向于二分法，即把政治资源划分为物质性的（有形的）与非物质性的（无形的），其中，王邦佐教授和邓伟志教授的观点很具有代表性。王邦佐教授把政治资源划分为有形的物质资源和无形的非物质资源，“物质性政治资源主要包括税收、国有资产和集体资产、外贸经济等，非物质性政治资源主要包括制度、体制、政策、价值观念、民众的政治心理等”；① 邓伟志教授把政治资源划分为直接资源与间接资源、长期资源和瞬时资源、国内资源与国外资源等等。② ③政治资源流失与维护问题。相当一部分学者强调要警惕执政党政治资源流失问题。傅菊辉探讨了腐败对政治资源流失的影响③；王小军、萧楼认为随着经济利益格局的变迁和政治环境的变化，党内富裕群体的产生，

① 王邦佐等编著：《中国政党制度的社会生态分析》，上海人民出版社2000年版，第179页。

② 邓伟志：《政治资源的配置问题》，《四川统一战线》，2000年第6期，第16~17页。

③ 傅菊辉：《论腐败对政治资源的影响》，《求索》，2002年第3期，第66~67页。

执政方式的探索变更，外部利益集团的压力等种种因素导致一定程度上政党政治功能的淡化、行政控制能力的弱化以及党内自身组织的少数个体变异等现象，致使一部分政治资源流失。这些流失可能会破坏政党的政治合法性，削弱执政党的执政基础。为此应当注意对政治资源进行维护。① ④政治资源开发问题，许多学者强调，基于改革开放后中国政治发展的实践，要把政治资源的开发提到十分重要的战略位置，以促进经济、社会和政治的协调发展。王邦佐先生指出，像中国这样的后发展中国家，政党及政党制度作为政治资源的整合体制和现代化大推动力量，其发挥作用的方式就是寻找一个适合中国国情的现代化发展战略，而一个好的战略就是一个能够开发尽可能多的政治资源并有效推动现代化进程的战略。② 胡伟认为，在计划经济向社会主义市场经济的转变过程中，中国的经济和社会的发展需要开发政治资源和增强政治推动力，来巩固和加强党的执政能力。③ 臧乃康认为，在新旧体制转换时期，市场缺陷直接或间接地对社会主义政治带来某些消极影响，应充分重视政治资源的保护和开发：在不同层次上调控财富和利益，杜绝市场缺陷所致的两极分化可能；疏浚政治信息通道，全面、准确、及时把握政治信息，降低社会资源的配置成本；全面掌握、正确运用政治权力，减少市场对社会政治的侵蚀，形成市场经济发展的政治行政动力和保障；建构和提倡社会主义政治文化，贬抑唯利主义和利己主义的政治文化，为全方位实现中国现代化以及市场经济的健康发展提供精神依托和动力。④ ⑤政治资源配置研究。龚少情在《变革社会中的政治资源配置》一文中，对政治资源配置的

① 王小军，萧楼：《中国共产党政治资源流失问题的可能性分析》，《中共浙江省委党校学报》，1999 年第 3 期。

② 王邦佐等编著：《中国政党制度的社会生态分析》，上海人民出版社 2000 年版，第 194 页。

③ 胡伟：《开发政治资源已被提到重要的战略位置》，《探索与争鸣》，1996 年第 4 期。

④ 臧乃康：《论现代化进程中政治资源的开发与利用》，《社会科学研究》，1996 年第 3 期。

含义进行了界定①；包心鉴论述了政治资源配置的意义，认为政治资源配置是衡量政治文明的重要标志②；另有研究者论证了政治资源的配置机制，认为政治资源配置机制主要包括：法律机制；利益机制；社会结构机制；个体发展机制③；王邦佐等在《中国政党制度的社会生态分析》一书中，从历史的角度对当代中国改革开放以来政治资源配置方式的变化作了详细的考察。

其二，一部分研究者从对政治资源的泛泛而论转向对政治资源的应用研究，主要涉及的内容有：

（1）政党政治资源研究。许多研究者对政党的政治资源进行了划分，代表性的观点是倾向于把政党的政治资源分为理论资源、权力资源、组织资源、历史资源、制度资源等等。郭定平在《政党与政府》一书中认为：在中国迈向新世纪的现代化征程中，执政党与政治资源具有一种天然的联系，不仅执政党是政治资源的开发者、调动者、分配者，而且执政党自身就是中国现代化的一笔巨大的政治资源。④ 余小英等学者探讨了中国民主党派的政治资源，认为在中国政治体系中，民主党派的政治资源主要包括：制度性资源（政治安排和实职安排）、功能性资源（履行参政议政、民主监督职能）组织性资源（组织发展和干部队伍建设）、社会性资源（代表和反映各自成员及所联系群众的具体利益和要求）以及政策性资源（中共党委对于民主党派工作的政策性推动），民主党派政治资源配置的格局与民主党派在中国政治体系以及多党合作制度中的政治定位密切相关。⑤

---

① 龚少情：《变革社会中的政治资源配置》，《东方论坛》，2003 年第 4 期，第 94 ~ 99 页。

② 包心鉴：《论政治资源的科学配置与使用》，《理论学刊》，2004 年第 2 期，第 4 ~ 8 页。

③ 成莉莉：《现代化进程中我国政治资源的配置机制》，《中共杭州市委党校学报》，2004 年第 6 期，第 78 ~ 82 页。

④ 郭定平：《政党与政府》，浙江人民出版社 1998 年版，第 244 页。

⑤ 余小英：《建国以来民主党派政治资源的配置特点及合理性研究》，《四川大学学报》（哲学社会科学版），2012 年第 6 期。

（2）相比较而言，更多的政治资源应用研究的成果重点集中在研究中国共产党执政的合法性资源上。从研究的内容来看，研究成果主要可以分为两个部分。

第一，部分学者把西方的合法性理论与政治资源基本理论结合起来，立足于当代中国政治发展的实践，对改革开放前后中国共产党执政的合法性基础进行历史的考察。如：林尚立在《当代中国政治形态研究》一书中认为，改革开放前的经济革命、社会结构革命、意识形态革命在不同程度上提供了中国共产党的政治合法性资源，当代中国政治形态从这些合法性资源中获得了重要支撑和发展动力。① 毛寿龙在所著的《政治社会学》一书中认为，武装斗争、党和国家领导人的个人魅力、意识形态的巨大感染力、中国共产党在革命中积累起来的巨大的组织资源构成了改革开放前执政的合法性基础。② 吴文勤、杨长鑫认为，改革开放后，中国共产党在致力于巩固意识形态所赋予的合法性的同时，着手建立新的合法性资源，一是选择了“政绩合法性资源”；二是加强民主与法制建设，建立自己的民主法治合法性资源，党的新一代领导集体表现出亲民、为民和民主透明的新形象，中共执政的合法性得到了普遍认同。③ 张健认为，中国共产党的合法性诉求有三个阶段的变化：从1921年至1978年，中共将其统治的合法性建立在马列主义意识形态之上；1978年至20世纪90年代中，经济增长取代了意识形态成为中共的主要合法性支柱，而意识形态则处于次要的位置，其间1989年事件对意识形态在中国的地位给予双重的影响；此后的中国政治史，可以视为中共政权不断寻求新的合法性来源的过程。不过，这种努力在90年代中后期之间并未找到新的合法性形式；1997年党的十五大提出“依法治国”纲领，成为

① 林尚立：《当代中国政治形态研究》，天津人民出版社2000年版，第141～142页。

② 毛寿龙：《政治社会学》，中国社会科学出版社2001年版，第88页。

③ 吴文勤、杨长鑫：《中国共产党的执政资源变迁及其制度整合》，《唯实》（南京），2004年第1期，第66～70页。

中共再次寻求新的合法性来源的契机。就中共统治的合法性问题的未来而言，在可以预见的时间段内，经济增长作为普通民众切身利益之所在，仍会成为中共最重视的合法性来源，而依法治国的方略则会随着各种社会不满、社会动乱隐患的上升而愈发为中共所倚重。① 杨宏山认为，20 世纪 80 年代以来，中共第二代领导集体在经济建设方面取得了巨大成就，在巩固政治合法性资源上取得了显著成效。经济增长与意识形态一起，共同构筑了党领导人民治理国家的合法性双保险。进入 20 世纪 90 年代以来，中共第三代领导集体十分注重开拓新的政治合法性资源，先后提出“依法治国”基本方略和“三个代表”重要思想，在中国迈入 21 世纪和全面建设小康社会的新阶段，执政党仍然需要进一步开拓和巩固执政的合法性资源。② 也有研究者从利益分析方法入手，认为，政治合法性基础在于民众利益的满足和实现，而利益需求是不断前进和上升的，因而政治合法性基础也应随着社会发展而做出相应的调整。改革开放前，中国政府的合法性建立在来自西方的历史唯物主义和源于中国的政治文化传统基础之上。20 世纪 80 年代至 90 年代前期，致力于建设政绩合法性。20 世纪 90 年代后期，开始寻找新的合法性基础，即加大反腐败、反贫困和建立社会保障工作的力度，通过维护或提高社会公正来巩固自己的合法性基础。③

第二，对巩固和拓展中国共产党政治合法性资源的探索。白纲、林广华认为，要巩固和拓展中国共产党的执政合法性资源，应当做好以下几个方面的工作：保持经济持续稳步增长，健全与发展政治体

---

① 张健：《合法性与中国政治》，《战略与管理》，2000 年第 5 期，第 1 ~ 15 页。

② 杨宏山：《中国政治发展与合法性资源》，《理论探讨》，2004 年第 1 期，第 30 ~ 32 页。

③ 李英田：《经济增长与政治合法性的关系探析》，《理论与改革》（成都），2004 年第 1 期，第 33 ~ 35 页。

制，制定正确的改革战略，厉行法治，与时俱进，不断进行理论创新。① 张亚泽就如何巩固和拓展中国共产党执政合法性提出了五点建议：以公众作为合法性创建的逻辑起点，在尊重当代人类社会基本价值取向的基础上创立和发展具有亲和力的意识形态；创建法理型的现代合法性基础，开发合法性的体制性资源；平衡政府"治国能力"与"责任能力"的关系，在保持政绩的同时，树立起廉洁、负责任的政府形象；实现政治结构的分化，建立消解合法性危机的"安全阀"机制；完善政治社会化机制，培养具有政治向心力和理性、守法精神的政治人②。唐棣宣、吴光会认为，中国共产党应从理论创新；构建新的价值体系；体制创新，构筑"法定—理性"型权威；提高绩效张力效应，获得新的"特定支持"等方面重构其合法性资源。③ 也有研究者认为，经济转型期政治合法性资源的维护和重构应：争取绝大多数人民对执政党的意识形态的认同；在发展经济增强政绩基础的同时，整合社会利益，提高社会公平度；推进政治民主建设，实行依法执政，建构政治合法性的法理基础，使党的执政权力取得程序合法性。④

（3）政治资源配置的个案分析。施雪华教授从国家权力体制建构的原则与方法、国家权力的组织体制形式、国家权力的领导体制形式、国家权力体制内部各分支权力之间的相互关系等四个方面，探讨了当代中国国家权力配置变迁的总体特点和趋势，他的结论是：一是原先集中在执政党手里的大量国家公共权力，一部分已经公开地（法制化）或暗暗地（尚未法制化但在实践中实际上已在进行）、直

① 白纲、林广华：《论政治的合法性原理》，《天津社会科学》，2002 年第 4 期，第 42 ~ 51 页。

② 张亚泽：《发展中国家转型中的政治合法性危机探析》，《云南行政学院学报》，2000 年第 5 期，第 19 ~ 23 页。

③ 唐棣宣、吴光会：《小康社会的政治生态变化与党的合法性资源重构》，《求实》（南昌），2004 年第 7 期，第 26 ~ 28 页。

④ 靳晓霞：《经济转型期执政合法性资源的维护和重构》，《武汉理工大学学报》（社会科学版），2004 年第 1 期，第 105 ~ 109 页。

接地或间接地回归至国家机构和公民，进一步的党政职能分开很有必要，并应与国家权力重新配置相配套；二是国家元首权有扩大的必要和趋势；三是原先集中于执政党和行政机构的部分国家公共权力重新配置给立法机构、司法机构；四是司法权的相对独立性是一种发展趋势，这是建构公民社会和法治国家的需要；五是对国家军事权要进一步加以法律和行政监督，有必要建构国家安全委员会，将国家军事权纳入国家安全权范围；六是对国家公共经济权和公共文化权要做进一步限制，让更多的经济权和文化权回归至公民社会。①

冯玲、李志远从政治资源配置的视角分析了中国城市社区治理结构的变迁过程。他们认为，资源配置结构是影响我国社区治理模式变化的核心变量之一。中华人民共和国成立以来街区治理结构的变化，以致社区制的最终形成，很大程度上源于街区内资源配置结构地变化。街居体制在“大跃进”失败后的边缘化，是因为国家在建国之初依靠行政和政治力量控制了所有的社会与经济资源，并将资源全部投入单位建设，构建单位制社会。作为对单位制社会的补充，街居辖区内资源只是处于社会弱势群体的“社会闲杂人等”，形成行政力量的末梢，单位近乎代行了全部的社区功能。但随着市场经济的发展，单位制外组织活跃，单位社会萎缩，越来越多的单位职能和单位人流向社区，社区资源增加；同时城市内部贫富分化加剧，社区呈现生存（弱势群体）与发展（优势群体）两种需求，国家无力解决，只能借助具有公益性质的社区非营利组织实现。正是因为社区资源需要新的整合，国家无力依靠行政资源自行解决，只能赋予社区内其他组织加入社区建设的合法性，以此看似无为实则有为的方式，一方面增强街居资源，加强基层社区建设；另一方面将部分与政府职能无关或者不紧要的社会性、事业性、公益性任务交给社区中介组织完成，形成街居和社区内资源的共同发展。因此，当政府力量相当强大、拥有全部国家资源的时候，公共权力配置的核心在于政府一极，非营利组织和

---

① 施雪华：《当代中国国家权力配置变迁的特点与趋势》，《中国特色社会主义研究》，2004 年第 1 期，第 20 ~ 25 页。

营利组织完全处于政府权力范围内。这时的治理体现为统治模式。而非营利组织和营利组织规模相对发展的时候，就可能出现部分或全部自治，从而在政府、营利组织和非营利组织之间实现协调合作。①

总体上讲，政治资源的理论研究对国内理论界来说是一项崭新的课题，从20世纪90年代政治资源研究的开始到现在，尚没有关于政治资源研究方面的专著，政治资源的理论研究还需要进一步拓展。在我看来，至少有这样四个重要问题需要进一步进行拓展研究和提高。

(1)政治资源涵义与内容还需要准确界定与划分　虽然国内学者从不同角度对政治资源的涵义作了不同的解释，但总的看来，论者们关于政治资源的定义显得很笼统，往往罗列一些政治资源的项目与内容，并没有进行科学规范的界定，因此造成政治资源概念的混乱，给人无法把握与空疏之感。众所周知，任何一项理论研究必须建立在核心概念的准确界定上，对政治资源课题的理论研究也是如此，因此，必须对政治资源这个核心概念做出准确的界定。同时，国内理论界大多数研究者把政治资源内容划分为物质性和非物质性资源，把中国共产党的执政资源划分为历史资源、权力资源、理论资源和组织资源等，有的研究者把执政资源划分为经济资源、政治资源、组织资源和思想文化资源等，这些划分缺乏统一的标准，在进一步的研究中，还需要根据政治资源的特征或从新的角度对政治资源的分类进行厘清，从而建立起政治资源研究的理论框架。

(2)在对政治资源的运用上　尚没有准确地定位其应用场景　目前国内对政治资源理论的研究主要限于对西方政治资源概念的介绍、对政治资源开发、流失、配置等的探讨，从而缺乏在当代中国政治中的应用研究。即使有少数学者尝试运用政治资源的相关理论，也主要限于分析当代中国执政党的执政资源，而较少引入到与政治资源高度相关的当代中国政治发展的研究领域中。当代中国政治发展的研究内容主要集中在当代中国政治发展的现状、目标模式、动力机制、

① 冯玲、李志远：《中国城市社区治理结构变迁的过程分析》，《人文杂志》，2003年第1期，第133～138页。

路径选择、战略策略上，研究者们主要借鉴和运用西方学者亨廷顿的政治发展理论来分析当代中国政治发展，研究的视角主要集中在党政关系规范化、治理与善治、全球化背景、国家能力建设、政治制度创新、国家与社会的框架等方面，尚无学者从资源学的角度来透视和分析当代中国政治发展。对于当代中国政治发展相对缓慢的原因，也鲜有从政治资源的角度对此做出具有说服力的分析。

(3) 政治资源配置研究还需要加强　国内对政治资源的研究大部分集中在政治资源开发与利用或中国共产党执政合法性资源的研究上，而对政治资源配置这个重要课题的研究还刚刚起步，还有很大的研究空间，一系列关于政治资源配置方面的问题值得做进一步深入研究。其一，政治资源配置机制问题，政治资源既具有不同于经济资源的特点，同时也像经济资源一样，应该具有它独特的配置机制，那么，政治资源的配置机制是什么？其二，政治资源与政治发展的相互关系，政治资源的配置状况是影响政治发展与政治稳定的重要因素，如何优化当代中国政治资源的配置以便促进社会和谐与稳定？其三，国家政治资源的分布与配置问题，社会发展的现实需要政治学深入到对国家政治资源的配置研究上，国家力量的强弱，取决于综合国力的大小，而综合国力在一定程度上又取决于国家掌握的政治资源的数量和质量。对国家政治资源配置的研究，就是要研究国家通过政治资源的配置机制，使政治资源在政治个体与政治组织之间进行分布，具体包括：国家和社会在权力与利益关系上对政治资源的博弈；社会个体和政治组织政治资源占有的不均衡原因；国家政治资源配置变迁背后的利益诉求和动力。从现有的成果来看，这些方面的研究或是空白或略显单薄，需要结合当代中国政治发展的实践对当代中国政治资源配置做进一步深入研究。

(4) 在研究方法上需要进一步提高　国内对政治资源的研究主要集中在政治学界和党史界，因此，进行政治和历史分析的居多，这在一定程度上限制了政治资源理论研究的扩展。进入 20 世纪 70 年代，当代西方社会科学的一个重要特征表现为跨学科、交叉研究以及整合研究的趋势不断增强，政治学日益与其他社会科学和自然科学相互交叉、融合，因此，政治资源的研究需要结合经济学尤其是制度经济学、公共选择理论以及社会学、法学等相关知识从研究方法上来拓展研究的视野。

二、基本结构与主要内容

总体上讲，本书关于当代中国政治资源配置的研究，侧重于从学理和现实的层面去阐述政治资源配置的一般理论和当代中国政治资源配置的基本实践问题。从学理上讲，本书在前人研究成果的基础上，对政治资源及其配置的基本理论进行系统梳理，重新对政治资源和政治资源配置的基本涵义进行界定，提出政治资源配置的机制、规则以及判断政治资源优劣的标准，试图完善政治资源及其配置的基本理论。从现实层面上讲，本书主要是运用政治资源配置的基本理论，对当代中国政治资源的配置进行考察，对当代中国政治资源的配置的变迁与现状进行分析。通过考察与分析，来探寻当代中国政治资源配置变迁的动力，来发掘当代中国政治资源配置问题与不足。最后，针对这些问题与不足，提出新时期优化政治资源配置的构想。

基于上述的研究思路，本书除了导论和结语之外，主要分为五章，其逻辑结构和主要内容大致如下：

第一章是“政治资源配置的一般理论”。为了研究政治资源配置，首要的是必须搞清楚什么是“政治资源”。本章在梳理政治资源研究成果的基础上，对目前各种政治资源的界定进行了归纳和总结，并提出了政治资源的概念，对政治资源的内容进行规范分类，论述了政治资源的基本特征，从政治资源配置的涵义、政治资源配置机制、政治资源配置的规则和判断政治资源配置优劣的标准等四个方面阐述了政治资源配置的基本理论。本章对政治资源配置基本理论的构建，是为了建立当代中国政治资源配置研究的理论分析基础。

第二章是“当代中国政治资源配置的历史考察”。本章主要是在国家与社会关系的架构下来分析当代中国政治资源配置的变迁，考察的时间段集中在改革开放前后。改革开放前政治资源配置主要体现为城市中的从单位制和农村中的人民公社体制。单位是重要的政治资源配置制度，国家通过单位来实现政治资源的配置，往往采取制度化和非制度化两种形式；人民公社体制是这个时期政治资源配置的乡村路径，本章主要从人民公社体制生成的政治资源背景、人民公社体制的政治权力配置结构的特点、人民公社时期国家对乡村物质性资源的配置和人民公社时期国家主流意识形态对乡村的渗透等四个方面进行详细分析。对于改革开放之后政治资源的配置，主要从政治资源系统中的主要部分的变化进行分析，考察了改革开放以来当代中国政治权力、国有企业、国家财政、意识形态和政治权利配置的变迁，并对改革开放以来政治资源配置的变迁对当代中国国家与社会关系的格局的影响进行了总结，从现代化的理论视角、新制度经济学的理论视角对当代中国政治资源配置变迁的动因进行探寻。

第三章是“当代中国政治资源配置的现状分析”。在对政治资源历史考察的基础上，有必要回到当前的中国社会中来，对目前的政治资源配置的现状进行分析。本章主要对政治资源的各个组成部分的配置现状进行分析，这些分析主要集中在：当代中国政治权力、当代中国国有企业、当代中国国家财政、当代中国意识形态和当代中国政治权利配置的结构和特点。

第四章是“当前中国政治资源配置的问题分析”。本章主要围绕政治资源配置中的流失与不均两个主要问题展开分析与论证。当代中国政治资源流失的主要表现为：国有资产的流失、主流意识形态的影响力下降、一定范围的政治腐败使国家的政治权威受损、政治制度资源的流失和组织资源的流失上述五个方面。而政治资源流失的政治后果是国家（中央政府）的社会调控能力一度下降和国家合法化能力的侵蚀。政治资源配置的不均问题主要表现在：物质性资源配置的地区差距、城乡差距和社会群体差距；国家权力部门之间的政治权力配置的不均、两种政治权力中心和地方行政区域的“分殊化”；政治权利配置的失衡。

第五章是“走向新时期的政治资源配置”。当前中国社会建设的重要目标是和谐社会，社会主义和谐社会目标的提出是对目前中国社会发展中种种不和谐现象的回应，也是推进社会主义政治文明建设的需要，更是当代中国社会转型的需要。而社会的和谐稳定与政治资源配置密切相关，社会的不和谐源于对政治资源的激烈争夺，社会主义和谐社会是政治资源和谐共处的社会，也是政治资源（政治力量）政治参与有序的社会，更是政治资源配置得当的社会。促进社会和谐，必须立足现实，优化政治资源的配置，为此，加强执政党执政能力建设是和谐社会政治资源优化配置的前提，制度的优化配置是和谐社会政治资源优化配置的核心，财政资源的优化配置是和谐社会政治资源优化配置的基础，意识形态的配置是和谐社会政治资源优化配置的保障，政治权利的优化配置是和谐社会政治资源优化配置的归宿。

三、基本研究视角与方法

（一）新制度经济学的视角

当代中国政治资源的配置研究，是要在政治资源基本理论的基础上，紧密结合当代中国政治发展的现实状况，从资源学的角度来透视当代中国政治发展的过程与动力，对新时期政治资源的优化配置提出思考与探索。一方面，当代中国政治资源的配置状况在一定的时期内是稳定的，因而政治资源的配置是相对静态的；另一方面，当代中国政治资源的配置又始终处在不断变化之中，政治资源在国家与社会之间不断转移与流动，国家与社会之间在政治资源配置上处在不断博弈的状态，从这个意义上讲，对当代中国政治资源配置的动态考察，新制度经济学的制度变迁理论提供了一种新的观察视角。

新制度经济学是自 20 世纪 70 年代以来，西方经济学、政治学、法学乃至历史学界研究的热潮。新制度经济学描述制度变化的概念是制度变迁，新制度经济学家用新的方法即成本—效益的经济学视角来分析制度变迁，把制度变迁的原因归结为经济因素，他们认为，通过制度变迁所实现的预期经济利益是人们变革制度主要原因。诺斯把制度分为三个层次，即宪法秩序、制度安排和规范性行为准则。其中，宪法秩序和规范性行为准则一般较为稳定，一旦形成不会轻易变动。“制度变迁在大多数情况下，仅仅指某个特定制度安排的变迁（结构中的其他制度安排不变），而不是指整个结构中每个制度安排的变迁。”① 变迁是一种交易过程，是对制度框架所做的边际调整，其目的是为了获取新的收益，制度变迁的主体只有从变迁中获益或避免受损，才会去尝试制度变革。制度变迁可分为强制性变迁与诱致性变迁。当代中国政治资源配置的变迁本身就是一种制度变迁。从当代中国政治资源配置的变迁来看，既有强制性的成分，也存在诱致性因素。从强制性变迁来看，中国的现代化是依靠国家（政府）的政治强力推动的，国家对政治资源的配置往往是依靠政治权力来实现的；从诱致性变迁来看，当代中国政治资源配置变迁的背后存在着经济动因和制度收益。因此，本书在分析当代中国政治资源配置变迁的动因时，借鉴了并运用新制度经济学中的交易成本和制度创新的相关理论。事实上，新制度主义的范式在经济学研究中虽然很流行，但在当代中国政治研究中，对它的借鉴与应用还是较少的，本书试图在这方面做一有益的尝试。

（二）现代化理论的视角

当代中国政治资源的配置是与当代中国的现代化密切相关的，或者说，当代中国政治资源配置受制于中国现代化的特殊道路。因此，对政治资源配置的研究自然不能脱离中国现代化的特殊背景，应该将政治资源的配置置于中国现代化的内在逻辑中来审视，而不是凭借抽象的理论演绎来做出脱离现实的评判。从这个意义上讲，政治哲学的方法与当代中国政治资源的配置研究基本是无关的，所以，论文立足于当代中国政治发展的现实，力图把对当代中国政治资源的考察与中国现代化的逻辑进程结合起来，对政治体系在现代化进程中不同的资

---

① ［美］R. 科斯 、A. 阿尔钦 、D. 诺斯等著，刘守英等译：《财产权利与制度变迁》，上海三联书店 1994 年版，第 378 页。

源追求进行解读，全面反映中国在现代化进程中如何通过政治资源的配置来实现社会发展。就现代化理论本身而言，由于它自身存在着重大的致命缺陷和理论失真，因此到20世纪70年代迅速步入衰落。但现代化理论对现代化一般规律的揭示，在一定程度上仍然具有重要的价值。所以，在展开对当代中国政治资源配置的研究中，现代化的理论视角仍然是一个重要的参考坐标。

（三）政治结构功能的分析方法

政治结构功能分析方法是20世纪60年代中期西方政治学最时髦的方法之一，也是当时西方政治学的主要研究模式之一，主要分为政治社会学中的结构功能分析和政治科学中的结构功能分析，前者的主要代表人物是帕森斯，后者的主要代表是阿尔蒙德、米歇尔等。政治结构功能分析的特点是把政治结构当作政治分析的起点，政治结构是政治系统的组成部分，是实现政治功能的要件。同时，政治结构功能分析的重点是政治系统的功能分析，易萨克对功能分析作过简要归纳，他说："功能分析包含了下列要素：一个系统、若干变项、证明这些变项对系统有效能的论断。完整的系统维持功能分析有一个特色，就是提出论证，指出这些变项如何履行某些必要的功能，维持系统的生存。"① 也就是说，政治系统功能分析的主要方面就是构成政治系统的各个政治结构的政治作用以及它们之间的相互关系。对此，俞可平先生也曾经指出，结构功能分析致力于研究各种政治组织、政治机构和政治设施之间的联系和关系，它揭示了政治结构与政治功能之间的相互关系，它把复杂的政治设施分解成各种各司其能的政治结构，为对政治现象进一步实质性的分析创造了便利条件。② 因此，政治结构功能分析方法虽然存在着一定的缺陷与不足，但仍不失为一种

---

① ［美］Alan C. 易萨克著，朱坚章主译：《政治学的范围与方法》，台湾幼狮文化事业公司（台北），民国73年第4版，第275页。

② 俞可平：《西方政治分析新方法论》，人民出版社1989年版，第71页。

相当有用的政治分析方法。

本书把它作为分析的主要方法之一，主要基于这样几个理由：第一，政治结构功能的分析方法是西方行为主义政治学主要的分析方法之一，而政治资源的本身也是西方行为主义政治学的一个重要研究对象与问题，对政治资源配置的研究自然同政治结构功能主义的方法相关联。第二，从结构意义上讲，政治系统的各个组成结构实际上就是政治系统的各项政治资源，西方政治分析家们分析的政治结构主要涉及政府的立法组织、行政组织、司法组织、政党组织、利益团体组织、政治文化组织等，显然，它们实际上就是一个政治系统拥有的政治资源的表征。而当代中国政治资源配置问题的研究也涉及当代中国的政治组织和政治结构。所以，政治结构功能的分析方法在一定的程度上能够被运用到当代中国政治资源配置问题的研究上来。第三，从功能意义上讲，政治结构功能发挥的基础是资源，资源的供应是实现社会特别是政治系统各个组织结构功能运转的基础。帕森斯曾经把社会系统的功能概括为适应、目标达成、整合、模式维持等，但这些功能的发挥与资源的供应和分配是分不开的。当代中国政治各个政治组织功能的发挥正是与其拥有的政治资源数量与质量的多寡相关的，因而，对当代中国政治资源配置的研究是与对政治资源功能的分析结伴而行的，如政治权力资源在维护政治系统稳定中，发挥核心功能；主流意识资源的一个重要功能是有利于政治系统的长治久安。所以，政治结构功能的分析方法也可借鉴到本论文的研究之中。

（四）历史分析的方法

本书在具体考察当代中国政治资源配置的变迁时，把当代中国政治资源的配置置于当代中国政治的内在逻辑之中，运用历史分析的方法，来考察当代中国政治资源的配置出现的变化、政治资源配置变迁的特点、政治资源配置的变迁对政治和社会发展的影响以及政治资源配置变迁的动因。

第一章　政治资源与政治配置

一、政治资源的理论定位

（一）政治资源的概念

1. 资源与政治资源

“资源”范畴有广义与狭义之分。狭义上的资源一般指自然界中存在的、与人类生产和生活息息相关的物质和能源。如《辞海》把“资源”定义为：“①资财的来源，一般指天然的财源；②一国或一定地区拥有的物力、财力、人力等物质要素的总称。分为自然资源和社会资源两大类。”① 但是，随着科学技术的飞速发展，原有的狭义的资源概念已不能适应社会的快速发展，“资源”的涵义也得到了快速的扩展，逐渐形成了现代意义上的广义“资源”概念。现在一般认为，凡是在可预见的时间内能为人们所利用并产生效益的一切物质、能量和信息都应该属于资源范畴，判断事物是否构成资源的一个重要尺度，是看其是否具备有效性和稀缺性。

政治是一项重要“资源”，因为政治具有“资源”的基本特征。首先，从稀缺性来看，政治的核心问题是国家政权问题。在阶级社会中，国家政权始终是各种政治力量之间相互争夺的“稀缺”资源，谁获得了国家政权，谁就拥有了政治上的主体地位，从而也就能够实现本阶级的政治权利。现代政治冲突实质上也源于对政治权力、政治

① 夏征农主编：《辞海》，上海辞书出版社 1999 年版，第 3881 页。

地位等稀缺资源的争夺。其次，从有效性来看，政治在社会生活中具体表现为政治行为、政治组织、政治制度和政治文化等等。政治的这些外延形态之间并不是相互孤立存在的，而是有着一种逻辑上的相互联系，各种政治形态对于政治体系的生存、发展是必不可少的，对于维护政治系统的生存和发展都是有用的，如：政治制度规范了政治组织和公民的政治行为，良好的政治文化有助于政治系统的稳定，有助于公共政策的实施。正是由于政治具备“资源”的特性，许多政治精英或政治学者都已从“资源”的高度来审视“政治”。政治主体在政治行为的过程中，必须正确地认识和挖掘政治资源，充分而有效地利用政治资源。

2. 西方学者对政治资源的理解

“政治资源”是西方行为主义政治学所使用的一个重要概念，但西方行为主义政治学家以及其他涉及政治资源研究方面的西方学者对政治资源的表述并不一致。概括地讲，西方学者对政治资源涵义的理解，基本上存在三种途径：

一是从政治个体的角度来理解。西方行为主义政治学的一个特点是注重对人的政治行为的研究，它认为政治研究的中心不是制度，而是真实的个人行为。因此，许多行为主义政治学家注重对政治人物、政治个体的政治行为研究，他们对政治资源的理解是与政治人物或政治个体的权力、政治影响力结合在一起的。行为主义政治学重要代表人物哈罗德·拉斯韦尔认为，政治学就是对权势和权势人物的研究。所谓权势人物就是在可以获取的价值中取得最多的那些人，即我们所说的精英。精英之所以能够在社会政治生活中居于支配地位，部分依靠于他对环境的成功操纵，“操纵的方法包括象征、暴力、物资和实际措施。反对派精英依靠的也是同样的手段。”①澳大利亚学者约翰·凯恩把道德资本看作政治人物所拥有的一种政治资源，他认为：

① ［美］哈罗德·拉斯韦尔著，杨昌裕译：《政治学-谁得到什么？何时和如何得到?》，商务印书馆 1992 年版，第 138 页。

受马基雅维利主义的影响，政治学是充满权力和利益争斗的非道德领域，或是类似于受供需调节规律的市场，道德评价与政治学无关，这种对政治的看法是错误的。因为，任何政治行为都要追求结果，涉及做什么、如何做、由谁来做以及采用什么手段来做这些问题。换句话说，政治就是关于制定政策、分配资源、采取必要手段贯彻决策的行为，政治竞争的最终目标是政策控制，政治权力是控制决策的重要力量，同时也影响着政治资源（如荣誉、职位、权威等）的分配，但这只是政治的一个方面。政治的另一个方面是，政治竞争都要追求结果，政治竞争需要获得人们的支持优势。因此，政治不可简单地等同于市场，政治领域离不开对政治人物的道德评价，或者说道德评价本身就是政治的一个固有部分。人民对政治候选人、政治领导人的积极或肯定的道德评价对于这些政治人物而言就是一种政治资源，这种政治资源被称作“道德资本”，而对政治人物否定的道德评价往往导致其道德资本流失，道德资本的流失又导致政治合法性危机。① 他还运用道德资本概念对历史上和现代许多著名政治领导人进行了分析，从而揭示了道德资本这项政治资源对政治合法性、政治动员和政治决策的重要性。

另外一种途径是从政治系统或国家的角度来研究政治资源，主要集中在政治系统论者的研究中。如：美国政治学家戴维·伊斯顿在其著作《政治生活的系统分析》中用政治系统这个术语来分析政治生活，建立了政治系统的输入-输出模式。他把进入政治系统的输入区分为两种类型：要求和支持，其中支持又可分为两大类，即显性支持和隐性支持。前者往往是一个人外在的政治支持活动，如：积极公开地倡导或追求某些目标、思想、制度的行为；后者往往指“支持的行为并不只是可观察到的外在的行动。一个人可以保持一种支持某个人或某个目标的心态，它是形成某种态度、性情或者是一种以某个人

① John Kane：The Politics of Moral Capital，Cambridge University Press，2000，pp. 6-11.

的名义采取行动的能力等方面的心理取向”。① 不管是显性支持还是隐性支持，实际上它们都是政治系统正常运转的能源基础。从这个方面讲，伊斯顿所说的政治输入过程中的支持实际上是政治系统拥有的一种政治资源。而从再输出的角度来看，政治系统拥有的可支配资源可具体分为外部和内部资源。“外部资源是指来自系统环境的、当局用来实现系统目标的物质手段，比如各种商品、服务或金钱；内部资源是指系统以自己的政治结构、组织或行为规则所提供的实现系统目标的各种手段。”②

第三是从政治个体和政治集体相结合的角度来研究政治资源。也就是说，既关注政治个体层次上的政治资源，同时也研究集体或国家层面的政治资源。丹尼斯·朗就曾经把政治资源划分为个人和集体资源。除了丹尼斯·朗之外，美国著名政治学家罗伯特·达尔以及阿尔蒙德等对政治资源的研究也具有这方面的特点。在《现代政治分析》中，罗伯特·达尔把政治资源界定为“一个人可用于影响他人行为的手段。因而政治资源包括金钱、信息、食物、武力威胁、职业、友谊、社会地位、立法权、投票以及形形色色的其他东西”。③ 从这个界定中可以看出，达尔实际上把政治资源作为个人政治影响力的一个重要因素来使用的，这一点与拉斯韦尔是相似的。但在其另一部重要的著作《论民主》中，达尔对政治资源的定位与先前有所差异，他说：“政治资源包括一个人或者一个集团所获取的能够直接或间接影响他人行为的任何东西。人类社会在时间和地点上不尽相同的许多东西都可以转化为政治资源：军队、武器、金钱、健康、商品和服务、生产性资源、收入地位、荣誉、尊敬、爱、魅力、威望、信息、知识、教育、联络、通信媒介、组织、职务、合法地位、对观念和信仰

---

① ［美］戴维·伊斯顿著，王浦劬译：《政治生活的系统分析》，华夏出版社1999年版，第187页。

② ［美］戴维·伊斯顿著，王浦劬译：《政治生活的系统分析》，华夏出版社1999年版，第531页。

③ ［美］罗伯特·A. 达尔：王沪宁译：《现代政治分析》，上海译文出版社1987年版，第47页。

的控制、投票权，等等，还有其他的许多。”① 在这里，达尔又把集体（集团）作为政治资源的主体。不仅如此，在论述政治资源的相关著作中，达尔更多的是从个体与集体结合的角度来分析政治资源的分配问题。阿尔蒙德和小鲍威尔认为：“所谓政治资源，是指支持候选人的公民的投票，议员的投票，文官集团的支持以及在录用和决策中可能加以动用的武装力量等。要使各种政治要求成为真正的政策选择，必须得到一种政治体系中任何能起决定作用的资源的充分支持。”② 在这里，阿尔蒙德和小鲍威尔主要是从政治个体（候选人）的角度谈政治资源，但在讲到政治输出的类型时，阿尔蒙德和小鲍威尔又着重从政治体系的层次来论述政治资源的提取、分配问题，他们对政治资源的关注又往往集中在宏观层次（政治体系）上。

3. 台湾地区学者对政治资源的认识

台湾地区著名学者马起华是这样理解政治资源的：“政治资源，美国学者对于此词，别有用法，乃指政治人物所凭借的各种政治资本，是一个国家所赖以立国、生存、发展的各种力量的总称。通常，政治资源的丰吝及其是否善为运用，往往影响甚至决定一个国家盛衰、强弱、存亡的命运。”因此，政治资源的积累和储蓄对国家而言非常重要。他还详细阐述了政治资源的内容：“政治资源，有的是有形的，有的是无形的。前者如幅员的大小，人口的多寡。物资的丰吝，天然富源的藏量和产量，军队的人数及武器的数量等；后者如人和事、智力、技术及士气等；有形的资源是比较具体的、物质性的，所以显而易见，不难测计；无形的资源是比较抽象的、精神性的，所以隐而难知，测计不易。所能肯定者，有形资源和无形资源都是国家

---

① ［美］罗伯特·达尔著，李柏光，林猛译：《论民主》，商务出版社 1999 年版，第 186 页。

② ［美］加布里埃尔·A. 阿尔蒙德、小 G·宾厄姆·鲍威尔等著，曹沛霖译：《比较政治学-体系、过程和政策》，上海译文出版社 1987 年版，第 233 页。

不可缺少的要件；有形资源能否予以适当、充分的运用，发挥最大的效能，往往在于无形资源的有无及优劣；而许多事例，证明了无形资源比有形资源来，更有决定性的影响。"①

4. 中国大陆学者对政治资源的理解

综合起来，国内学者对政治资源概念的理解，主要分为这样几种观点：

政治手段和政治财富说。如：《中国大百科全书》（政治学卷）把政治资源定义为“政治行为主体可用于影响他人行为的手段”。②可见，《大百科全书》（政治学卷）对政治资源的界定和西方行为主义者的理解基本吻合。所以，有论者在此定义的基础上把政治资源具体界定为“一定的经济基础上，政治主体为实现一定的政治目的而用来影响政治客体的政治手段和政治财富”。③

政治基础和源泉说。这种观点认为，政治资源是维持政治共同体存在和发展的基础、力量与源泉，它同任何物质资源一样，都在一定的环境中生长、积累、消耗、再生长，从而维持着政治共同体的延续，任何一个环节的脱落都将导致政治共同体失去其存在的理由。④

政治价值说。有研究者认为，政治资源是指政治行为的主体具有的价值，通过这些价值的利用或交换可以获得人们期望的政治结果。⑤

---

① 马起华：《政治论衡》，台湾“商务印书馆”股份有限公司，1977 年版，第 223 ~ 224 页。

② 《中国大百科全书 · 政治学卷》，中国大百科全书出版社 1992 年版，第 516 页。

③ 周圣平：《政治资源的理论定位和实践思考》，《湖南师范大学学报》（社会科学版），2004 年第 1 期，第 43 页。

④ 沈艳兴：《“两个转变”：政治资源的新生点》，《探索》，1996 年第 3 期，第 36 页。

⑤ 臧乃康：《论现代化进程中政治资源的开发与利用》，《社会科学研究》，1996 年第 3 期，第 45 页。

政治待遇和政治权利说。有研究者认为："政治资源是指国民运用合法政治权力所能获取和享用的政治待遇和政治机会，是政治权力的实施所取得的结果。政治资源的使用首先要服务于人们对自身福利的获取、处置、追索和保护的全过程，是现代社会人们生存、发展所不可缺少的保障条件。"①

政治能力说。这种观点认为，政治资源是政治主体凭借权力和地位在政治过程中运用的人类征服自然的能力。②

5. 政治资源概念的界定

现实中，中外研究者对政治资源的理解是众说纷纭，政治资源并没有形成一个学界公认的内涵，之所以会形成这种情况，是因为：一方面，政治资源本身是一个具有"汇聚"功能的概念。在社会科学的研究中，一个概念不是具有汇聚（Aggregating Function）功能，就是含有鉴别功能（Distinguishing Function）③。所谓具有"汇聚"功能的概念，是指概念本身是一个涵盖许多次级概念的概念，而具有鉴别功能的概念往往能够把此事物与其他事物区别开来。从政治资源的概念特征来看，政治资源显然是一个汇聚性的概念，政治资源概念本身包含许多内容以及一些次级概念，其涵盖的内容较为广泛，这自然就为我们理解和应用该概念带来一定困难。另一方面，研究者者对政治资源范畴的界定没有很好准确地定位其应用场景，研究者往往根据自身研究的需要来使用政治资源概念。即使是西方学者本身对政治资源的理解也存在差异，究其原因，恐怕与他们使用政治资源的语境有关。20 世纪 40 年代，受美国罗斯福新政的影响，西方国家普遍倡导积极政府的理念，因此，在企业管理领域，倡导与政府的联系来加强

① 何深思：《论我国政治资源的公平分配与合理共享》，《中国特色社会主义研究》，2005 年第 2 期，第 68 页。

② 沈远新：《中国转型时期的政治治理》，中央编译出版社 2007 年版，第 3 页。

③ 郭秋永：《当代三大民主理论》，新星出版社 2006 年版，第 141 页。

管理。此后兴起的行为主义政治学的一个特点是注重对人的政治行为的研究，它认为政治研究的中心不是制度，而是真实的个人行为。因此，许多行为主义政治学家注重对政治人物的政治行为研究，政治人物的政治行为是与影响力联系在一起的。政治资源作为政治人物政治影响力的重要因素受到行为主义政治学者的关注。而在多元民主理论家达尔那里，政治资源问题与他倡导的多元民主政治有关。达尔的多元民主理论真实揭示了西方现代民主的状态，民主意味着多重的少数人的统治，多元民主的基础是利益的多元性。正是由于社会中存在着利益多元性的客观事实，为了保证一个畅通有序的民主参与机制，就必须实现政治资源在各种利益集团之间的广泛分配。所以，在达尔的著作中，他不仅停留在对政治资源概念的使用，而是试图以政治资源作为一个分析要素，以各个社会政治资源的配置状态来考察民主的真实性程度。因此，在晚期的理论研究中，达尔侧重于从宏观的层面上来把握和使用政治资源术语。

基于上述分析，我们认为，对于政治资源的理解，需要厘清以下几点：

第一，政治资源首先是社会资源的一部分，它和社会资源的关系是资源的属类关系，它和其他资源一样具备资源应有的共性。

第二，政治资源是用于政治目的的社会资源，与政治活动和政治行为密切相关，这也是政治资源区别于其他社会资源的地方。政治资源与经济资源不同，政治资源是政治内容的一部分，政治资源的核心是政治权力，它主要反映政治主体之间的政治关系，而经济资源是最根本的资源，经济资源的核心是物质财富和生产资料。

第三，判断一项社会资源是否是政治资源，关键是看这项资源是否被政治主体用于从事政治活动、实现其政治目标和价值。政治资源虽然有别于其他社会资源，但在一定情况下，其他资源可以转化为政治资源或者成为政治资源的一部分。由于政治关系是具有社会性和全局性，政治体系的生存与发展需要借重其他资源。同时，由于资源的互换性，原本意义上的社会资源、经济资源在一定条件下可以转化为政治资源，从而成为政治资源的一部分。单纯的物质财富、金钱本身应该是经济资源，社会地位和社会荣誉称号本身是社会资源，但是这些资源如果被用来发挥政治效用，那么它对于政治主体而言就是政治资源。达尔说："一个有钱人可以收藏油画；也可以招揽政治人物"，① 前者不会对政治产生影响，后者的经济财富自然转化为政治资源。所以，一定的社会资源、经济资源就可以转化为政治资源，社会资源、经济资源可以因为从事政治用途成为政治资源。这样，社会资源、经济资源和政治资源有相互交叉的地方。正是从这个意义上讲，政治资源包含的内容很广泛。狭义的政治资源一般是指国家权力，而广义的政治资源并不是单一的，而是多种多样的，形成了政治体系成长的资源系统。

第四，主体层次不同，政治资源范畴包含的内容可能有一定的差异，从政治资源的层次上讲，既有个体意义上的政治资源的表现形式，也有集体意义上的政治资源系统。就个体意义而言，政治资源的主体通常是指政治生活中的人，政治资源的内涵往往是个人拥有的财富、社会及政治地位、声誉、友谊、职业、收入、知识、信息等等，它们往往具有流动性和潜在的政治用途，能够被转化为一种政治上的影响力，是政治人物对他人施加政治影响的手段；就集体层次而言，政治资源的主体非常广泛，政治社团、政党、民族、国家等往往是政治资源的主体。从整个政治共同体来说，体制的、价值的、暴力的等因素显然也是政治主体实现自身目的的重要手段，从而也理应构成政治资源的重要内容。

综合国内外学者的研究，我们认为，政治资源是指能够使政治行为主体对政治客体发生作用，从而影响政治变迁、维护政治稳定、推动政治发展的物质与非物质因素的总和。本书的研究着眼点是在宏观层次上探讨国家政治资源的配置。

---

① ［美］罗伯特·A. 达尔著，范春辉、张宇译：《谁统治：一个美国城市的民主和权力》，江苏人民出版社 2011 年版，第 299 页。

（二）政治资源的分类

政治资源是一个许多因素的“集合”体，对政治资源的分类，学界存在很大的差异。当代西方，对政治资源作出最有影响分类的学者或许是埃齐翁尼，他把政治资源分为实用性的（如：经济财富、技术、管理能力等）、强制性的（如：武器、国防、军事力量等）以及说服性的（如：教堂、大众媒介等）。① 受埃齐翁尼的影响，威廉姆·甘森也提出了类似的三分法，即把政治资源分为：强制资源、诱导资源、说服资源。② 法国学者 Nicolas Dahan 根据政治资源在政治组织中的角色，把政治资源分为基本性政治资源、支持性政治资源、辅助性政治资源。③ 美国学者亚历山大·希克斯等从政治资源的角度考察当代西方发达资本主义国家福利经济发展时，从政治国家的层次上把政治资源划分为工具性政治资源和基础性政治资源，前者（如选民）主要是政治主体实现其政治利益的手段，而后者（如政治民主）对于政治主体追求其利益的政治行为起到多方面的促进作用。④ 而中国的大多数学者在对政治资源丰富的内容进行分类时，倾向于二分法，既把政治资源划分为物质性的（有形的）与非物质性的（无形的），如：王邦佐把政治资源划分为有形的物质资源和无形的非物质资源，“物质性政治资源主要包括税收、国有资产和集体资产、外贸

---

① Etzioni, The Active Society: A Theory of Societal and Political Processes, New York: The Free Press, 1968, pp. 357-358.

② William Gamson, Power and Discontent, Homewood, Ⅲ: The Dorsey Press, 1968, pp. 74-81.

③ Nicolas Dahan, A contribution to the conceptualization of political resources utilized in corporate political action, Journal of Public Affairs. London: Feb 2005. Vol. 5, Iss. 1; p. 49.

④ Alexander Hicks and Joya Misra, Two perspectives on the Welfare State: Political Resources and the Growth of Welfare in Affluent Capitalist Democracies, 1960-1982, Americal Journal of Sociology, Nov1993; Vol99, Number3, p. 672.

经济等，非物质性政治资源主要包括制度、体制、政策、价值观念、民众的政治心理等”；① 或者划分为直接资源与间接资源、长期资源和瞬时资源、国内资源与国外资源等等。② 这些分类无疑为我们提供了认识和探讨政治资源的视角，但也存在着不统一和散乱的缺陷，需要进一步厘清。

基于对政治资源概念的界定，我们认为，根据政治主体的不同，政治资源可以分为个体性的政治资源和集体性（包括国家和社会性组织）的政治资源；而从政治资源的表现形态来看，可以把政治资源分为实体性的政治资源和规范性政治资源两个主要部分，而实体性政治资源又可分为政治实体部分和经济实体（物质性）部分资源。规范性政治资源主要是规定政治实体性质、地位、作用、相互关系、运行程序、运行方式等的制度规范（主要是法律规范和政治规范）、意识形态以及政治权利等，它是政治资源体系不可缺少的重要组成部分，它关系到实体性政治资源的顺利运行和预定的政治目标的顺利实现，往往执行整合和推进功能。从国家层面上来说，我们可以具体地把政治资源的组成图示如图 1-1 所示：

- 政治资源
  - 实体部分
    - 政治实体
      - 政治权力
      - 政治组织
    - 经济实体
      - 国家财政
      - 国有企业
  - 规范部分
    - 政治制度
    - 意识形态
    - 政治权利

图 1-1

① 王邦佐等编著：《中国政党制度的社会生态分析》，上海人民出版社 2000 年版，第 179 页。

② 邓伟志：《政治资源的配置问题》，《四川统一战线》，2000 年第 6 期，第 16～17 页。

国家财政是国家存在的前提和基础。新制度经济学家诺斯曾经指出："我们可以把政府简单看成是一种提供保护和公正而收取税收作为回报的组织。"① 诺斯认为，国家通过为选民提供保护和公正来换取来自选民的岁入，国家的基本目标之一就是实现统治者租金的最大化。因此，国家的存在是与税收密切联系的。事实上，他就是从经济史的角度来解释国家的起源的。② 在现代世界中，一国的国家能力对于维护本国政治系统的稳定是至关重要的，而国家能力的强弱往往与其控制的资源的数量与质量相关，其中最重要的是国家汲取财政资源的能力，它是国家能力的核心。也就是说，国家政治的实现必须建立在雄厚的经济基础之上，国家财政是国家进行社会调控实现政治目标的重要保证。"如果国家不能掌握足够的财力，它就难以运用宏观调控的经济手段；而宏观失控，经济表现欠佳就可能导致合法性危机。"③ 国家经济实力雄厚，国家就有充足的经费来保证国民经济和社会发展计划的顺利进行。在国家财政中，税收是主要的项目。中央财政通过税收来保障和推动经济、社会的发展，它对于政治国家的存在至关重要，以税收为核心的国家财政是政治资源的重要组成部分。

国有企业是国家拥有的重要资源。国有企业在国家经济生活中的重要地位决定了其对政治生活的重要影响。就我国来说，国有企业是国民经济的支柱，国有企业的改革关系是经济体制改革的关键和重点，它不仅关系到国有企业本身的兴衰，而且关系到社会和政治的稳定，关系到新时期和谐社会目标的实现。国有企业本身也拥有丰富的人力、物力资源，在中国现代化的进程中对于国民经济和社会的发展有着举足轻重的影响，同时也是国家对社会进行调控的重要资源。因此，作为重要的政治资源，国有企业的经济实力和发展与国家的政治

① ［美］道格拉斯·诺斯、罗伯斯·托马斯等著，厉以平、蔡磊译：《西方世界的兴起》，华夏出版社 1999 年版，第 11 页。

② 关于这一点，可参见陈文新：《财产权与政治文明》，《江西社会科学》，2004 年第 5 期。

③ 王绍光、胡鞍钢：《中国国家能力报告》，辽宁人民出版社 1993 年版，第 223 页。

能力息息相关。

政治权力是核心的政治资源。社会学大师帕森斯曾把权力视做一种社会资源，“这种社会资源被部署以实现范围广泛的子目标，并被分配给实现子目标的机构——组织”。① 如果说，帕森斯是从社会学意义上来赋予权力以资源的意义，那么，从政治生活来看，政治权力是国家政权的重要象征，是在政治生活中各个阶级争夺最激烈的政治资源。相对于其他权力而言，政治权力的独特性在于其政治性，它与政治主体政治目的的实现相联系。“政治权力是某个政治主体依靠一定的政治强制力，为实现某种利益或原则在实际政治过程中体现出来的对一定政治客体的制约能力。”② “政治权力是社会政治生活的核心，人们的政治行为和政治活动都是以政治权力为中心内容展开的。”③ 近代西方政治学之父马基雅维利更是把对政治权力的争夺作为政治研究的核心主题。在《君主论》中，他不遗余力地探讨政治权力对于君主的重要性，为了达到争取和巩固权力的目的，君主可以不择手段，可以免受道德的谴责。人类进入现代社会以来，政治权力仍然是国家开展政治活动的基石，国家的社会管理和政治统治都要凭借政治权力来实现，社会政治体系围绕政治权力凝结而成。行为主义政治学家把政治视作价值的权威性分配，这种价值的权威性分配的主要途径是通过政治权力来进行。正是在适当的政治权力的作用下，社会才能保持稳定的秩序，社会政治生活才能有条不紊地进行。所以，政治权力作为最核心的政治资源一直受到政治力量的高度重视和竞夺。

规范性政治资源主要以政治制度、意识形态、政治价值等为核心，规范性政治资源与实体性政治资源共同构成完整的政治资源体系，没有规范性政治资源的辅助作用，实体性政治资源也就失去了依

---

① ［美］T·帕森斯著，梁向阳译：《现代社会的结构与过程》，光明日报出版社 1988 年版，第 35 页。

② 李景鹏：《权力政治学》，黑龙江教育出版社 1995 年版，第 33 页。

③ 王浦劬等著：《政治学基础》，北京大学出版社 2006 年版，第 88 页。

托和精神象征，政治共同体就会名存实亡。18 世纪法国著名政治思想家孟德斯鸠就曾深刻地指出："各种政体的腐化几乎总是由原则的腐化开始的。"① 而政体的原则与政体的性质是不同的，"政体的性质是构成政体的东西；而政体的原则是使政体行动的东西。一个是政体本身的构造，一个是使政体运动的人类的感情"。② 实际上，可以看出，孟德斯鸠所说的"政体的性质"指的是政治权力等政治实体，而政治原则实则指维持一个政体运转的主流政治价值。

在规范性政治资源中，政治制度对于国家的生存至关重要。长期以来，人们习惯于把制度作为上层建筑的重要内容，而忽视了制度的资源意义。从制度的特征来看，它具有社会资源的一般特征：稀缺性、有效性。制度的稀缺性，主要体现在制度像其他的资源一样，常常处于供给不足的"短缺"③ 状态。制度的有效性体现在：制度提供了一个社会的"游戏规则"，通过这些规则界定人们之间的相互关系，约束人们的社会行为和政治行为，为人们的行动提供了引导；制度通过一些实用的、象征性的手段和标记来激励人们对组织号召的巨大热情，全心全力地投入工作；制度还通过国家的强制力充分保障人们的人身和财产安全。在现代社会，政治制度作为制度的一个重要组成部分，旨在满足公共事务的管理和社会秩序维持的需要，政治制度建设作为政治对现实要求的积极回应，对于一个国家的政治发展具有决定意义。

意识形态是规范性政治资源的最重要部分。意识形态主要是指在

---

① ［法］孟德斯鸠著，张雁深译：《论法的精神》（上），商务印书馆 1963 年版，第 111 页。

② ［法］孟德斯鸠著，《张雁深译：论法的精神》（上），商务印书馆 1963 年版，第 19 页。

③ "短缺"概念，是由匈牙利经济学家科尔奈提出的。他用短缺来说明传统社会主义经济，认为普遍短缺是社会主义集权经济体制下的经济所共有的现象，它的深刻根源在于供给方面，是指社会实际供给不足而造成的一种现象，它有其体制性或制度性的根源。参见：［匈］亚诺什·科尔奈：《短缺经济学》（上卷，）经济科学出版社 1986 年版，第 11 页。

一定的社会和历史时期中，人们所形成的一套思想信仰系统，是一种系统的价值观念和行为规范。一个政治社会中，主流的意识形态主要是统治阶级的思想，是统治阶级利益的反映，“一个阶级是社会上占统治地位的物质力量，同时也是社会上占统治地位的精神力量。支配着物质生产资料的阶级，同时也支配着精神生产资料”。① 思想家们之所以高度关注意识形态，是因为意识形态在社会中的具有重要的功能性的作用，它是一种可以利用的重要的政治资源。意识形态在整个政治资源体系中的积极功能主要体现在：第一，意识形态的政治整合功能。主流意识形态是国家上层建筑的重要组成部分，是一个社会主导的价值观，它集中反映了一个社会共同体的意志和利益，是政治共同体成员共同拥有的认知体系。作为政治整合的黏合剂，它能够使社会成员保持对政治共同体的忠诚，对共同体成员来说起到团结统一的作用。在新制度经济学家看来，成功的意识形态往往能够节省交易费用，使社会统治和社会管理能够顺利进行，人们会自觉地遵守政治秩序。“如果人们相信政治民主的价值，他们就会把投票当作一项公民的义务来履行。为了所有者的利益，劳动会勤勤恳恳，管理会兢兢业业；契约就会像在法律上那样，同样在精神上得到尊重。”② 所以，意识形态作为一种信仰系统和世界观，它能够用它内在的逻辑力量去征服社会成员的心，使他们相信现行制度安排的合法性。第二，意识形态的政治支持功能。“意识形态是合法性资源结构中最为基础的部分，它为政治体系提供道义上的诠释。”③ 著名政治学家伊斯顿曾经把政治价值比喻为政治系统的“看家狗”。他说：“政治价值的部分功能源于这样一个事实：它们在大部分时间里可能处于潜伏的状态，它们是作为沉默的行为假定，而不是作为能言善辩的观念形态发挥作

① 《马克思恩格斯选集》（第 1 卷），人民出版社 1995 年版，第 98 页。

② ［美］道格拉斯 · C. 诺斯著，陈郁、罗华平译：《经济史中的结构与变迁》，上海三联书店 1994 年版，第 59 页。

③ 王邦佐等编著：《中国政党制度的社会生态分析》，上海人民出版 2000 年版，第 262 页。

用的。在这样的角色里面，政治价值的独到之处如同看家狗一般，随时准备跃起投入自卫。在发现了危机或是遭受了压力的情况下，政治价值可能会成为追求具体目标过程中动员支持的一个主要手段。这时，政治价值是处于积极的活动状态。”① 而那些习俗、习惯的规范作用也是很明显的，它们“构成了对民主系统来说非常重要的规范性候补结构。它们是如此重要，以至于一旦崩溃之后，就很容易带来整个正式的合法结构的瓦解”。② 第三，意识形态的政治动员功能。政治动员不仅仅需要政治权力来推动，还需要意识形态的诱导和说服。在传统政体的政治动员过程中，具有神秘色彩的传统意识形态具有至关重要的作用。现代政治动员也往往通过意识形态来克服集体行动中的“搭便车”现象。“搭便车”是新制度经济学家所研究的一个重要问题。所谓“搭便车”一般是指某些人或团体在集体行动中，能够在不付任何代价（成本）的情况下享受与集体其他成员同样的好处的行为。搭便车现象的存在，在经济上往往导致社会效率低下，集体行动的能力被制约，在政治上往往使政治动员面临严重困难，这就需要通过意识形态来加以克服。政治动员者通过意识形态的教育，诱导社会政治成员放弃“搭便车”的心理，使政治动员能够顺利开展起来。所以，一个公民去认真地投票而不是采取“搭便车”行为，是因为他认为投票是公民的一项重要的政治权利，应该有效地行使它。“任何一个成功的意识形态必须克服搭便车问题，其基本目的在于促进一些群体不再按有关成本与收益的简单的、享乐主义的和个人的计算来行事。”③

另外，政治权利也是一项重要的规范性政治资源。一般来说，我们把政治权利看作一项政治资源，往往是从政治个体的层面而言的，

---

① ［美］戴维·伊斯顿著，王浦劬译：《政治生活的系统分析》，华夏出版社 1999 年版，第 233 页。

② ［美］戴维·伊斯顿著，王浦劬译：《政治生活的系统分析》，华夏出版社 1999 年版，第 238 页。

③ ［美］道格拉斯·C. 诺斯著，陈郁、罗华平译：《经济史中的结构与变迁》，上海三联书店 1994 年版，第 59 页。

倾向于把它作为社会成员实现利益分配的政治资格，这种政治资格是社会成员政治参与的重要手段。实际上，政治权利的获取与国家和社会是分不开的，“权利发展更实质的意义在于，它意味着支持那些资格、利益、力量或主张并因此使它们成为权利的道德、法律和社会体制的进步，并因此意味着权利的社会配置方式的改善，意味着社会正义的增进”。① 可见，公民政治权利的获得是以国家政治权力为前提条件的，政治权利的实现更是必须以政治权力来保障，政治权利与政治权力是密切相连的，“个人权利一直是政府权力和权威的表达形式”。② 所以，从国家层面上讲，政治权利本质上对社会成员具有制约性和规范性，政治权利的规范性是政治权力的强制制约性在政治权利主体法定政治资格上的转化，是政治权力以法律形式或法规形式在作为个体的政治权利主体政治资格上的还原，③ 它体现着政治生活的基本准则，规定着社会成员从事政治活动的范围、内容和方式，它是从国家和社会对政治个体政治自由的肯定与确认。这样，政治权利就不仅仅是纯粹个别性的，它必须通过普遍有效和稳定的规则形式来表达出来。通常，对公民政治权利的规约与保障往往以法律的形式表征出来，国家也通过对公民政治权利的配置，在社会成员中建立起政治合法性。

（三）政治资源的特征

除了具有“资源”的共性——有效性和稀缺性之外，政治资源还有其自身所固有的属性。

首先，政治资源具有阶级性。这是政治资源区别于其他资源类型

① 夏勇：《中国民权哲学》，生活·读书·新知三联书店 2004 年版，第 174 页。

② ［美］史蒂芬·霍尔姆斯、凯斯·R. 桑斯坦著，毕竞悦译：《权利的成本——为什么自由依赖于税》，北京大学出版社 2004 年版，第 37 页。

③ 王浦劬等：《政治学基础》，北京大学出版社 2006 年版，第 99 页。

的最根本的标志。事实上，在阶级社会里，一定的政治资源都要服从和服务于一定阶级利益的。政治权力是政治资源中的核心资源，在阶级社会中，政治权力具有鲜明的阶级性，阶级斗争最终都要导致对政治权力的激烈争夺。任何一个统治阶级都非常清楚政治权力的重要性，利用政治权力来巩固自己的阶级统治，维护其阶级利益。军队、警察、法庭、监狱等政治资源是政治共同体的高级形式——国家的重要组成部分，它们是统治阶级对被统治阶级实行统治的基本支柱。列宁在谈到资产阶级国家政权时曾指出："最能表明这个国家机器特征的有两种机构：即官吏和常备军。"① 在资产阶级统治下，这些表征暴力的政治资源，不管在哪种形式的民主共和国中，都必然是维护资产阶级利益的最可靠的工具。恩格斯曾经尖锐地指出："有产阶级，即土地贵族和资产者，使劳动人民处于被奴役的地位，这不仅靠他们的财富的力量，不仅靠资本对劳动的剥削，而且还靠国家的力量，靠军队、官僚和法庭。"② 在《共产党宣言》中，马克思和恩格斯更是深刻地指出资本主义国家"不过是管理整个资产阶级的共同事物的委员会罢了"。③ 一定社会的政治思想、价值规范往往是至为重要的政治资源，而这种政治资源的也打上非常鲜明的阶级烙印，"任何一个时代的统治思想始终都不过是统治阶级的思想"。④ 当然，强调政治资源的阶级性并不是否认它的另一面，即公共性。政治主体在对政治客体进行政治统治的同时，还要承担社会管理的职能，相当一部分政治资源作为公共物品供政治社会成员享用。

其次，政治资源具有流动性。由于政治活动的持续性和动态性；作为政治活动重要因素的政治资源自然也是处在不断地流动之中。从政治个体或政治精英来说，他所拥有的政治资源总量是始终处于不断的变动之中的。拉斯韦尔曾经指出："社会变化的结果在

① 《列宁选集》（第 3 卷），人民出版社 1995 年版，第 134 页。
② 《马克思恩格斯选集》（第 2 卷），人民出版社 1995 年版，第 639 页。
③ 《马克思恩格斯选集》（第 1 卷），人民出版社 1995 年版，第 274 页。
④ 《马克思恩格斯选集》（第 1 卷），人民出版社 1995 年版，第 292 页。

政治上有重大意义，因为这些变化直接影响各种价值在不同类型的精英之间进行分配。”① “任何一个不能使自己与繁荣和胜利联系在一起的精英都可能遭到群众的唾弃。失败、经济萧条和灾难，不管是怎样引起的，都会助长对天子的合法性的怀疑。”② 因此，作为政治个体的政治精英，其拥有的政治资源如政治威信、政治道德资本是和外界普通群众的政治评价紧密联系在一起的，往往受外界形势的制约。西方国家政治的竞选过程最能说明这一点。就政治体系来说，政治资源在政治体系内部各种社会力量和集团之间也处于不停的流动之中，尤其是处于现代化进程中的国家，政治资源是各种政治力量之间博弈的目标。当代西方著名社会学家 S. N. 艾森斯塔德，在论述历史上几种特殊类型的官僚帝国的衍生条件时，认为，某种“自由流动”资源的出现，是造成历史上最早的庞大的官僚帝国产生的一个基本因素。“历史官僚社会的政治结构中最重要的因素，就在于自由流动的资源与支持的极端重要性，以及统治者在维持某种基本的、无条件的支持和合法性的同时，对这些资源加以控制的企图。”③ 因此，政治体系为了维持政权在社会中的地位以及完成其调节和整合功能，就需要资源、服务和支持的不断输入。而社会结构越是分化和发展，统治阶级就越是难以垄断所有的必需政治资源。比较而言，个人资源比集体资源的政治流动性要高，“闲置的或用于非政治目的个人资源，如果拥有者决定把它们用于政治目的，就可以在政治上动员起来。当然，个人可以毫不动摇地决定拒绝将其资源用于政治，但死亡或其他不测事件会导致将其资源转移给具有不同倾向的他人……未使用的个人资源只不过提供可能的权力基础，但不管是重新部署资源或是将其转移给他人，都很容易

---

① ［美］哈罗德·拉斯韦尔著，杨昌裕译：《政治学——谁得到什么？何时和如何得到?》，商务印书馆 1992 年版，第 140 页。

② ［美］哈罗德·拉斯韦尔著，杨昌裕译：《政治学——谁得到什么？何时和如何得到?》，商务印书馆 1992 年版，第 139 页。

③ ［以］S. N. 艾森斯塔德著，阎步克译：《帝国的政治体系》，贵州人民出版社 1992 年版，第 224 页。

发生。因此个人资源的政治流动性一般比较高”。而“集体资源通常不是从其他用途转移过来，而必须首先通过动员原来没有联合起来的个人，在支持共同目标、社会组织和领导方面达成团结一致才能建立起来”。① 正是因为政治资源在政治变迁中的流动性，政治体系在政治变迁中控制自由流动资源的能力非常重要。

第三，政治资源具有可塑性。威廉姆·甘森指出：一个政治体系拥有的资源数量与这些资源实际发挥的政治影响力不可混淆与等同。这是因为，政治资源由于各种原因往往在不同的条件和环境中发挥的效能不同，所以，一个拥有丰富政治资源的政治个体或许不能够对政治决策行使真正相应的影响力。② 另一方面，甘森教授又借用“松散资源”和“睡中影响”的概念来证明某些潜在的政治资源的影响力是不可忽略的。甘森教授的论证从一个侧面说明，政治资源是一个可以进行“扩张”和创造的东西。一个政治体系拥有的政治资源是一个“集合”体，政治资源的有机组合和优化配置可以产生“优变”，使政治资源产生增量，从而获得更多的政治资源，使政治体系稳定、有序发展，可能出现国泰民安、百业俱兴的政治盛况；而二者的失败组合或无效配置，则会使政治资源减量，政治资源大量流失，政治体系合法性降低，造成政治动荡或骚乱。尤其是规范性政治资源往往能够产生正的或负的“乘数”效应。因为意识形态等规范性政治资源在一个政治社会中一般是稳定的，从现代化的层次来看，最先开始的是器物和技术层面的现代化，其次是制度层面的现代化，最后才是文化的现代化。政治文化和意识形态的稳定性往往使人们形成对文化的“路径依赖”现象。一个政治系统的完全崩溃表面上看是政治制度和体系的瓦解，实则是政治系统原有的政治文化、意识形态等规范性资源的彻底枯竭，政治系统的成员已经彻底抛弃了原有的政治价值和政

---

① ［美］丹尼斯·朗著，陆震纶、郑明哲译：《权力论》，中国社会科学出版社 2001 年版，第 167 页。

② William Gamson, Power and Discontent, Homewood, Ⅲ: The Dorsey Press, 1968, pp. 95-97.

治观念，从这个意义上讲，适合政治系统的意识形态等规范性政治资源对于政治系统的生存与发展往往能够发挥更大的效应，具有很大的效应空间。

二、政治资源配置的基本理论

（一）政治资源配置的含义

1. 政治资源配置的概念

人类社会的生存和发展，离不开对资源的利用，资源利用的中心环节是资源配置。资源配置即资源分配，英文为 Allocation of Resources，主要是指资源在不同用途和不同的使用者之间的分配。资源的合理配置，是现代经济科学的永恒主题。从亚当·斯密为代表的资产阶级古典经济学到现代的西方主流经济学都把资源的合理或有效配置作为研究的重要主题。马克思从特定的再生产过程的社会性质出发，在劳动价值理论和剩余价值理论的基础上，分析了社会资源配置问题，提出资源配置的最基本含义是按一定比例分配社会劳动量，建立了以劳动价值为基础的社会资源配置理论。马克思的资源配置理论及其分析问题的思路，是建立现代资源配置理论的根本前提。

人类要追求和谐文明的政治生活，政治共同体就必须对政治资源进行优化配置，使各种政治资源得到最有价值的利用，同时，权威性地分配价值正是政治系统区别于其他系统的重要特征。“为了使一个政治系统具有最大的效用，可以把它看作一些互动，一个政治系统通过这些互动为一个社会权威性地分配价值。”① 因此，分配在国家的政治生活中占据重要地位，公共选择学派的著名经济学家缪勒指出：

① ［美］戴维·伊斯顿著，王浦劬译：《政治生活的系统分析》，华夏出版社 1999 年版，第 25～26 页。

“在国家起源的背后，掩藏着一种分配上的动机。”① 另外，从政治资源本身的特性而言，由于资源流动性不同，一个政治体系拥有的资源数量与这些资源实际发挥的政治影响力不可等同。这是因为，政治资源由于各种原因往往在不同的条件和环境中发挥的效能不同。也就是说，政治体系能力的强弱并不同简单地等同于其所拥有的政治资源的数量，政治生活中最基本的原理之一就是政治资源只是一种潜在的影响力来源。由于利用资源的方式不同，拥有相同数量资源的人施加的影响力程度也有所不同。② 对一个政治体系而言，积极有效地配置和科学利用政治资源非常重要。

所谓政治资源的配置，是指一个社会中政治资源总量在各个政治行为主体、各个不同的政治使用方向之间的安排与分配。政治资源配置状况，不仅反映了政治资源在各个政治主体中的静态布局，而且也体现了政治资源在各个政治主体之间的动态流动。

2. 政治资源的配置与政治形态

政治资源的配置往往呈现不同的政治形态。“政治形态，就是政治权力、政治结构、政治过程和政治意识的有机统一，其中政治权力是决定性因素。”③ 政治思想家们往往根据某一项政治资源在社会中的配置对政治形态做出不同的划分。古希腊政治思想家亚里士多德就根据政治权力资源配置在一人、少数人、大多数人手中，把政体相应地划分为君主、贵族和共和政体，亚氏所创立的分类标准一直被后来的政治学家奉为圭臬。17 世纪英国资产阶级革命时期的政治思想家哈林顿认为，国家的性质、政府的形式是由财产主要是土地资源的分配状况决定的，“产权的均势或地产的比例是怎样的，国家的性质也

---

① ［美］丹尼斯·缪勒著，杨春学译：《公共选择理论》，中国社会科学出版社 1999 年版，第 49 页。

② ［美］罗伯特·A. 达尔著，范春辉、张宇译：《谁统治：一个美国城市的民主和权力》，江苏人民出版社 2011 年版，第 299 页。

③ 林尚立：《当代中国政治形态研究》，天津人民出版社 2000 年版，第 41 页。

就是怎样的”。① 如果一个国家的大部分土地被一个人所占有，就必然形成君主制；如果为少数人占有，肯定会形成贵族制；如果为全体人民所占有，自然就可以建立共和国了。另外，政治系统中政治资源的配置也往往是各个政治主体拥有的政治力量的反映，不同的政治形态其政治资源配置的格局不同。现代政治学家达尔认为，政治资源在不同的政治体系中以不同的方式分布。虽然在一切政治体系中它们都是不平等分配的，但不平等的程度却随体系而异。例如：财富是一种政治资源，而任何地方的财富分配都是不平等的，但不平等的程度则各不相同。各种不平等相互关联的程度也因社会而异，假定一个政治体系中的每一个人都根据其在社会最重要的政治资源上占有的相对地位来排列，如果每个人的相对地位相同，从而形成一种完整的相互关联，资源的不平等就会是累积性的。如果每个人在某个等级序列中的地位与另一等级序列无关，资源的不平等就会是弥散性的。“除了一些重要的例外，在农业社会的国家中政治资源分配最不平等，工业国家次之，处于高度大众消费阶段的国家最小。”② 这表明，政治资源配置的平等、合理状态与社会经济的发展正相关，随着一个国家走向高度工业化，经济的发展使政治资源的不平等就会缩小或趋向弥散。政治资源极端不均的国家，在运用权力方面很可能出现极端的不平等，由此存在霸权政体的危险。“如果政治体制本身是多头政体，则分散不平等的制度就会进一步加强。”③ 一般来讲，在专制政体中，社会政治一体化水平极高，政治行为主体缺乏独立性，社会政治资源往往被某一个主要的政治主体所拥有，政治资源配置的格局呈现很强的集中性。而在以构建现代政治文明为目标的现代民主政治形态中，政治资源应该为众多的政治组织或政治集团所掌握，政治资源的配置

---

① ［英］詹姆士·哈林顿：《大洋国》，商务印书馆 1996 年版，第 10 页。

② ［美］罗伯特·A. 达尔著，王沪宁译，《现代政治分析》，商务印书馆 1987 年版，第 119 页。

③ ［美］罗伯特·达尔著，谭君久、刘惠荣译：《多头政体——参与和反对》，商务印书馆 2003 年版，第 99 页。

应该是有序、合理的。从一般意义上讲，“政治文明是人类社会政治生活的进步状态”。① 但对政治生活进步状态的评价与衡量却是现代政治学者很难做出回答的问题，按照虞崇胜先生的研究，政治文明一般可以分为政治意识文明、政治制度文明和政治行为文明三个部分，上述三个部分构成政治文明的三维结构，其中，政治意识文明是政治文明的内在灵魂，政治制度文明是政治文明的规范要求，政治行为文明是政治文明的外在表现。政治意识文明的表现是“有容”，政治制度文明的表现是“有衡”，政治行为文明的表现是“有序”。总体上，现代政治文明应该是政治意识等规范性政治资源、以民主法治为核心的政治制度资源、以分权和制衡为价值理念的政治权力资源都得到优化配置的统一体。资本主义政治文明建立在竞争性的市场经济基础上，政治资源配置的特点体现为分权制衡的政治权力结构和多元的文化形态；社会主义政治文明以公有制为基础，政治资源配置的特点是建立起议行合一的政治权力配置结构、以马克思主义为指导的意识形态结构和体现人民主权理念的政治权利结构。而人类走向政治文明的过程就是一个政治资源优化配置的过程。

3. 政治资源配置与政治发展

第一，从现代化的视角来看，政治资源及其配置是现代化启动和推进的前提和基础。任何一个国家现代化的启动和顺利推进都必须以拥有一定的政治资源来进行。美国著名政治学家塞缪尔·亨廷顿认为，在现代化的进程中“要摧毁盘根错节的传统权益，常常需要动员新的社会势力参与政治，因此一个正在进行现代化的制度还必须具有将现代化造就的社会势力吸收进该体制中来的能力”。② 其实，亨廷顿所说的“新的社会势力”无疑就是政治资源的一个组成部分。尤其是后发国家，其现代化的一个重要特征是依靠威权驱动的模式来

① 虞崇胜：《政治文明论》，武汉大学出版社 2003 年版，第 123 页。

② ［美］塞缪尔·P. 亨廷顿著，王冠华译，《变动社会中的政治秩序》，生活·读书·新知三联书店 1989 年版，第 129 页。

展开，这与西方依靠社会自觉推进现代化的模式截然相反，而这种威权体制的效能的发挥，很大程度上取决于国家拥有的社会资源尤其是政治资源总量。所以，政治资源的积聚是现代化能否成功的关键所在。在现代化推进的过程中，政治体系一方面要在政治资源存量上做文章，保护原有的政治资源，防止政治资源的流失，对原有的政治资源进行优化配置；另一方面应积极主动适应社会形势，开发新的政治资源，促进政治资源增量的成长。

第二，政治发展过程不仅是一个消耗政治资源的过程，更是一个政治资源配置的过程。一个国家的政治发展是一项系统工程，需要投入和消耗大量的政治资源。政治系统正是通过系统外政治资源的载入，经过对资源的整合和消耗，从而得以成长和发展。世界各国政治发展的过程并不是一帆风顺的，而是各种政治集团动态博弈的过程，是一个充满利益冲突的过程，更是一个对政治资源进行优化配置的过程，它涉及对原有的政治资源的格局和政治规则的再调整。在这个调整过程中，有的政治组织获取新的政治资源，使原有的政治资源得到增量和增长，而有的政治组织的政治资源受损。政治资源的重新分配，使制度变迁过程中的创新集团得以崛起，而原来的独占性政治集团衰退，当各个政治组织达成关于政治资源分配的新契约时，它表明各个政治力量对政治资源的分配暂时达成暂时的妥协或共识，这个时候政治发展进入了一个崭新的阶段，政治系统出现相对的稳定。

第三，政治资源的配置是影响政治稳定的一个重要因素。政治动荡或政治体系的变迁不仅与经济利益相关，更与政治资源的分配密切相关。政治动荡或政治变迁往往源于政治资源配置的极端不平等。由于人们面对的是一个资源相对稀缺的世界，资源的稀缺性和有效性导致了人们对它的激烈争夺。人类又有着天然的利己本性，虽然社会生活中不乏大公无私的人，但现实社会中的大多数人首先关心的是自己所拥有的资源和利益。在社会资源分配的过程中，每个人都喜欢较大的份额而非较小的份额。这样，人类利己本性的无限膨胀与现实资源的匮乏就导致人们在资源的争夺中，不可避免地形成利益冲突。而在资源争夺的过程中，政治资源往往是人们和政治组织角逐的重要对象。政治资源分配的极端不均往往导致政治冲突，严重威胁到政治系统的稳定。古希腊政治思想家亚里士多德在分析城邦政治的内讧时就曾指出：不平等是主要原因。① 现代政治学家达尔认为，“一个社会中的平等与不平等似乎至少通过两组不同的介入变项影响着是实现霸权政治还是竞争性政治的可能性：即政治资源和技巧的配置与怨恨和挫折感的产生”。② 当代西方著名社会学家达仁道夫对社会冲突的研究享誉盛名，他认为：“现代社会冲突是应得权利和供给、政治和经济、公民权利和经济增长的对抗。”③ 因此，冲突更多是由于权力分配引起的，而不是由于经济因素引起的。美国现代政治学者罗伯特·杰克曼认为，政治是因权威性资源分配引起的冲突，因为我们关注的价值性资源——权力、声望、荣誉等的分配，这些东西正是个人和团体争相获得的东西，而这些东西又相互关联，存在着分配不均现象，因此冲突不可避免。④ 剧烈的政治冲突往往导致制度变迁，使政治共同体走向分裂。

第四，政治资源的优化配置更是民主政治的前提和要求。自人类民主政治的实践以来，人们就不断地从不同的视角去认识和解读民主政治。时至今日，关于民主政治的著作汗牛充栋，也形成了形形色色的民主流派。学界也从不同的角度对民主进行了梳理和分类。如果从研究的视野来看，民主大致上可以分为宏观、中观和微观三个基本层次，宏观意义上的民主往往指民主的制度框架和顶层设计，中观意义上的民主往往指民主的运行机制，而微观意义上的民主往往指民主的

---

① ［古希腊］亚里士多德著，吴寿彭译：《政治学》，商务印书馆 1965 年版，第 234 页。

② ［美］罗伯特·达尔著，谭君久、刘惠荣译：《多头政体——参与和反对》，商务印书馆 2003 年版，第 92 页。

③ ［英］拉尔夫·达仁道夫著，林荣远译：《现代社会冲突》，中国社会科学出版社 2000 年版，第 3 页。

④ ［美］罗伯特·杰克曼著，欧阳景根译：《不需暴力的权力——民族国家的政治能力》，天津人民出版社 2005 年版，第 45 页。

基础或必要条件。众所周知，宏观的政治生活是以微观层面的政治主体、政治行为、政治活动为基础的。民主政治的构建离不开微观基础和具体条件。在这些条件中，政治资源是一个关键变量。迄今为止，人类社会先后产生了三种民主政治形态：西方古典民主政治、资本主义民主政治以及社会主义民主政治。但是，无论哪一种民主政治的形成都和政治资源配置的不断优化密切相关，人类社会由专制走向民主正是政治资源的配置逐步合理和科学的过程。正如经济发展需要优化经济资源配置一样，微观层面的政治资源的配置是民主形态的更替和民主政治的成长的基础。

（二）政治资源的配置机制

众所周知，现代社会中资源的配置机制主要采取两种方式，一个是计划经济体制下的计划指标型资源配置机制，主要由计划指标来执行传导信息的功能；另一个是市场经济体制下的市场价格型资源配置机制，主要由价格来执行传导信息的功能。但这里所说的资源配置主要指经济资源。而政治资源具有不同于经济资源的特点和属性，因此，其应具有不同于经济资源的配置机制。

政治资源不同于经济资源的最大特点是其公共性和非市场性，国家公共权力资源和政治意识、政治文化等规范性政治资源，不可能通过一般意义上的经济市场来进行交易和配置。这一点，唐寿宁曾经有过精彩论述，他在为《同意的计算》中译本所做的序言中说，“政治是个人之间的一种复杂的交换结构，通过这个结构，人们希望集体地获得个人自己私下确定的目标，而这些目标是不能通过简单的市场交换来有效获得的。在市场上，个人以苹果交换橘子；在政治上，个人以商定份额的成本贡献交换共同想要的物品——从地方消防队的服务到法庭的服务”。那么，政治资源应该采取什么机制来进行分配呢？西方公共选择学派对这个问题做出了理论回应。

公共选择学派认为，对公共产品的分配是一个不同于市场的集体选择过程，因而应通过集体选择机制来进行。由布坎南、图洛克共同创立的公共选择理论的显著特征是“经济人”假设、交换政治和个人主义的方法论，它用经济学的方法来分析政治学的传统问题。传统经济学在分析市场决策时把人视为追求自身利益最大化的“理性经济人”，而把公共选择领域的政府官员视为大公无私的圣人，对政府缺陷视而不见。布坎南对此提出质疑。他认为，“经济人”假设也存在于政治领域，“政治人”与“经济人”一样，也是利己和追求个人效益最大化的。人就是人，并不因为占有一个经理职位，或者拥有一个部长头衔就会使人性有丝毫的改变。“既然政治和政治过程最终是在交易范例中加以构造，那么简单的和直接的观察就可以使人们联想到，政治家和官僚是内在组成部分。这些人的行为同经济学家研究的其他人的行为没有任何不同。”① 政治决策者与市场决策者一样也是理性的、自利的人，他们在做出决策时同样要核算个人的成本和收益。选民总是把选票投给能为他们带来最大预期利益的人，政府官员同样在谋求自身利益最大化，尽管他们有反映公众利益的愿望，但这不过是他们的众多愿望之一罢了。因此，“政治是一个完全类似于市场的复杂的交易过程”②，政治交易的出发点是个人，集体决策就是把个人选择转化为集体选择的一个过程，公共政治资源的配置和公共产品的生产必须通过这样一个机制来进行。而要使这一过程的决策符合公众利益，首先必须确立每一个公民的个人权利，这种权利的具体表现形式就是政治投票权。一旦确立了个人的投票权利，就会产生类似于商品市场那样的政治市场。就像生产各种不同的私有货物供消费者选择一样，可以设计出各种可供选择的资源（如财政）配置方案，这些方案要及时或定期进行公布，让拥有政治投票权的选民知道自己将会分享到什么，就像在商品市场上用“货币票”来投（买）自己喜欢的商品一样，通过投“政治表决票”以选择自己所喜欢的资源

① ［美］詹姆斯·M. 布坎南著，平新乔、莫扶民译：《自由、市场与国家——80 年代的政治经济学》，上海三联书店 1989 年版，第 40 页。

② ［美］詹姆斯·M. 布坎南著，平新乔、莫扶民译：《自由、市场与国家——80 年代的政治经济学》，上海三联书店 1989 年版，第 129 页。

(如财政)分配方案。所以，政治资源的配置是通过建立在个人政治权利(政治投票权)基础上形成的集体选择来进行的，这种集体选择是在政治市场中实现的。

公共选择学派对集体选择机制做出了深入研究，对于我们理解公共资源和产品的民主分配过程具有重要意义，但公共选择学派的民主决策分配理论大体上只是一种纯形式的研究，而且它对政治资源分配的探讨主要集中在以政治个体基础上的微观层次上，它所探讨的政治资源主要集中在公共产品如财政税收上，而在实际的政治生活中，政治资源的分配并不是就一定按照公共选择学派所主张的机制来进行，不同的历史时期政治资源的配置机制可能不同。

一般而言，现代社会资源的配置机制主要采取两种方式，即计划和市场。由于政治资源包含的范畴既有政治权力那样具有非市场化的资源，同时，政治资源范畴又同一定的物质财富联系在一起，这就使政治资源的配置不可能完全通过单纯的政府或市场机制来实现，政治资源的配置机制呈现出很复杂的情况。实际上，从政治资源的广泛内涵出发，政治资源中具有公共性的政治权力、政治权利、政治意识等资源往往需要通过政府来配置，政治资源范畴中物质性资源往往通过市场来配置，所以，基于对资源类型的判定，政治资源的配置机制可以说是一种政府+市场的复合配置机制。政府的配置机制主要通过法律和组织体现出来，而市场配置机制主要体现在利益机制上。

法律是政治资源配置的宏观机制。法律是国家配置社会资源和政治资源的制度化的基本保障形式。法律机制的建立与运行，实际上就是国家对资源配置方式的重组与实践。同时，法律又是社会经济基础的反映，是一种行为规范，它不仅通过规定人们之间的权利和义务，调整人们之间的社会关系，形成正常的社会秩序，而且还规范着政治主体的政治行为的正常界限，规范着政治权力的设置。法律将政治资源在权力、权利之间及各自内部进行分配并严格规定各自的界限。“为了防止为数众多的意志相互抵触的无政府状态，法律限制了私人的权力。为了防止一个专制政府的暴政，法律控制了统治当局的权力。"① 法律明确国家所承担的社会管理职能；法律规定了公共权力内部的权力分立与制衡原则，使其各司其职，各安其分；同时也禁止社会利益集团为私利对公权力施加不正当影响。在法律体系中，宪法是最重要的政治资源配置机制，是元制度、元规则，它往往规定着一个社会应该采用什么样的制度安排。现在世界上绝大多数国家的宪法基本上对本国的国家性质、政权的组织原则和机构设置做出了明确的规定。例如：我国现行宪法规定，我国政权的组织形式是人民代表大会制度，在人民代表大会的基础上，产生国家行政机关、审判机关和检察机关并对它负责，人民行使国家权力的主体可分为三个层次：一是全体人民。《宪法》第二条第三款明确规定："中华人民共和国的一切权力属于人民。"人民是国家权力最高的、最原始的主体，一切权力源自人民。二是人民代表机关。它由人民选举的代表组成，代表人民去行使国家权力，受人民监督。三是其他国家机关。它们由人民代表机关选举产生，对人民代表机关负责，受人民代表机关监督。同时宪法还对政党、政府、人民在国家政治生活中的基本地位都做了相应规定，具体的组织法对各个政治主体享有的政治权力和政治地位都做了详细的规定。例如：法律规定了中国共产党与各民主党派各自的政治地位，中国共产党是中国唯一的执政党，宪法确定了中国共产党在中国政治生活中的领导地位和核心作用，中国共产党是国家政治资源的主要掌控者，是国家政治资源配置的主导者和主要支配者，各民主党派作为参政党，是中国政治制度设计中最具鲜明特色的部分，在政治资源配置格局中参与政治资源的配置。

组织机制是政治资源配置的微观实现机制。组织既是一项重要的政治资源，同时也是进行资源配置的重要机制。正如科斯理论所揭示的，组织存在的必要性与合理性在于能节约交易费用，诺斯也把组织作为人类经济史上财富增长的关键之一。因此，同市场自发的对经济

① ［美］E. 博登海默著，邓正来译：《法理学：法律哲学与法律方法》，中国政法大学出版社 1999 年版，第 233 页。

资源配置相适应，理性的组织往往是社会资源和政治资源配置的有效机制。现代社会政治的重要特征是大量的社会组织的存在，组织在现代社会的政治生活中的作用日益明显。美国著名政治学家塞缪尔·亨廷顿指出："组织是通向政治权力之路，也是政治稳定的基础"，①没有组织就没有权力，权力存在于组织之中。美国社会学家丹尼斯·朗就曾主张"组织是集体权力的政治中心"。② 在现代政治中，政党不仅是政治参与的重要工具，而且还是分配政治资源的重要载体。现代国家的民主政治主要是通过政党来进行，不同的政党制度决定了政治资源分配的格局。如社会主义国家的一党制，往往由建立政权的无产阶级政党掌握主要的政治资源，其他政党在政治资源分配中处于弱化状态，这与无产阶级政党在建立国家政权中起领导作用有关。西方国家实行的两党制、多党制也是这样，两党制主要由两个主要政党轮流执政，因此，政治资源的配置在两个主要政党之间呈现此消彼长的状态，而在多党制中，政治资源由多个政党分割，联合执政的政党掌握了主要的政治资源。另外，社会团体等组织也是政治资源配置的重要机制。现代西方多元主义者非常重视利益团体在民主中的作用，认为现代民主社会中的权力安排不是等级式的，而是竞争的。权力是众多代表不同利益的集团——例如商业组织、工会、政党、宗教组织——之间无休止的讨价还价过程的一个不可分割的组成部分。多重独立的社会组织的存在，提供了一种相互控制的机制，从而能有效地抑制等级体系和支配，使得各种统治资源的拥有呈分散化状态。③

利益机制。利益就是基于一定生产基础上，获得了社会内容和特征的需要。④ 利益是政治行为的动因，也是社会范围内促使政治资源

---

① ［美］塞缪尔·P. 亨廷顿著，王冠华译，《变动社会中的政治秩序》，生活·新知·读书三联书店 1989 年版，第 427 页。

② ［美］丹尼斯·朗著，陆震纶、郑明哲译：《权力论》，中国社会科学出版社 2001 年版，第 298 页。

③ Robert A. Dahl：Dilemmas of Pluralist Democracy：Autonomy vs. Control，New Haven：Yale University Press，1982，p. 1

④ 王浦劬等：《政治学基础》，北京大学出版社 2006 年第 2 版，第 47 页。

配置的巨大动力。利益机制在资源配置中的资源主要是一动态的过程，它体现在利益的表达、利益的实现、利益的保障等环节。在利益表达环节，社会各种政治力量、社会各阶层正是通过利益表达机制体现自身的利益诉求和资源偏好，利益表达机制应实现社会各阶层或社会群体的利益凝聚，使每个社会群体都能够通过畅通的利益表达机制向国家进行利益诉求，向政治体系表达资源分配的要求，政治体系应通过利益表达机制了解社会阶层和社会群体关于资源分配的诉求，并通过公共政策实现社会各阶层利益整合。在利益实现过程中，政府通过执行公共政策来实现资源配置，政府行政过程就是满足和逐步实现社会群体和社会阶层关于资源分配的要求。在利益保障环节，利益保障机制的构建能够有效地监督利益实现的效果，并对利益实现结果进行必要的矫正与调整。所以，利益机制在整个政治资源分配中实际上起基础性作用，政治资源最终分配的格局往往是社会各个群体和社会阶层利益妥协的结果。达尔所描绘的西方多元民主实际上就是多个社会团体相互妥协、最终形成利益一致的过程，公共政策的结果就是达成社会集团之间内的利益妥协或平衡，形成资源分配的共识格局。

（三）政治资源配置的规则

政治资源的配置是一个集体选择的过程。然而，集体选择是由个人行动组成的，是由个人选择并通过集体完成的。那么，一个社会（即集体）是如何获得一致性的呢？换言之，个体的意志如何形成集体意志呢？这就涉及政治民主的技术问题。公共选择学派探讨了达成集体选择的一系列规则，主要有：一致同意规则和多数同意规则。

“一致同意”规则是指一项集体选择方案只有在所有参加者都认可的情况下才能通过。在“一致同意”规则下，每一个参与选择者都对将要达成的集体方案拥有否决权，都对决策集体的决策结果有决定性的影响。因此，“一致同意”规则的保护性最强，它意味着每个人对集体达成的分配方案是满意的，没有人的利益会受损。如果能够在一致同意规则下达成决策，则这种集体选择将是帕累托最优的。只是“一致同意”规则虽好，在现实中的适用范围非常有限。因为达成一致同意的成本太高，成员之间的讨价还价、相互协商要耗费大量的时间和精力，“在一致性原则下，在取得最终结果的每一个阶段，都可能最终达成某种一致意见，但是，可能发生严重的资源浪费，其中最为重要的浪费可以用拖延达成一致意见的成本来衡量。在做集体决策时，讨价还价是个成本高昂的过程，而且在一致性原则下，成本可能高得吓人。”① 再者，集体选择中每个成员的偏好都是不同的，由于每个人都有否决权，集体选择实际上往往无法形成。所以，退而求其次，人们在现实的集体选择中绝大多数情况下是采取多数规则。

多数规则是指一项集体选择方案必须得到所有参加者中的多数同意才可通过实施。这里的多数，可以是简单多数，即超过总数的一半，也可以是比例多数，如达到总数的三分之二以上。与“一致同意”规则相比，多数规则的成本较低，也较容易通过集体选择协议和方案。但多数规则也存在着明显的缺点。首先，多数规则往往忽略了少数人的利益，由多数人通过的集体选择的结果，少数人也要被迫服从，多数规则也许会导致“多数的暴政”，出现像布坎南所说的“51 个彼德压迫 49 个保罗”的现象。另外，在多数规则下，最终的选择结果可能不是唯一的，可能会出现循环投票的情况，美国经济学家阿罗提出“不可能性定理”来说明这一点。阿罗的结论是：在非独裁的情况下，在社会成员的个人偏好次序已知的情况下，无法通过一定的程序，把各种各样的个人偏好次序归结为单一的社会偏好次序。换言之，在非独裁的情况下，多数规则不能够把个人偏好和选择转化为集体偏好和选择。②

那么，在实际的集体选择过程中，什么样的规则是最优的？布坎

① ［美］詹姆斯·M. 布坎南著，穆怀鹏译：《民主财政论》，商务印书馆 1993 年版，第 299 页。

② 高鸿业、吴易风主编：《西方经济学》，中国人民大学出版社 2004 年版，第 405 ~ 407 页。

南和图洛克认为，衡量集体选择规则应采用成本度量的方法，即"成本的最小化而非收益与成本的差额的最大化，成了组织和规定决策的标准"。① 布坎南和图洛克将集体选择规则存在的成本分为两类，一类是决策成本，指的是在该规则下通过集体决策所花费的时间与精力，集体决策的人数越多，决策成本越大，"在那些规模巨大的群体中，谈判成本也许会接近无限大。"②；另外一类是外部成本，即对个人来说"外在于他自己行动的成本"，③ 指的是该规则下通过的某项集体选择方案与参加者意愿不一致而给他们带来的损失。当通过的某项集体选择方案与参加者个人的意愿或偏好一致时，他们的外部成本就等于零；反之，他们的外部成本就大于零。因此，随着不一致人数和程度的增加，外部成本的总量也将增加。按照这个标准，"一致同意"规则虽然外部成本为零，但决策成本巨大；多数同意规则相对于"一致同意"规则，其决策成本可能较低，而外部成本可能较高。决策成本和外部成本之和叫做相互依赖成本。根据布坎南和图洛克的研究，"完全理性的人在做出立宪选择时，将力图选择那种使他不得不承受的预期成本现值最小的决策规则。他将通过使预期外部成本与预期决策成本之和最小来做到这一点"。④ 即理性的集体参与选择者将按最低的相互依赖成本来决定集体选择的最优规则。换言之，最优规则是相互依赖成本曲线最低点上所显示的过半数的简单多数规则。⑤

---

① ［美］詹姆斯·M. 布坎南、戈登·图洛克著，陈光金译：《同意的计算》，中国社会科学出版社 2000 年版，第 92 页。

② ［美］詹姆斯·M. 布坎南、戈登·图洛克著，陈光金译：《同意的计算》，中国社会科学出版社 2000 年版，第 73 页。

③ ［美］詹姆斯·M. 布坎南、戈登·图洛克著，陈光金译：《同意的计算》，中国社会科学出版社 2000 年版，第 47 页。

④ ［美］詹姆斯·M. 布坎南、戈登·图洛克著，陈光金译：《同意的计算》，中国社会科学出版社 2000 年版，第 73 ~ 74 页。

⑤ ［美］詹姆斯·M. 布坎南、戈登·图洛克著，陈光金译：《同意的计算》，中国社会科学出版社 2000 年版，第 74 ~ 75 页。

（四）政治资源配置优劣的判断标准

如何判断资源配置的优劣或者确定所有可能的资源配置中的最优配置呢？在经济学家看来，对资源配置优劣的经典解释莫过于意大利著名经济学家帕累托。他提出了资源配置的帕累托最优状态理论，即：如果对于既定的资源配置状态，任意改变都不可能使至少有一个人的状况变好，而没有使任何人的状况变坏，那么这种资源配置的状态为帕累托最优状态。换言之，如果对于某种既定的资源配置状态，还存在帕累托改进，即在该状态上，还存在某种改变可以使至少有一个人的状况变好，而没有使任何人的状况变坏，则这种资源配置的状态还没有达到累托最优状态，还不是资源配置最优状态。西方经济学认为，在完全竞争的经济中，市场机制这一“看不见的手”能够自动实现资源的最优配置。而随着新制度经济学的兴起，新制度经济学家科斯对资源配置的传统理论又进行了补充与发展。科斯认为，西方主流经济学在论证资源配置的实现条件时，要依赖于一个隐含的假定：经济行为不存在外部影响即没有外部性。而现实的经济生活中，外部性无处不在、无时不在。各种形式的外部性造成了一个严重后果，即完全竞争条件下的资源配置将偏离帕累托最优状态，“看不见的手”在外部性存在的情况下，失去了作用。科斯宣称，解决问题的办法是界定私有产权，只要财产权是明确的，并且其交易成本为零或者很小，则无论在开始时将财产权赋予谁，市场均衡的最终结果都是有效率的。也就是说，这样能够达到帕累托最优状态。这就是著名的科斯定理。布坎南对科斯定理的价值曾这样精彩地评论道：“科斯的重要兴趣在于，通过一系列既是假定性的又是历史性的例子，来说明自由交易与契约在权利分割是明确的前提下，是能确保资源按其最有价值的方向进行配置的……用外在性的说法，科斯实际上是在论证，有关的交易双方之间的自由交易契约过程会使所有与帕累托相关的外部性都趋于消失。"① 总体上来讲，经济学家是从效率的角度来评价资源配置的优劣的，他们关注的领域主要集中在微观经济领域之中。

在判断资源配置优劣上，政治学家往往关注的是公平与正义。当代著名政治学家罗尔斯认为，正义是社会制度的首要价值。② 罗尔斯对资源配置的帕累托效率进行了考察，他认为，如果把经济效率的帕累托原则应用于社会结构安排上，就可以相应地提出判断社会基本结构安排的帕累托原则，这个原则可以描绘为："对于某种社会基本结构的安排来说，如果没有别的可改善某些人的前景而不损害另一些人的前景的再安排方式，这种安排就是有效率的。"③ 但罗尔斯又指出，"仅仅效率原则本身不可能成为一种正义观"。④ 一个有效率的社会基本结构未必就是公正和正义的。在自然的自由体系中，资源的最初分配总是受到自然和社会偶然因素的影响。"自然的自由体系最明显的不正义之处就是它允许分配的份额受到这些从道德观点看是非常任性专横的因素的不恰当的影响。"⑤ 所以，"问题是要在它们之间进行选择，找到一种正义观来选出一种有效率的同时也是正义的分配形式"。⑥ 这个一般的正义观就是"所有社会价值——自由和机会、收入和财富、自尊的基础——都要平等地分配，除非对其中的一种价值

---

① ［美］詹姆斯·M. 布坎南著，平新乔、莫扶民译：《自由、市场与国家》，上海三联书店1989年版，第134页。

② ［美］约翰·罗尔斯著，何怀宏译：《正义论》，中国社会科学出版社1988年版，第3页。

③ ［美］约翰·罗尔斯著，何怀宏译：《正义论》，中国社会科学出版社1988年版，第71页。

④ ［美］约翰·罗尔斯著，何怀宏译：《正义论》，中国社会科学出版社1988年版，第72页。

⑤ ［美］约翰·罗尔斯著，何怀宏译：《正义论》，中国社会科学出版社1988年版，第73页。

⑥ ［美］约翰·罗尔斯著，何怀宏译：《正义论》，中国社会科学出版社1988年版，第71页。

或所有价值的一种不平等分配合乎每一个人的利益”。① 这个一般的正义观又演化为两个著名的正义原则，第一个是平等自由原则，具体表述是：每个人对与所有人所拥有的最广泛平等的基本自由体系相容的类似自由体系都应有一种平等的权利。第二个原则是公正平等原则和差别原则的结合，即社会和经济的不平等应这样安排，使它们：①在与正义的储存原则一致的情况下，适合于最少受惠者的最大利益；并且，②依系于在机会公平平等的条件下职务和地位向所有人开放。② 平等自由原则是用来处理公民的政治权利问题，公正平等原则和差别原则是用来应对收入和财富的分配以及组织机构的设计。通过分配正义原则，罗尔斯试图减少社会偶然因素和自然运气对分配份额的影响，使人们在资源分配上达到事实上的平等。罗尔斯的理论反映了一种对最少受惠者的偏爱，他认为按照两个正义原则建立起来的基本社会结构和制度安排才是公平、正义的，同时就资源配置来说也是最优的。

如果我们把帕累托原则运用于政治资源的配置中，我们可以得到政治资源配置的帕累托定律，即当政治资源的配置达到这样一种状态：任何改变资源配置的方法不可能在不影响一部分人处境的情况下，使得一部分人的处境变得更好，那么政治资源的配置达到了帕累托最优状态。当然，这样直接把帕累托原则运用于判断政治资源的配置，存在着两个问题：一是过于勉强，并且把帕累托原则普遍化是一种错误的做法；二是即使把帕累托原则运用于判断政治资源的配置也很抽象，毕竟政治资源不同于经济资源，它是不同形态资源的组合。所以，根据政治资源自身组成的特点，我们认为，判断政治资源的优劣应分别从它的各个组成部分来进行考察。

第一，从政治资源实体部分中的经济实体资源来看，判断其配置

① ［美］约翰·罗尔斯著，何怀宏译：《正义论》，中国社会科学出版社1988年版，第62页。

② ［美］约翰·罗尔斯著，何怀宏译：《正义论》，中国社会科学出版社1988年版，第302页

优劣的标准，是看能否做到“物尽其用”。政治资源实体部分中的经济实体资源主要是国家所控制的物质财富，是政治国家正常运转的基础。在公有制为主体的社会主义国家里，劳动者是物质财富的主人，物质财富配置的最终目标是要尽量满足人民物质生活的需要。物质财富的主体是国家的财政收入，对这些财政收入的配置重要是通过政府财政支出的形式来进行。如何来统筹安排财政收入在各个方面的支出，关系到能否最大限度地发挥其财政资源的效能，推动国家经济的增长，维护政治和社会的稳定。因此，要尽量做到“物尽其用”，一方面使物质财富的配置，能够推动经济增长，取得最大的经济效益；另一方面通过财政转移支付，合理调整政治资源配置中的财富和利益的分布，改变财富分布和占有不平衡的状态，协调人们之间的利益冲突，促进政治稳定。

第二，判断政治权力配置的标准，是看能否实现权力的“有效”与“有限”的平衡。政治权力是核心的政治资源，如何实现政治权力的配置，做到既能促进社会发展，又能够保护人民的权利始终是政治权力配置中的关键问题。出于对政治权力有可能侵犯公民权利的恐惧，古往今来的思想家们把关注的重点集中在如何有效地来制约政治权力，西方思想家提出的权力制约途径基本上有两种：一是以权力制约权力，这是自由主义思想家洛克和孟德斯鸠的主张，为此在政治权力的配置上，他们提出必须实行权力的分立和相互制衡。二是以社会制约权力，典型的代表是18世纪法国思想家托克维尔和美国现代政治学家罗伯特·达尔，为此他们提出培育公民社会，发展社会民主。在权力制约思想的影响下，近代西方国家在政治实践中，往往通过确立宪政制度来确保权力的正确使用。因此，强调政治权力的有限使用在很长时期内曾是西方宪政运动的主题，“从君主专制制度的结束到无限民主制度的兴起，经历了约两个世纪。在这两个世纪的岁月中，宪政的伟大目标始终是限制政府的一切权力。具体言之，为了阻止政府专断地行使权力，人们渐渐地确立起了一系列重要的原则，其中包括权力分立原则、法治或法律至上原则、法律下的政府原则、界分公法与私法的原则以及司法程序规则等”。① 随着现代宪政制度的确立，政府的政治权力得到了一定程度的制约，社会自由权利的最大威胁得到解除。但政治权力配置的另一方面是：对政治权力的过度限制又往往导致权力在社会发展中的作用减弱。对此，奥尔森曾经警告道：“尽管那些设立代议制政府的人有动机去将这些制度结构化以限制行政领导人的权力以及减少其成为专制统治者的可能性，但是并不一定会是成功的。就如我们所指出的一样，政府的行政首脑一定要有一些可以增加其成为专制者能力的权力。如果那些建立代议制政府的人在限制行政权力方面走得过远的话，那么可能使政府无力快速地行动，从而使其更容易被外部或者国内敌人打败与颠覆。所以，民主国家常常由于这样的失误或者不幸的事件而崩溃。”② 现代政治发展的实践也证明了奥尔森的论断并非无的放矢。由于缺乏强有力的政府，许多发展中国家的现代化进程一度出现中断。因此，对政治权力的配置决不等于就是对政治权力的限制，它还存在着一个如何更好地发挥政治权力的效能的问题，问题的关键是应该把对政治权力的限制与有效使用结合起来，也就是要寻求政治权力配置中的“有效”与“有限”的最佳结合点，达到权力配置中的“有效”与“有限”的平衡。

第三，判断政治制度资源配置优劣的标准，是要看制度资源配置是否尽可能地节约制度的交易费用。对于如何评价和判断政治制度、政治体制的优劣，邓小平曾经有过精彩的论断。他说：“我们评价一个国家的政治体制、政治结构和政策是否正确，关键看三条：第一是看国家的政局是否稳定；第二是看是否增进人民的团结，改善人民的生活；第三是看生产力能否得到持续发展。”③ 从邓小平的论断可以看出，他并不是从抽象的意识形态的角度出发来判断制度的好坏，而

---

① ［英］弗里德利希·冯·哈耶克著，邓正来译：《法律、立法与自由》（第二、三卷），中国大百科全书出版社 2000 年版，第 417 页。

② ［美］曼库尔·奥尔森著，苏长和译：《权力与繁荣》，上海世纪出版集团 2005 年版，第 33 页。

③ 《邓小平文选》（第三卷），人民出版社 1993 年版，第 213 页。

是更注重制度所带来的实际效率与效益，而制度的效率与效益也是现代新制度经济学所关注的重要问题。只不过，新制度经济学家提出了交易费用的概念与理论来考察制度的优劣。所谓交易费用就是指获得准确的信息所需要付出的费用，以及谈判和履行契约的费用。交易费用的思想最早来自科斯，他在《企业的性质》和《社会成本问题》的经典论文中，对西方正统经济学零交易费用的假设前提提出了质疑，认为现实中的市场交易实际上存在着讨价还价、谈判、拟订契约和监督契约实施等成本，交易费用就是获得准确的市场信息所需要付出的费用。巴泽尔把交易费用定义为与转让、获取和保护产权有关的成本。① 诺斯和威廉姆森把交易费用主要视作监督方面的费用。尽管西方新制度经济学家对交易费用的表述各不相同，但基本内涵并无本质差别。一般而言，“交易费用分为两类：一是由制度或体制的差异引起的交易费用，不同的制度下的交易费用是存在差异的。二是由测量商品或劳务的标准及技术变化引起的交易费用，如货币、国家度量衡的统一，政府制定的产品标准等”。② 制度作为重要的政治资源，在表现形态上是稀缺的，在建立和运行中存在着交易费用。制度的稀缺性和成本性，就决定了存在一个如何优化配置以减少交易费用的问题。同时，现代社会形成了庞大复杂的制度体系，同一社会的不同制度之间也存在一个如何协调适应的问题。好的政治制度配置使各项政治制度的能够高效率地运行，能够降低政治交易成本，所带来的经济效益与社会效益也较好。

第四，判断政治意识形态资源配置优劣的标准，是看其配置能否提升主流的政治价值。一个社会好的意识形态和主流的政治文化、政治价值对于维系政治共同体的存在是非常关键的。对政治意识形态资源的配置上，关键是要在稳定基本价值规范的基础上，应根据社会形势的变化，随时对意识形态进行局部调整，更好地反映时代的要求，

① ［美］巴泽尔著，费方域，段毅才译：《产权的经济分析》，上海三联书店 1997 年版，第 3 页。

② 卢现祥主编：《新制度经济学》，武汉大学出版社 2004 年版，第 39 页。

适应政治共同体发展的需要，提升主流的政治价值，使人们的政治能量能够转化为政治上的积极性和主动性，使人们始终保持对政治共同体的忠诚。因此，“成功的意识形态必须是灵活的，以便能赢得新团体的忠诚，或者随着外部条件变化也得到老团体的忠诚”。① 这种灵活就体现在政治规范资源的配置能够不断提升主流政治价值和政治理想。

第五，在判断政治权利配置的优劣上，平等是最重要的标准。自人类文明史以来，任何一种社会制度都对一定的政治权利作出规范，但迄今为止，还没有一种社会制度实现了政治权利配置上的平等。实际上，在人类的历史中，权利的平等配置更多的是一种理想而非现实。因此，对政治权利的追求贯穿于政治权利发展史的始终，从古希腊、古罗马的平民反抗贵族特权到近代的资产阶级革命、现代的社会主义革命，围绕着争取平等政治权利的斗争一直在演绎。并且，在这些争取平等政治权利斗争的各个时代，权利平等的含义与内容也是不同的。而现代语境下的政治权利的平等分配，往往意味着一个人的政治权利既不比别人多也不比别人少，既不比别人高级也不比别人低级，但这里所说的“人”在不同的情况下所指对象是不同的。因此，平等往往是有层次的平等，平等是反对特权的平等，平等还是相对的平等。首先，基本政治权利的配置应当实行无差别的平等，即对于不同的人给予同样对待。基本政治权利是最重要、最核心的政治权利，它们对于社会成员的发展都具有重要意义。进入近现代社会以来，“人生而自由、平等”的价值理念逐渐成为政治权利配置主要原则，基本权利的配置往往采取“平均主义”的权利配置方式，这是唯一正当性的权利配置方式。其次，基本政治权利以外的其他权利的配置是有层次和相对的平等。由于基本政治权利的无差别配置，每个社会成员都享有基本相同的生存发展条件，使人们可以在同一起跑线上展开竞争与合作。在此前提之下，平等原则允许基本政治权利以外的其

① ［美］道格拉斯·C·诺斯著，陈郁、罗华平译：《经济史中的结构与变迁》，上海三联书店 1994 年版，第 53 页。

他权利根据需要按照差别对待原则配置。例如，在普遍承认公民享有参与国家管理的政治权利的条件下，各国又对各种公职岗位规定具体的不同条件，这必然使得那些符合条件者才享有担任某种特定公职的权利，而不符合条件的公民则不能享有相同的权利。但是，这种差别对待符合与平等原则并不相悖，因为差别是被控制在合理的限度之内的。所以，从这个意义上讲，非基本政治权利有差别的配置也是一种平等。再次，是政治权利救济机会的平等。无救济即无权利，权利有赖于制度的救济。政治权利配置的平等意味着，在尊重权利和救济权利方面，权利主体是什么人并不重要，同等的尊重和救济才是关键。如果对同样的权利，因主体的不同而提供不同的保护，因人而异，厚此薄彼，实际上就意味着某些人受到了歧视或者压迫，政治权利的配置就是不平等的。

第二章　当代中国政治资源配置的历史考察

当代中国政治资源是一个综合体，政治资源的各个部分相互补充、相互作用，共同维护政治共同体的生存与发展。国家不仅要积聚政治资源，还要对政治资源进行配置。对政治资源配置的考察主要有两个向度，一是纵向上从历史的角度分析政治资源在国家与社会之间的转移与流动；二是从横向上探究当前政治资源各个组成部分配置的现状与特点。

从第一个向度考察，国家对政治资源的配置不仅涉及政治系统内部资源的分配，而且还与政治系统之外的社会发生联系。也就是说，政治资源不是固定在政治系统内部，它更多的是在国家与社会之间不断流动，国家正是通过政治资源的配置来获取自身的成长。因此，对政治资源配置的纵向考察与分析就势必涉及国家与社会的关系。

一般来说，根据国家力量与社会力量的强弱，学术界倾向于把历史上和现实中国家与社会关系划分为四种类型。即：强国家—弱社会模式，国家通过集权对社会进行全面控制，国家力量很强，社会力量很弱，这种模式的典型国家主要有实现现代化以前的东亚国家、获得独立之初的拉美国家；弱国家—强社会模式，国家（政府）处于很软弱的状态，国家的力量受到强大社会的制约，塞缪尔·亨廷顿所说的“普力夺政体”就是这种模式的典型；强国家—强社会，国家和社会的力量同样强大，社会高度分化，国家的制度化水平也很高，国家与社会的参与程度之间形成良性互动；弱国家—弱社会模式，这种模式的国家经济落后，缺乏强有力的社会整合机制，社会分化程度低，许多非洲的发展中国家属于这种类型。

国家与社会把力量的对比在一定程度上是各自资源占有的反映，从资源学的角度出发，我们可以根据政治资源在国家与社会之间的流动态势，来对历史上和现实中国家与社会关系的模式做出界定。就资源与国家的关系而言，国家并不直接创造资源，但是，国家的存在又必须建立在资源的基础之上，国家的活动既涉及资源的提取与保护，也涉及资源的消耗，这种资源的消耗实质上是国家治理社会所要付出的代价与成本。在政治资源总量一定的情况下，国家与社会在政治资源的划分上存在着此消彼长的关系。如果政治资源主要集中在国家一级，国家几乎垄断了所有的政治资源，社会从属于国家，往往形成的是强国家—弱社会的模式；如果政治资源主要由社会掌握和配置，往往形成的是强社会——弱国家的类型，而强国家—强社会和弱国家—弱社会是政治资源在国家与社会之间分布基本呈现均衡的两种相反的模式。

马克思主义认为，在人类的历史上，同社会相比，国家是后来者，是为了满足人类发展的需要而产生的，国家是从社会中产生的，"国家是社会在一定发展阶段上的产物……这种从社会中产生但又自居于社会之上并且日益同社会相异化的力量，就是国家"。① 因此，社会决定国家，由国家伴随而来的一系列政治资源产生于社会，社会是政治资源原初的所有者。但随着人类社会形态的不断更替，当人类进入阶级社会之后，尤其是在整个前资本主义时期，随着国家力量相对于社会力量的日益增强，随着人类对政治生活的追求，政治资源不断得到开发和发展，政治资源的形式和内容不断增多，国家逐渐成为政治资源的所有者，成为政治资源配置的主导力量。人类社会步入现代化的征程之后，随着现代化进程的不断演进，政治资源在国家与社会之间的配置与流动往往处在断断续续的反复之中，从而使国家与社会的关系模式始终处在动态的不断发展之中，这样，政治资源的配置实际上处于不断的变迁之中。

作为现代化的后来者，当代中国政治资源配置的主体是国家，现

① 《马克思恩格斯选集》（4 卷），人民出版社 1995 年第 2 版，第 170 页。

代化的进程是由国家力量来推动的。随着现代化进程的发展，当代中国的政治资源的配置在改革开放前后呈现出不同的特点。

一、改革开放前的政治资源配置

改革开放前的中国，是典型的强国家—弱社会的关系模式。1949年中华人民共和国成立后，经过短暂的社会主义过渡时期，中国大陆建立了“全能主义”的国家政权，国家权力渗透到社会各个领域，国家垄断了全部的政治资源，国家与社会高度合一，有学者称这种社会结构是“总体性社会体制”。① 国家控制的社会资源和政治资源不仅包括物资、资金，也包括权力、威望、机会等。在这种总体性社会中，社会组织和社会成员要想获得生存与发展，就必须从国家那里获得发展的社会资源与政治资源。也就是说，国家掌握着政治资源的配置权。从区域上讲，国家对政治资源的配置，主要是在城市与乡村两个政治区域展开。因为，“如果将国家作为一个地域性整体，那么，城市和乡村便是国家，特别是那些版图较大的国家的基本和两个不同的区域单元”。② 而在城市和农村，国家对政治资源的配置又分别是通过“单位制”和农村人民公社体制来进行的，这样的配置路径可以通过图 2-1 显示出来：

（一）“单位制”——政治资源配置的城市路径

1. 单位的定位

在当代中国的城市中，人们的社会生活与单位紧密联系在一起，

① 孙立平：《国家、民间统治精英及民众间互动关系的演变》，《发展与不平等：大陆与台湾之社会阶层与流动》，香港中文大学香港亚太研究所 1994 年版，第 70 页。

② 徐勇：《城市与乡村二元政治结构分析》，《徐勇自选集》，华中理工大学出版社 1999 年版，第 59～60 页。

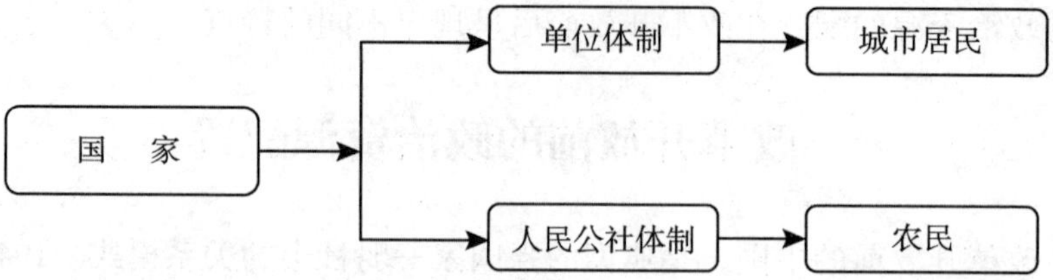

图 2-1

单位在城市居民的心目中具有重要地位，中国社会独特的“单位”现象，吸引了国内一些学者从社会学、政治学角度对此进行研究，对单位现象与单位制度的研究也是理论界的一个重要课题。路风是国内最早对单位体制进行阐述的政治学者，他于 1989 年、1993 年分别发表了《单位：一种特殊的社会组织形式》和《中国单位体制的起源和形式》两篇重要论文，对当代中国城市社会存在的独特的“单位”现象和单位体制进行了剖析。在对单位的定位上，社会学者和政治学者从不同的研究视野来对单位进行透视。首先，从经济政治组织的角度来定位单位的性质。路风认为，“单位是我国各种社会组织所普遍采取的一种特殊的组织形式，是我国政治、经济和社会体制的基础”①，“单位还是国家对社会进行直接行政管理的组织手段和基本环节”。② 与路风观点接近的是朱光磊，他认为，单位是中国社会经济和政治生活的基层组织形式，单位不仅是各行各业自己的基层，而且是中国政权的重要基础。不了解单位的性质和特点，就不能全面和深入地了解当代中国的政治和政府过程。③ 其次，从社会整合和政治

① 路风：《单位：一种特殊的社会组织形式》，《中国社会科学》，1989 年第 1 期，第 71 页。

② 路风：《单位：一种特殊的社会组织形式》，《中国社会科学》，1989 年第 1 期，第 72 页。

③ 朱光磊：《当代中国政府过程》，天津人民出版社 2002 年版，第 306 ~ 307 页。

整合的角度来认识单位，如：社会学者李汉林从社会整合的角度考察单位的性质与功能，认为“单位”主要是国家对社会的整合和控制的组织形式。① 而政治学者王沪宁、刘建军等强调“单位”是中国城市社会中基本的社会调控单位，“单位”是社会调控体系中以实现社会整合和扩充社会资源总量为目的的制度化组织形式，是国家与个人之间的联络点。② 最后，把单位定位为制度化的资源分配机制。李猛等受制度主义的影响，认为“单位”是一种德治性再分配体制内的制度化组织；③ 刘建军认为，单位作为国家调控体系的基本单元，既是国家政策的最终落实者，又是整个政治体系的支撑者和资源的最终分配者。④

从上述列举的一些定义中，我们可以看出大多数学者基本上能够接受单位是一种制度化的组织形式，它是当代中国独有的社会结构形式。而从资源配置的角度讲，我们自然倾向于把单位定位于一种制度化的资源分配机制的观点，或者说单位制更应该是一种资源配置制度。因为，就制度的本来意义而言，“制度是一个社会的游戏规则，更规范地说，它们是决定人们的相互关系的系列约束。制度是由非正式约束（道德的约束、禁忌、习惯、传统和行为准则）和正式的法规（宪法、法令、产权）组成的”。⑤ 制度往往是被社会认可和遵守的一些相对稳定的行为规范和取向，它来调整人们相互之间的社会关系，满足人们的各种基本社会需求。之所以说单位是一种制度，主要

① 李汉林：《中国单位现象与城市社区的整合机制》，《社会学研究》，1993 年第 5 期，第 27 页。

② 刘建军：《单位中国：社会调控体系重构中的个人、组织与国家》，天津人民出版社 2000 年版，第 43 页。

③ 李猛、周飞舟、李康：《单位：制度化组织的内部机制》，《中国社会科学》（季刊）（香港），1996 年秋季卷，总第 16 期，第 33 页。

④ 刘建军：《单位中国：社会调控体系重构中的个人、组织与国家》，天津人民出版社 2000 年版，第 19 页。

⑤ ［美］道格拉斯 · C. 诺斯著，陈郁、罗华平译：《经济史中的结构与变迁》，上海三联书店 1994 年版，第 3 页。

是因为：在当代中国社会，单位作为一种特殊的组织形态，不管是企业单位、事业单位还是行政单位，都具有一系列在主流意识形态的基础上建立起来的、被认可的相对稳定的行为规范，依靠这些行为规范，单位中人们相互之间的社会关系和互动得以稳定。另外，制度的稳定性具有抗拒变迁的倾向，新中国成立后形成的单位体制，虽然在改革开放后在功能和性质上有所变化，但作为一种城市资源配置制度形态的表现形式，它在改革开放后还依然存在。所以，从制度意义上讲，单位组织在中国社会里已经远远超出了一般社会组织的意义，它在实质上不仅仅是一种对城市的政治整合形式，而且更重要的是一种特殊情况下的资源分配组织和资源分配制度，这种资源分配的重点在很大程度上集中于对政治资源的配置，单位体制构成了当代中国城市社会独具特色的资源分配机制。

2. 单位体制的形成

单位体制的形成是与中国现代化进程密切联系在一起的。“单位以及单位体制是中国从落后状态中推进社会主义工业化在组织上的反映。”① 如果我们把“单位”放大到中国现代化进程中来考察，就可以看到，“单位在表面上看来是建国之后特定时期的特殊产物，实际上却是中国社会自身所孕育出来的一种特定的制度形式，也就是说这是政府在适应社会资源总量之要求及其所提供的条件的基础上，依靠国家强力和再分配体制，把城市社会纳入到现代化进程中的理性运动”。② 所以，中国单位制度的形成是后发型现代化的制度表达形式。中华人民共和国成立之后，面对的是一个社会资源和政治资源总量严重不足的社会。从当时城市发展状况来看，城市中社会资源处于根深蒂固的分割状态。在这样的情况下，如果不借助强有力的国家政权，

① 路风：《单位：一种特殊的社会组织形式》，《中国社会科学》，1989 年第 1 期，第 74 页。

② 刘建军：《单位中国：社会调控体系重构中的个人、组织与国家》，天津人民出版社 2000 年版，第 59 页。

真正意义上的现代化不可能展开。而一个国家政治资源的拥有量往往决定了这个国家能力的强弱或大小，革命后国家现代化的逻辑起点是存在着能够推动现代化的强大的国家组织。当政治资源和社会资源总量处于贫弱的境况下，国家为了实现现代化的宏伟蓝图，完成现代化的历史使命，只能采取有组织的、集中有限的政治资源的方式来推动现代化，只能依靠自上而下的权威的力量建立统一的单位体制，通过对分散和分割的社会资源进行集中提取和分配，有针对性地建构现代化的经济体系和调控体系，而单位制的构筑正是这种战略的产物。“单位作为国家政权的延伸或者本身就是国家政权的一部分，直接承担着汇集资源和供给公共物品的功能，国家权力就是通过单位作为中介实现对资源的再分配，达到对社会有效调控的目标。”①

3. 单位的政治资源配置功能

单位体制作为当代中国城市社会独具特色的资源分配机制，往往是通过一个个具体的单位组织来实现资源特别是政治资源的配置的。因而，单位在改革开放前的中国城市社会中承担着政治资源配置的功能。围绕着单位的政治资源配置功能又产生了两个问题：一是国家通过单位来实现政治资源的配置，其分配的依据和基础是什么？二是国家通过单位来实现政治资源的配置导致了什么样的配置结果？

就第一个问题而言，国家通过单位进行政治资源的配置往往采取制度化和非制度化两种形式。制度化的配置形式往往是按照组织规范的要求去配置单位组织的资源，也就是说，政治资源的配置是按照规定和规则进行的。各个单位根据行政管理关系，按照距离国家权力中心的远近，被动接受上层分配下来的资源，其分配的基础和依据是单位的等级或所有制规模。单位的级别与身份非常明显，无论是行政单位、事业单位或企业单位，都被赋予一定的行政级别。在一般情况下，单位的级别越高，其获取的政治资源和经济利益就越多，在社会

① 刘建军：《单位中国：社会调控体系重构中的个人、组织与国家》，天津人民出版社2000年版，第64页。

中的政治地位和社会地位就越高。另外，单位的所有制层次也是国家对单位进行资源配置的一个重要依据，单位的所有制层次主要集中在企业单位。“和单位的行政级别一样，特别是在传统经济与政治体制中，单位的所有制层次愈高，其所能占有的各种资源、机会和利益就愈多，在社会上行为的地位、声誉和信誉就愈高，与其他单位进行行为互动的交易成本就愈小。”① 而非制度化的资源配置方式则是指不按照组织规范和制度的要求去配置资源，单位在资源获取上有很大的主动性和灵活性，在国家与单位的资源配置上体现一定的关系取向，单位与国家之间的那些特殊主义性质的社会关系或“社会网络”往往决定获取的资源的多寡。资源配置的非制度化形式的存在，说明国家对政治资源配置的空间具有争夺和讨价还价的余地，“单位，以至地方政府，并非纯然被动：由国家决定分配多少就拿多少。讨价还价能力越强的地方政府与单位，越有办法拿到较多资源，改善职工的科层处境。”② 所以，也就出现了单位通过各种社会关系对国家资源的争夺。

制度化和非制度化的两种政治资源配置的形式，不仅体现在宏观的国家单位之间，而且还体现在单位内部政治资源的分配上。国家通过单位将掌握的政治资源和社会资源分配至单位中，单位再分配给个人。因此，单位内部政治资源的分配具有再分配或二次分配的性质。单位内部政治资源制度化再分配的依据一般涉及“单位人”的行政级别、政治面貌、工作能力、教育程度、工龄等等，在传统体制下，往往把政治面貌作为重要的分配依据。一个单位的领导，由于具有较高的行政级别，因而能够更多地或更方便地占有或分得较多的政治资源。不同的行政级别往往享有不同的资源待遇。“在这里，人与人之间的不平等以及社会地位的高低，通过制度化的方式被固定化和合法

① 李汉林：《中国单位社会：议论、思考与研究》，上海人民出版社 2004 年版，第 34 页。

② 李明堃：《中国之社会分层》，《发展与不平等，大陆与台湾之社会阶层与流动》，香港中文大学香港亚太研究所 1994 年版，第 9 页。

化，而这种制度化的方式又和资源、利益及机会的分配和占有紧紧地连在了一起。”① 而单位内部非制度化的政治资源再分配往往体现出强烈的关系取向。个人在单位中的人缘以及与单位领导的关系，往往是获取资源的重要手段，单位成员往往动用各种关系“渠道”来谋取个人发展所需的政治资源。李路路、李汉林通过对单位制的研究认为，在单位内部也会形成社会学家费孝通先生所说的错综复杂的关系网络以及各种根据“以我为中心向外推”的差序格局，人们在单位组织内正式关系的背景下，会更多地依靠一种初级的社会关系来争取单位内的资源，这种互动在很大程度上取决于单位成员个人与单位内的某些利益集团或利益群体之间的“面子”、“交情”、“义气”以及个人道德。借助于这种关系网络的互动，更多地表现出一种利益和资源的结合和交换。②

制度化和非制度化的两种政治资源配置的方式，往往是结合在一起使用的，在更多的时候，由于制度建设的滞后，政治资源配置的非制度化方式往往唱主角。同时，不同的“单位人”对于这两种资源配置的选择偏好是不同的。李汉林、李路路通过对单位组织中的地位、资源、满意度、相对剥夺感和依赖性行为的社会调查后认为，那些相对剥夺感较低的人，是那些政治身份较高、权力较多、获取和支配资源也较多的单位成员，他们的既得利益促使他们倾向于采用制度化的方式来维持已获得的资源，不希望被其他人采用非制度化的方式予以剥夺。但是，对于那些政治身份较低、权力较小因而获取和支配资源也同样较少的人来说，不仅单位组织的特性为人们以非制度化的方式获取资源提供了可能性，而且采用制度化方式获取资源也提高了成功的难度，至少与非制度化方式相比，其成本和难度都可能提高。因此，他们更倾向于采取非制度化的资源获取方式。而一旦他们获得

① 李汉林：《中国单位社会：议论、思考与研究》，上海人民出版社 2004 年版，第 33 页。

② 李汉林：《中国单位社会：议论、思考与研究》，上海人民出版社 2004 年版，第 231 页。

了较多的政治资源和社会资源，他们又会赞同采取制度化的资源配置方式。① 也就是说，随着单位成员社会和政治地位的变化，他们往往赞同对自己有利的资源配置方式。

就第二个问题而言，国家通过单位来实现政治资源的配置，导致直接的后果是形成单位对国家，单位成员对单位的全面依附关系，这种依附关系在改革开放前的当代中国社会最为明显，这种依附关系存在的基础就是政治资源和其他社会资源。“因为在中国的单位社会中，一些生活中须臾离不开的重要的社会、经济和政治资源并不是由社会直接分配到个人的，而主要是由国家直接分配到单位，然后再由单位分配到个人的。”② 由于在相当长一段时间内，中国政治资源始终处于短缺状态，这种短缺的政治资源的分配，往往通过一个一个具体的单位来进行，国家全面占有和控制各种政治资源和社会资源，处于绝对优势地位，形成对单位的控制和支配关系，单位全面占有和掌握单位成员所需要的发展机会和各种政治资源。这样，个人对单位、单位对国家的依附就成为普遍的社会关系。然而，由于单位并不是真正的资源主体，而是国家分配资源、管理社会的代理人，因此，成员对单位的依赖只是形式上的，对国家才存在实质的依赖，人们通过单位（组织）高度依赖政府或国家。第二，由于单位对国家、单位成员对单位的全面依附关系，使整个社会形成了对国家的资源依赖关系，社会的力量相对于国家就显得弱小，就形成了改革开放前的强国家—弱社会的制度模式。这样，改革开放前的当代中国社会，呈现在人们眼前的“是一个由极其独特的两极结构所组成的社会：一极是权力高度集中的国家和政府，另一极则是大量相对分散和相对封闭的单个的单位组织”。③ 所有的单位，不管是行政的、经济的、事业的，

① 李汉林：《中国单位社会：议论、思考与研究》，上海人民出版社 2004 年版，第 190 页。

② 李汉林：《中国单位社会：议论、思考与研究》，上海人民出版社 2004 年版，第 53 页。

③ 李汉林：《中国单位社会：议论、思考与研究》，上海人民出版社 2004 年版，第 192 页。

基本上缺乏独立性，都由国家和政府控制和管理，在单位内部建立党的组织系统、行政系统，单位集政治、经济、安全、福利等多种职能于一身。国家对社会的整合和控制主要通过单位来实现，单位依靠成员对其的全面依附来贯彻国家的意志。因此，“单位组织作为一种统治制度或结构，是国家实现统治的中心环节。单位组织通过将经济控制权力和国家行政权力结合在一起，从而像国家对单位组织的统治那样，实现对个人的统治。个人对单位组织的服从，同时即是对国家的服从；单位组织对个人的权力，在很大程度上即是国家权力的表现”。① 正是这样，国家借助单位组织，将大多数社会成员整合到一个个具体的单位中去。第三，国家通过单位来实现政治资源的配置还导致的一个后果，是围绕着政治资源的分配形成的冲突。在改革开放前的中国，政治资源特别是经济实体性资源始终处于短缺状态，而这种短缺资源的分配又是通过一个个的单位来进行的，又由于单位功能的多元化、单位掌握着政治资源的配置的权力，这就造成了相当长时间内人们的社会行为和社会交往都集中在单位，造成了人们在社会、经济、政治等各方面的需求与单位联系在一起，只有功能多元化的单位才能满足人们的需求。当单位中的资源分配的规则、制度不公正或非制度化的资源配置方式盛行时，必然使一部分单位成员在博弈过程中利益受损，这部分单位成员就会产生怨恨心理或愤慨情绪，很容易造成单位成员之间的冲突。这种围绕着政治资源的分配形成的冲突，不仅体现在单位内部的成员之间，还体现在单位与单位之间。资源分配的单位机制使单位成为事实上的政治资源的占有者和支配者，国家对单位无限的资源输入，使单位能够获得稳固的发展基础，单位作为拥有资源的实体，其主要的精力便集中在争取国家更多的资源输入。因此，单位和单位成员之间围绕着政治资源的分配不可避免地产生彼此之间的冲突。

① 李汉林：《中国单位社会：议论、思考与研究》，上海人民出版社 2004 年版，第 11 页。

（二）人民公社体制——政治资源配置的乡村路径

1. 人民公社体制的缘起

关于人民公社体制的缘起，学术界有较多探讨和争议，党史学界一般是从“大跃进”的发动、急于向共产主义过渡的角度去分析和研究的，认为它是急于求成、急于过渡的“左”倾思想的产物；① 或者是不断提高生产资料所有制的公有化程度，以迅速建成社会主义、过渡到共产主义的超出生产力发展水平的超前运动。② 国外研究中国政治的学者费正清、麦克法夸尔等把人民公社的建立，归因为“为水利工程而大规模地动员劳动力导致50年代农村的重要体制改革”③。

从政治资源意义上讲，人民公社体制是中国现代化进程中社会资源和政治资源总量不足的产物。1949年后建立的新中国是在一穷二白的基础上建立起来的，经济基础薄弱，社会资源匮乏。虽然，新生的政权获得了国内大多数人民的政治认同与支持，但国内的政治形势还没有处于非常稳定的状态，同时，西方发达资本主义国家对新生的政权进行严密封锁。从总体上讲，中国共产党的政权体系拥有的政治资源非常匮乏。为了解决政治发展进程中面临的资源约束与困境，现代化的后来者往往采取强大的政府推动的方式，“强有力的中央政府、紧密的地方控制和巨大的城乡差距，这三条总是和现代化后起之

---

① 郭德宏、孟庆和：《人民公社的经验与教训》，《党史研究与教学》，1992年第5期，第32页。

② 金春明、陈登才：《毛泽东思想发展史》，中共中央党校出版社1993年版，第689页。

③ ［美］R. 麦克法夸尔、费正清主编，谢亮生，杨品泉译：《剑桥中华人民共和国史：革命的中国的兴起》（1949-1965），中国社会科学出版社1990年版，第383页。

秀形影不离”。① 当代中国的现代化采取的是非均衡的赶超战略，这一战略以优先发展重工业为重心，而新中国的工业基础薄弱，缺乏重工业化必须完成的建设资本，而农业是国民经济的基础产业，这样农业就不可避免地承担起国家工业化“原始资本积累”的职责，对农业剩余资源的提取就成为工业化原始资本的重要来源，而这种提取不可能通过分散的小农经济能够实现，最好的也是代价最低的办法就是改造农民的所有制，改变分散的小农经济的形式，通过集权的方式，建立农户联合劳动制度，强制性地配置稀缺有限的农村社会资源和政治资源，才能够获取现代化所需的经济和政治资源。另外，现代化的推动还必须获得农村的政治支持，必须有农村的政治稳定作为基础。美国著名政治学家亨廷顿曾指出：“在现代化政治中，农村扮演着关键性的‘钟摆’角色。”② 而中国的现代化自晚清启动以来，现代化的潮流长期未能波及农村，农村实质上被抛在现代化进程之外，国家的力量始终没有真正深入到农村，国家不能够真正实现对农村的政治整合，国民党政府大陆溃败的一个重要原因就是失去了农村的政治认同和支持，而中国共产党革命成功能够取得政权的一个重要的原因，就是通过土地改革获得了来自农村的政治资源。中华人民共和国成立以后，中国共产党对农村的大规模改造，目的是“摧毁旧秩序，建立与政府的新联系，从农民中取得更多的资源”，③ 其实质就是要重建国家与乡村的关系，强化对农村的政治整合，以便继续获得农村的政治资源。国家对农村经济资源和政治资源控制的加强和整合，最终以农村人民公社这一制度安排得以实现。所以，人民公社体制的产生及最终定型，正好以特殊的农村治理形式满足了现代化的发展战略，“现代化概念恰如其分地把公社纳入了历史的时间序列中，公社因其

---

① ［美］吉尔伯特·罗兹曼主编，国家社会科学基金“比较现代化”课题组译：《中国的现代化》，江苏人民出版社 2003 年版，第 449 页。

② ［美］塞缪尔·P. 亨廷顿著，王冠华译：《变化社会中的政治秩序》，生活·读书·新知三联书店，1989 年版，第 266 页。

③ ［美］巴林顿·摩尔著，拓夫译 ：《民主和专制的社会起源》，华夏出版社 1987 年版，第 181 页。

特殊的制度模式而使自己成为历史时序中的一个别致的、重要的、关键的环节”。① 农村人民公社体制也就成为当时国家实现对农村政治资源配置的中介组织。

2. 农村人民公社时期农村政治资源的配置

国家通过农村人民公社体制实现对农村政治资源的配置，主要体现在国家对农村政治权力、物质性资源和意识形态的配置上，这些又具体表现为人民公社体制的政治权力结构、人民公社时期乡村物质性资源的分配和国家对农村的政治社会化运动上。

（1）人民公社体制的农村政治权力的配置。

第一，党政高度合一，党支部的领导权处于核心。农村基层党支部实际上控制了乡村社会的政治和经济资源，它掌握公共资源的支配权，排斥和抑制其他非正式权力的存在，是公社政治的领导核心。“政社合一的大队制最终形成的一个关键，是中共党支部在大队一级的普遍建立。”② 从横向上看，大队一级的管理委员会、妇联、民兵连等组织全部接受党支部的领导，党支部有权确定这些组织的领导干部，有权决定这些组织中干部的任免，当发现这些组织出现错误倾向时，有权进行必要的干预与纠正。从纵向上看，党的组织原则是下级服从上级，公社、生产大队和生产队的行政管理机构也接受党组织的领导。通过这样一种制度安排，形成了农村政治与经济资源由下向上集中，由行政向党组织集中，由党组织向党组织负责人集中的高度统一的政治系统，中国共产党的领导权一直延伸到了社会的最底层。

第二，政治权力的总体性。政治权力的总体性，一方面体现为公社是社会主义制度在农村的基层单位，公社的政治权力体系是国家政

---

① 张乐天：《论人民公社制度及其研究》，《华东理工大学学报》（文科版），1996 第 3 期，第 24 页。

② 沈延生：《村政的兴衰与重建》，《战略与管理》，1998 年第 4 期，第 10 页。

治权力体系的一个组成部分，是国家政治权力在乡村的延伸，“国家政权凭借人民公社对农村经济、政治资源的高度垄断，空前深入地介入农村，实现了对农村社会的全控型治理”。① 因此，只有把公社体制纳入当时统一的国家政治权力体系中，才能从全局上理解人民公社生成的制度背景；另一方面，这种政治权力的总体性还体现在它本身是一个完整的权力系统。由于人民公社是政社合一的组织，“人民公社的政社合一体制，实际上是在社会一体化基础上将国家行政权力和社会权力高度统一的基层政权形式”。② 在实际运作中，人民公社集生产建设、财政、民政、文教、卫生、治安、武装多种职能于一身，它既是农村基层政权机关，又是农村经济单位和军事组织。从这方面讲，它构成了完整的权力系统。

第三，政治权力配置的层次性。1958 年 12 月，中共中央八届六中全会通过的《关于人民公社若干问题的决议》指出：“人民公社应当实行统一领导、分级管理的制度。公社的管理机构，一般可以分为公社管理委员会、管理区（或生产大队），一般是分片管理工农商学兵、进行经济核算的单位，盈亏由公社统一负责。生产队是组织劳动的基本单位。”③ 后来的人民公社的组织层次，基本上是符合《决议》精神的。人民公社的组织层次一般包括分为公社、大队、生产队，实行“三级所有，队为基础”。公社在最上层，其干部主要由上级党委任命，公社一般不直接组织生产，主要职责是决策，召开会议，贯彻文件，“面向生产队，充分调动社员群众的积极性，发展农业、畜牧业、林业、渔业等生产事业”。④ 大队直接受公社的领导，

① 贺雪峰：《论乡村社会的秩序均衡》，《云南社会科学》，1999 年第 3 期，第 31 页。

② 于建嵘：《人民公社的权力结构和乡村秩序》，《衡阳师院学报》，2001 年第 5 期，第 16 页。

③ 中共中央文献研究室：《建国以来重要文献选编》（第 10 册）中央文献出版社 1995 年版，第 447 页。

④ 中华人民共和国国家农业委员会办公厅编：《农业集体化重要文件汇编》（1958—1981），中共中央党校出版社 1981 年版，第 630 页。

承担着“上情下达”的职责。“生产队是人民公社中的基本核算单位，他实行独立核算，自负盈亏，直接组织生产，组织收益的分配。”① 生产队是公社的细胞，是公社制度中最基本的层面。生产队既是生产单位，又是政治单位，社员通过生产队参与公社的政治生活。

第四，政治权力配置的排他性。孙立平认为，中国大陆 1949 年后形成的总体性社会的一个重要特征是，“国家不但垄断着绝大部分既有的资源，而且在新的资源出现后，也总是利用国家的强制性权力，将其置于自己的直接控制之下；对于任何潜在的控制稀缺资源的竞争对手，也总是利用政治或行政的力量加以摧毁”。② 而“无论是农村中的人民公社，还是城市中的单位，都是集各种职能于一身的总体性组织，在其中起核心作用的都是政治与行政权力”。③ 人民公社的这种总体性的组织特征就使农村任何与之对立的权力都不可能真正存在。通过层次性的政治控制体系，公社把国家对农民个人的控制纳入了完全组织化的渠道，使农民形成了对公社体制的被动性依附。在公社体制中，由于当时的户籍制度和口粮制度的限制，农民个体是没有流动自由的，社员没有“以脚投票”的权利。公社体制下的国家与社会关系的特点是社会与国家是完全同一的，社区政权化、社会国家化。同时，公社体制的高度组织化和全能性，也排除了其他社团组织存在的制度环境，因为公社是高度集权的，公社的劳动组织要像工厂和军队那样，有组织纪律，因而不允许社员参与其他组织，社员也没有时间和资源参与其他组织。公社时期是没有自主性社团存在的空

---

① 中华人民共和国国家农业委员会办公厅编：《农业集体化重要文件汇编》（1958—1981），中共中央党校出版社 1981 年版，第 634 页。

② 孙立平：《国家、民间统治精英及民众间互动关系的演变》，《发展与不平等：大陆与台湾之社会阶层与流动》，香港中文大学香港亚太研究所 1994 年版，第 71 页。

③ 孙立平：《国家、民间统治精英及民众间互动关系的演变》，《发展与不平等：大陆与台湾之社会阶层与流动》，香港中文大学香港亚太研究所 1994 年版，第 77 页。

间的。①虽然，公社时期也存在一些社团性组织，但主要有官方性的，这些组织都是公社体制的辅助机构，其存在是为了协助公社进行管理，而不是开展自治。公社时期还存在过贫下中农协会、红卫兵等团体，都是当时开展阶级斗争的需要。

第五，政治权力配置结构的稳定性。人民公社的权力结构在农村保持了相当长时期的稳定，“大跃进”、急于向共产主义过渡失败以后，人民公社并未相应地随之消失，恰恰相反，人民公社又继续存在了20多年，直到农村经济体制改革启动一段时期之后，人民公社才最终退出历史舞台。这种稳定的政治权力结构和体制，在一定程度上使农村保持了农村长期的政治稳定，但农村的政治稳定是以牺牲农村自身的发展为代价的，因此，有学者称这种稳定为“迟滞性政治稳定”。②

（2）人民公社时期国家对乡村物质性资源的配置。

第一，对农村物质资源的征取。从某种程度上讲，人民公社时期，国家对乡村物质性资源的配置的重心应该说就是对资源的提取，对农业物质资源的征取始终是整个人民公社期间的主要的工作之一。虽然，为了工业化资金积累的需要，农业税收是国家征取的一个重要项目，但总体上讲，农业税收在整个国家对农村经济资源征取的比重中并不太多。1958年全国人大常委会通过的《中华人民共和国农业税条例》曾把当时农业税的征收在法律上作了规定。条例规定：“农业税的征收实行比例税制”，“全国的平均税率规定为常年产量的15.5%”，“县级以上人民委员会对所属地区规定的税率，最高不得超过常年产量的2.5%”。③ 从整个农业税的征收实践来看，上述条例基本上得到了较好的贯彻与执行。“人民公社时期农业税在国家财

① 谢志岿：《论人民公社体制的组织意义》，《学术界》，1999年第六期，第29页。

② 吴毅：《人民公社时期农村政治稳定形态及其效应》，《天津社会科学》，1997年第5期。

③ 中共中央文献研究室：《建国以来重要文献选编》（第11册），中央文献出版社1995年版，第354~357页。

政收入中的比重，最低的年份只有2.5%，最高也不过8.4%，年均为4.99%，显示了稳定与逐年下降的特点。”① 所以，人民公社时期，国家对农村经济资源的提取中，农业税始终不占主要地位，生产队经济工作的首要任务就是完成国家的农副产品的征购任务。《农村人民公社工作条例修正草案》的第33条明确规定：“生产队有完成国家统购粮食、棉花、油料和派购农副产品的义务。”为了能够实现这种物质资源的征取与派购，国家通过具有强烈计划色彩的农副产品的统购统销制度来进行，来实现农业剩余资源的提取与转移。这个时期，不管是从比例还是从数额上，国家对农副产品的征购都是惊人的。根据辛逸的计算，人民公社25年间，国家征购占当年粮食产量的比重年均为23.27%，若考虑到当时我国农村人均消费粮食只有一百六七十公斤，这个征购比例对勉强维持温饱的农民来说，是一个非常大的负担。② 当时绝大多数农村经济作物被国家低价征购了。大公社时期，国家对棉花的征购率年均为87.5%，人民公社时期，这个比例上升至93.28%，其中，1980年竟然高达99%。整个公社时期，棉花的征购率年均超过了90%，达到90.39%。相对于粮食，植物油的征购比例还算是略低的，人民公社时期，植物油的征购率是59.64%，整个公社期间这个比例年均为66.56%。③ 人民公社时期，国家对农村物质资源的征取，其持续的历史时间之长，数额之大，制度安排之健全，在世界历史上是绝无仅有的。通过这种资源的提取，农村为城市的工业化建设做出了巨大贡献。据统计，在人民公社期间，我国农业为工业化建设累积提供了约5400多亿元的资金，年均高达210多亿元。如果将考察的范围扩大到中华人民共和国成立后的40年，农业累积为工业化提供了近1万亿元的建设资金，占同期国

① 辛逸：《农村人民公社分配制度研究》，中共党史出版社2005年版，第43页。

② 辛逸：《农村人民公社分配制度研究》，中共党史出版社2005年版，第45~46页。

③ 辛逸：《农村人民公社分配制度研究》，中共党史出版社2005年版，第47页。

民收入全部累积额的22.4%，平均每年高达近250亿元。若按每个农业劳动力平均计算，人民公社时期每位劳动力年平均向国家提供的剩余多达80余元。①

第二，农村物质性资源的一部分要作为“集体提留”进行分配。“集体提留”主要是指扩大生产的费用、乡村的公积金和公益金等。公积金主要是从农业收益中提留用来扩大再生产，公益金主要是用来兴办文化和公共福利事业。关于“两金”的提留所占的比例，1962年中共八届十中全会通过的《农村人民公社条例修正草案》都做了相应的明文规定。“生产队扣留的公积金的数量是根据每一个年度的需要和可能，由社员大会认真讨论决定，一般应该控制在可分配的总收入的3%~5%以内。少数经济作物区、林区、城市郊区等收入水平较高的生产队，扣留的公积金可以多一些。受了严重自然灾害的生产队，可以少留或者不留公积金。”“生产队可以从可分配的总收入中，扣留一定数量的公益金，作为社会保险和集体福利事业的费用，扣留多少，要根据每一个年度的需要和可能，由社员大会认真讨论决定，不能超过可分配的总收入的2%~3%。”②从执行情况来看，虽然人民公社时期中央许多有关农村的政策与法规往往得不到有效的贯彻与执行，但“两金”提留的实际执行情况却是很好的，并且始终能够在人民公社时期平稳持续下去。除了三年经济困难时期和个别地区外，全国大部分乡村在“两金”提留的基础上，依托政社合一的公社体制，普遍建立起了低水平的社会保障、社会救济制度以及低廉的农村基础教育体制。这样的制度安排，对农村的文化生产和社会保障事业是有重要作用，广大农民能够直接或间接从这种制度安排中受益。以高默波笔下的高家村为例，“因为赤脚医生制度使农民看病方便且便宜。血吸虫病第一次有效地得到了控制；婴儿

① 冯海发：《我国农业为工业化提供资金积累的数量研究》，《经济研究》，1993年第9期，第62页。

② 中共中央文献研究室：《农村人民公社条例修正草案》，《建国以来重要文献选编》（第15册），中央文献出版社1997年版，第623~625页。

死亡率第一次大大地下降；人均寿命大幅度提高……第一次参加有组织的体育活动，村与村的年轻人组织篮球之类的体育比赛，这也是史无前例的”。①

第三，在国家征购和集体提留之后，公社物质性资源的其余部分主要在社员之间进行分配。从分配的物质形态来看，采取现金分配和实物分配两大类，由于农业生产率低下，生产队的现金数量长期处于短缺状态。所以，在人民公社组织内，对社员收入的现金分配只占很小的一个部分，主要的分配是以实物分配为主，实物分配的主要对象就是生产队的农副产品，主要构成是粮食、棉花、油料、糖以及必要的柴草、蔬菜等，其中又以粮食分配为主，其基本形式就是口粮。在社员的收入总量中，以口粮为主的实物分配份额占绝大部分。从分配方法来看，社员的分配主要是按照供给制和工分制相结合的办法进行。供给制主要是口粮分配，带有极强的平均主义色彩，实际上是按“口”分配，工分制是以劳动力当年通过出勤劳动所获的工分总数为依据进行的物质分配，实际上是按“劳”分配。按照人民公社组织的基本设想，是把按基本口粮分配与按工分分配相结合。中共八届十中全会通过的《农村人民公社工作条例修正草案》对集体的实物分配特别是粮食分配所设计的基本方法是：“可以采取基本口粮和按劳动工分分配粮食相组合的办法，可以采取按劳动工分分配加照顾的办法，也可以采取其他适当的办法。”② 但实际的情况是，在具体的分配过程中，往往就是按人头为依据分配。以人头数量而不是以劳动工分为依据的基本口粮的分配，实际上是平均主义的分配方式，“口粮分配实际上是在农业生产水平极度低下的情况，为了保证每一个农村人口的生存，而推行

① 高默波：《书写历史：〈高家村〉》，《读书》，2001 年第 1 期，第 15 页。

② 中华人民共和国国家农业委员会办公厅编：《农业集体化重要文件汇编》（下），中共中央党校出版社 1982 年版，第 639 页。

的一种人人均得到基本粮食的分配制度”。① 在社员很少有其他收入来源的情况下，唯有对口粮实行平均分配方能解决农民最基本的生活需要，这其实也就意味着，对实物特别是粮食的大部分实行按人口数量平均分配的办法实际上是一个必然的选择。由于在实物分配上，侧重于按照人口数量进行平均式地分配，人口数量就成了家庭获取稳定的基本生活资料的基础，那些人口多但劳力少的家庭就能分配较多的粮食等实物，反之，那些劳力多但人口少的家庭分配的物质就少。更重要的是，由于基本口粮按人口数量而不是按劳动量分配，实际上就意味着没有参加劳动的人，通过人均分配的收入而占有了另一部分参与集体劳动的社员的劳动成果。所以，等量劳动获取等量报酬的分配原则往往打了很大的折扣，也并没有在实践中真正得到完全实现。每个社员的劳动报酬与劳动的努力程度的关联性程度很低，所谓的“按劳取酬”流于形式，实际大行其道的还是平均主义。这种在公社落后的农业产出条件下，着重解决社员基本生活保障的平均主义的分配方式，自然根本不能产生好的经济效益。因此，公社内部“共产风”盛行。再加上公社劳动的指挥者和监督者和社员之间劳动过程中的信息的不完全对称，社员中的“磨洋工”、搭便车等机会主义行为得以盛行。而这种具有平均主义色彩的共产主义式的分配是建立在农村较低的生产力基础之上的，具有很大的空想性。薄一波说：“当时的人民公社实际上是利用行政权力，在自然经济或半自然经济基础上建立起来的，带有浓厚的平均主义色彩、军事共产主义色彩和超社会发展阶段的空想色彩的联合体。”②

通过上面的分析，可以看出，整个农村物质资源的配置比例在国家征购、集体提留和公社内部之间很不均衡，这一点，也可以通过人

① 辛逸：《农村人民公社分配制度研究》，中共党史出版社 2005 年版，第 60 页。

② 薄一波：《若干重大决策与事件的回顾》（下卷），人民出版社 1997 年版，第 782 ~ 783 页。

民公社集体核算单位分配的比例看出来（如表 2-1）。

表 2-1 **1958—1981 年人民集体核算单位分配比例表（以总收入为 100）**

年份	各项费用	国家税收	集体提留	公积金	公益金	分给社员
1958	26. 64	9. 51	11. 56	9. 89	1. 52	52. 59
1959	26. 77	10. 0	12. 53	10. 32	1. 79	50. 70
1960	28. 96	9. 90	4. 41	3. 0	1. 0	56. 73
1961	26. 70	6. 41	6. 79	4. 20	1. 98	60. 10
1962	28. 25	6. 50	6. 52	4. 41	1. 44	58. 73
1963	28. 31	6. 54	7. 01	5. 15	1. 52	58. 14
1964	28. 88	6. 78	9. 33	7. 15	1. 69	55. 01
1965	28. 18	5. 60	8. 93	6. 56	1. 43	57. 29
1970	30. 82	4. 53	9. 78	6. 54	1. 69	54. 87
1971	30. 13	4. 44	9. 50	5. 85	1. 70	55. 93
1972	32. 07	4. 42	8. 56	5. 79	1. 58	54. 95
1973	31. 30	4. 29	9. 63	6. 53	1. 65	54. 80
1974	32. 22	4. 12	10. 10	7. 06	1. 68	53. 60
1975	33. 61	4. 02	10. 93	7. 48	1. 76	51. 48
1976	35. 39	3. 89	10. 07	6. 82	1. 68	50. 73
1977	35. 59	3. 80	9. 31	6. 48	1. 62	51. 42
1978	34. 88	3. 35	9. 30	6. 76	1. 63	52. 59
1979	34. 12	3. 23	9. 59	7. 06	1. 75	53. 12
1980	34. 63	3. 07	8. 40	4. 45	1. 56	53. 98
1981	31. 41	2. 93	6. 55	3. 56	1. 36	59. 17

资料来源：《中国统计年鉴》（1981），中国统计出版社 1982 年版，第 196 页。

根据表2-1显示的物质资源配置比例，作为人民公社基本核算单位的生产队，除了国家征购任务和集体提留，剩余能够用来作为社员分配的物质部分，在整个人民公社期间，一般在总量的50%～60%。所以，从这个意义上讲，国家在整个人民公社期间对农村物质性资源的配置的重心，始终是放在征购与转移农村物质资源之上的。

（3）人民公社时期意识形态配置：政治社会化。

人民公社特别重视政治教育，注重政治社会化。对于人民公社的治理方式，徐勇教授曾用“理治”两个字来概括，即依靠社会理想、依靠论证这一理想合理性的理论进行治理。① 中华人民共和国成立初期，由于中国革命的功绩，中国共产党在全国人民心目中树立了空前的政治威望，因而也建立起了雄厚的合法性基础。中国共产党的农村政策能够得到农民的坚决拥护与支持，党发出的号召能够引起广大农民的热烈响应，这实际上奠定了人民公社时期国家对农村进行政治社会化的政治基础。另外，农村党支部的建立形成了国家权力对乡村底部的渗透，在纵向上形成了中央对地方、地方对基层、基层对民众个人的全方位、单向性集中。人民公社还相应建立了共青团和妇联的组织；加强党在群众中的活动，农村的许多积极分子也纷纷加入党组织，人民公社时期建立起了一批“永远听党的话、听毛主席的话”的干部队伍，这批干部队伍实际上就是国家进行政治社会化的政治资源，它奠定了人民公社时期国家对农村进行政治社会化的组织基础。同时，频繁的政治运动和阶级斗争，也为政治社会化营造了强有力的政治氛围。

人民公社时期农村的政治社会化的主要内容是：第一，进行社会主义、共产主义教育。农村在人民公社化运动之前就极力宣扬和激励各地劳动群众形成互助协作的“共产主义风格”，人民公社时期更是通过宣传总路线和“大跃进”的成绩，来宣传人民公社的优越性，激发人民公社体制对农民的吸引力，强调用共产主义思想武装群众，

① 徐勇：《乡村治理与中国政治》，中国社会科学出版社2003年版，第204页。

用大公无私的共产主义精神破除个人主义和本位主义，教育农民群众用共产主义的态度对待当前的生产和分配问题，在生产上要各尽所能，忘我劳动。第二，爱国主义教育。在当时的国际环境下，各地的党员与干部纷纷把握时机，激发农民的民族情感，将其运用到兴办人民公社中去。农民都表示要用参加人民公社的实际行动保家卫国，展示自己的共产主义觉悟。这样，在一定程度上有利于保持农村的政治稳定。

人民公社时期的政治社会化对于保持农村长期的政治稳定起到了至关重要的作用。国家通过农村的政治社会化运动，使主流的社会主义意识形态也渗透到农村，培植起社员始终保持对政治体系的忠诚和拥护，使社员对社会主义国家保持了高度的政治认同和拥护，这种巨大的政治认同和政治拥护正是国家在乡村治理中的可资利用的巨大政治资源，它不仅是国家对农村的政策输出以及人民公社对国家政策贯彻与执行的基础，而且也是人民公社长期保持超强政治稳定的基础。人民公社自1958年建立以来，农村在相当长的时期保持了超强的政治稳定，甚至在“文革”期间，农村也没有出现大的政治动荡，这种超强的政治稳定状态实际上与国家通过人民公社体制所进行的长期的政治社会化是高度相关的。

二、改革开放以来政治资源配置的变迁

自中国共产党十一届三中全会以后，中国社会进入了改革开放的时期。在这个时期，改革和社会的转型，表面上看是体制的变化，实际上反映了社会资源尤其是政治资源在国家与社会之间的配置和流动方面的变化。随着农村人民公社体制的瓦解，城市单位体制的衰落，国家不再是提供社会资源的唯一源泉，国家控制资源的范围逐步缩小，控制的力度逐渐减弱。这样，一部分资源从国家的垄断中游离出来，作为社会资源组成部分的政治资源的配置出现了新的变化。这种变化首先从政治资源各个组成部分配置的变迁反映出来。

（一）改革开放以来政治权力配置的变迁

改革开放以来政治权力配置的变迁，主要分为两个阶段：一是20世纪80年代以来与恢复性政治体制改革同步而发生的政治权力配置的变化；二是20世纪90年代之后随着政治形态的整体转型政治权力配置的变化。

1. 20世纪80年代政治权力配置的变化

20世纪80年代，政治权力的配置是同恢复性的政治体制改革同步进行的。十一届三中全会以来，在反思“文革”政治灾难和经济体制改革推动的基础上，中国启动了政治体制改革的步伐。然而，启动于20世纪80年代的中国政治体制改革，“并不是要发展一种新的政治形态，而是要努力使以原有的社会主义经济制度和经济管理体制为基础的政治形态得以完善，并使其优越性得到充分发挥”。① 而政治体制改革的本质是对政治权力的配置进行调整。因此，在20世纪80年代，同恢复性的政治体制改革相适应，政治权力的配置也出现了一些变化。

首先，这个时期政治权力配置最明显的变迁，是由高度集权走向一定程度的分权。这种变化体现在两个方面：一是政治权力内部的横向分权，因为1982年《宪法》的颁布，政府、人民代表大会、司法机关等在权力系统中获得了相对独立地位，作为政治权力的主体的国家机关，其权力的归属与范围逐步实现了初步的规范化。人大在立法方面取得了一定程度的自主权，司法机关开始独立行使司法权力。党政关系也逐步走向专业化的分工，党开始注重政治方面的事物，政府则开始负责具体的行政事务。二是纵向的分权，其主要体现在中央与地方政治权力纵向配置的变迁上。主要体现在：改变过去权力过于集

---

① 林尚立：《当代中国政治形态研究》，天津人民出版社2000年第1版，第367页。

中在中央的现象，扩大了地方的立法权，形成三级立法体制，下放地方政府的干部管理权，扩大民族自治机关在立法、财政、科教文卫等方面的权力，颁布了全国人民代表大会组织法和地方各级政府组织法等法律文件，通过法律机制来使中央与地方的职权划分规范化。经过一系列的对政治权力的调整，中央集权体制已经有所改变，社会政治权力的配置结构开始出现多种权力结构、权力分化的政治权力结构图景，基层组织的政治资源得到扩张和积累。

其次，恢复"文革"前中央到地方国家各级权力机构和机制，在各级政治权力组织中恢复党组织的领导。在农村，改革和最终废除政社合一的人民公社体制，建立乡政权。

最后，恢复社会主义政治权力的民主监督机制。"如何把合法性从个人身上转移到政权上来"①，是发展中国家在政治发展中面临的一个关键问题。针对"文革"中由于个人集权形成的"个人崇拜"和"一言堂"现象给国家政治生活造成的严重后果，中国共产党开始采取一系列措施来避免历史悲剧的重演，开始重建社会主义民主和法制，尤其是注重政治权力监督机制的建设。在国家领导人邓小平的积极推动下，党和国家领导制度的改革被提上日程，集体领导的原则被重新确立，在领导权力体制上，实现了由个人集权向集体领导的成功转变，党的领导人的个人权力受到领导集体一定的约束。逐步建立了党和国家领导人退休制度和任期制，设立中央书记处和重新建立中央纪律检查委员会，恢复社会主义司法制度，建立政治权力机关上下级的监督机制，在执政党内部，以党员的民主权利制约党组织负责人的权力。

2. 20 世纪 90 年代后政治权力配置的变化

20 世纪 80 年代恢复性的政治体制改革并不能满足当代中国政治发展的要求，进入改革中期之后，政治体制改革出现了新的压力，由

---

① ［美］加布里埃尔·A. 阿尔蒙德、小 G. 宾厄姆·鲍威尔著，曹沛霖译：《比较政治学-体系、过程和政策》，上海译文出版社 1987 年版，第 40 页。

于政治权力的下放，引发了一系列新的政治问题，如：国家能力的弱化，中央与地方关系的失衡，政治腐败现象的猖獗等。同时，随着20世纪90年代以来社会主义市场经济体制改革目标的明确提出，原有的政治体制与市场经济体制的不适应性日益明显，建立民主化、制度化的政治权力体制来遏止政治腐败、推动经济和社会发展日益成为政治体制改革的内在动力和需求。这就要求政治体制改革不能停留在原有恢复性的基础之上，必须进一步深化政治体制改革。因此，进入20世纪90年代后，中国的政治发展集中体现为政治形态的整体转型。

第一，政治权力配置的理念发生了深刻的变化，强调政治权力的配置要为经济建设服务。随着20世纪90年代以来，社会主义市场经济体制的逐步确立和发展，按照经济发展的需要来分配政治权力成为政治权力配置的出发点。整个政治生活逻辑的改变不再是进行修复性政治体制变革，而是创造性与建设性的政治体制变革，即建设与新的经济基础相适应的政治体制。① 因此，改革开放初期“现代化建设就是最大的政治”的转型逻辑在20世纪90年代不仅得到延续而且明显增强。国家的政治生活要为经济建设服务，经济建设的理性与政治系统中的权力配置必须实现有效结合。不管是国内社会主义市场经济体制的运行，还是融入世界经济的加入世界贸易组织（WTO），政治权力的配置在很大程度上都体现为经济建设服务的理念，政府职能的调整都围绕着服务经济建设的大局来进行。

第二，国家权力机关之间进一步调整了政治权力的分布，主要表现在两个方面：一方面，提升和加强全国人大的政治功能，强化人大对政府的制约作用，增强人大的立法权。随着依法治国理念的提出，执政党越来越认识到，尊重全国人大的立宪组织权，不仅有利于提高宪法和全国人大的权威性，而且也有利于法治国家的建设。同时，为了适应经济现代化的需要，也在一定程度上推动人大立法功能的增

① 林尚立：《走向现代国家：对改革以来中国政治发展的一种解读》，《当代中国政治研究报告Ⅲ》，社会科学文献出版社2004年版，第39页。

强，一些违背法治程序的行政行为得到遏制和制止。另一方面，行政权力总量虽然有所增强，但行政权力行使的范围已经大为缩减。随着治理的客观需要，行政权力越来越多地从社会公共事务中抽身出来。20 世纪 80 年代的放权式改革，只不过是在政府机构之间重新进行权力的分配，社会并没有获得自主性的制度基础，党、国家与社会权力关系并没有实质性的变化。20 世纪 90 年代以来，社会主义市场经济体制的确立，使社会领域在一定程度上逐渐摆脱了国家行政权力的直接控制，享有了一定的自主权。依法执政的推行，中国共产党由革命党向执政党角色的转换，使党、国家社会的权力边界开始向明晰化的方向发展，党由以前依靠实体性政治资源来对国家、社会进行政治控制转向依靠规范性政治资源来引导国家、社会的成长，“党、国家与社会三者之间的权力关系，不仅有了新的结构，而且有了新的逻辑，即国家与政党日益成为决定社会进步的根本力量，而在这其中，政党或国家如何依靠现实社会的发展，平衡自身与社会的关系，保持相互之间的适应性，则成为政党或国家运行公共权力的合法性基础”。①

第三，国家权力领导体制走向常态化和制度化。国家权力领导体制在很大程度上决定了政治权力的组织和运作，从中华人民共和国成立到现在，中国国家权力领导体制的配置经历了一个较为复杂的变化过程。按照施雪华先生的研究，中国先后实行过五种国家权力领导体制。即：1949—1954 年“党的主席制”，在这种体制下，领导权高度集中在党中央主席手中，这是一种后革命初期带有半军事性质的国家权力领导体制；1954—1968 年“党主席—国家主席”的双主席制，其中，1954—1958 年，党的主席和国家主席由毛泽东一人兼任，而 1958—1968 年党主席和国家主席分别由毛泽东和刘少奇担任；1968—1976 年再次实行“党的主席制”，1975 年正式取消了“国家主席”职位，执政党主席直接领导国家和政府，这个时期实行的是一种非常态的国家权力领导体制；1978—1992 年“中央军委主席-党

① 林尚立：《走向现代国家：对改革以来中国政治发展的一种解读》，《当代中国政治研究报告Ⅲ》，社会科学文献出版社 2004 年版，第 41 页。

的总书记”体制，将国家主席设定为虚位国家元首，在实践中，最高权力往往由不担任总书记的中央军委主席掌握。① 这种领导体制在实践中往往造成“中央军委主席”“党的总书记”和“国家主席”三种体制并存，容易造成三种体制之间的摩擦和矛盾。1992 年之后，国家权力领导体制进行了调整，中国共产党的总书记开始兼任国家主席和中央军委主席，出现了第五种国家权力领导体制，即“党的总书记-国家主席-中央军委主席体制”。这样，三个职务由一人兼任的方式既自然解决了长期以来“党的总书记制”“国家主席制”“中央军委主席制”三种体制之间潜在的摩擦和冲突，又体现了中国构建威权政体的客观需求。自 20 世纪 90 年代之后，这种体制一直延续至今，已经成为常态化的权力体制。

第四，司法权日益得到尊重和遵守。随着法治国家的深入人心，司法的权威性、公正性日益受到社会全体公民的确认和尊重，逐渐影响到人们的行为取向，通过司法来解决冲突日益受到重视，人们的法治意识也逐渐增强，更多的人相信司法机关能够解决现实中的各种纠纷，也更认同采取法律手段来解决社会纠纷。

第五，强化对政治权力主体的监督和制约力度，构建中国特色的权力监督体系。在权力的制约和监督上，中国并没有照搬西方的三权分立、相互制约制衡的监督体系，而是在注重和借鉴西方资本主义政治文明的成果的基础上，引入权力制约精神，构建多种形式的监督体系。为了抵制和遏制改革开放之后权力滥用的想象，党的十三届四中全会之后，初步建立起自上而下和自下而上结合起来的监督体系，目前的监督体系涵盖了立法监督、行政监督、司法监督、政党监督以及社会监督等多种形式，先后制定和颁布一系列旨在强化监督的法律法规和党内的规章制度，以及指引公共权力理性化运作的重要规定和相关文件。在实际的权力监督中，不断加大对领导干部的监督力度；加强廉政文化建设，注重加强领导干部的党性修养，注重软性监督，提

---

① 施雪华：《政治现代化比较研究》，武汉大学出版社 2006 年版，第 528～530 页。

高执掌权力者的思想道德修养，自觉抵制滥用权力的行为；积极构建惩治和预防腐败体系建设，注意制度建设在反腐败和加强监督中的基础性作用，从制度层面上把公共权力运作的过程纳入监督的范围；提出充分发挥监督主体的积极作用，提高监督的整体效能。党的十七大报告进一步指出："确保权力正确行使，必须让权力在阳光下运行。要坚持用制度管权、管事、管人，建立健全决策权、执行权、监督权既相互制约又相互协调的权力结构和运行机制。健全组织法制和程序规则，保证国家机关按照法定权限和程序行使权力、履行职责。完善各类公开办事制度，提高政府工作透明度和公信力。重点加强对领导干部特别是主要领导干部、人财物管理使用、关键岗位的监督，健全质询、问责、经济责任审计、引咎辞职、罢免等制度。落实党内监督条例，加强民主监督，发挥好舆论监督作用，增强监督合力和实效。"

第六，在权力的纵向配置上，继续调整中央与地方的权能关系。由于20世纪80年代的中央与地方的分权，只是一种行政性分权的权宜之计，并没有使中央与地方的权力配置科学化和规范化，中央集权与地方分权的矛盾并没有得到实质性解决，没有跳出集权与分权循环起伏的怪圈，这种政治权力的循环起伏也给经济建设和社会发展带来了不利影响。1992年党的十四大确立建立社会主义市场经济体制后，按照"发挥两个积极性的原则"，合理地划分中央与地方的权力开始有了新的思路，开始尝试从规范化、法制化的角度调整中央与地方关系。中国共产党十六届三中全会通过了《中共中央关于完善社会主义市场经济体制若干问题的决定》（以下简称《决定》）指出，"按照中央统一领导、充分发挥地方主动性积极性的原则，明确中央和地方对经济调节、市场监管、社会管理、公共服务的管理权责。属于全国性和跨省（自治区、直辖市）的事务，由中央管理，以保证国家法制统一、政令统一和市场统一。属于面向本行政区域的地方性事务，由地方管理，以提高工作效率、降低管理成本、增强行政活力。属于中央和地方共同管理的事务，要区别不同情况，明确各自的管理范围，分清主次责任。根据经济社会事务管理权责的划分，逐步理顺中央和地方在财税、金融、投资和社会保障等领域的分工和职责”。《决定》第一次以中央文件的形式具体划分了中央与地方的权限，为中央与地方关系的调整提供了重要依据。在2005年10月8日举行的党的十六届五中全会上，时任国务院总理温家宝在谈到中央与地方关系讲：“充分发挥中央和地方两个积极性，是我们党历来十分重视的问题。中央在制定方针政策时，要考虑全局利益和长远发展，也要照顾不同地区的特点和利益，区别对待。地方要充分发挥各自的积极性和创造性，因地制宜地做好工作，但必须维护和服从中央的统一领导，自觉顾全大局，这是贯彻全国‘一盘棋’的要求。要坚决克服有令不行、有禁不止的现象。只有把中央和地方两个积极性都发挥好，才能把中国的事情办好。”所以，根据经济和社会发展的要求，实现中央与地方权能的规范化和科学性是一个主要的目标。

（二）改革开放以来国有企业配置的变迁

众所周知，由于历史的原因，新中国成立后，仿效苏联建立了高度集权的政治和经济体制，这种计划经济体制下的国有企业，曾经为新中国的社会主义经济建设做出了不可磨灭的贡献，但它的配置本身存在着许多问题，在这种计划经济体制下，国有企业完全是政府的行政附属物，国家政权组织与国有企业之间是命令和服从的关系，国有企业的生产经营活动受政府指令性计划支配。国有企业体制僵化和缺乏活力到20世纪60年代已经初现端倪，1978年之后，国有企业开始进行改革。总体而言，国家对国有企业的配置的理念是市场化，大致上经历了放权让利—利改税—两权分离—建立现代企业制度—注重成效五个渐次发展的制度变迁过程。

1978—1982年，改革主要集中在国有企业经营权层面，政府向企业放权让利。十一届三中全会确定把全党工作的重点转移到现代化建设上来，拉开了国有企业改革的序幕。针对当时严重的政企不分、所有权和经营权不分、政府对国有企业管得过多，统得过死、国有企业普遍缺乏活力等问题。中央政府先后颁布了一系列文件，扩大国有企业的经营自主权，如：实行企业利润留成、鼓励企业发展新产品，给予企业一定的生产自主权、原料选购权、劳动用工权和产品销售权等权利。从1981年开始，在国有企业中推行经济责任制。上述改革在当时取得了一定的成效，大大调动了企业发展生产、自主经营的积极性，促进了国民经济增长，但是并没有使国有企业摆脱对政府部门的附属地位，单一的行政性分权并没有完全确立国有企业应有的经营自主权。

1983年，国有企业改革开始实行利改税。所谓“利改税”，是指将国有企业过去上交的利润改为上交所得税，税后利润归企业支配，其主要目的是把政府和国有企业的分配关系以税收的形式规范起来，采取分两步来进行。第一步利改税办法规定：凡是赢利的国有大中型企业，均根据实现利润，按55%的税率缴纳所得税。企业纳税后的利润，一部分上缴国家，一部分按国家核定的留利水平留给企业。1984年10月开始了第二步利改税，重新划分了税种，并将第一步设置的所得税和调节税进行了改进。“利改税”在利用税收杠杆来调节经济、激活国有企业等方面起到了一定的作用，但并没有改变企业对政府的行政性从属关系；同时，由于税率不能真正统一，企业税收负担不是由市场而是政府来决定，企业之间不能形成公平竞争。

1986—1991年，国有企业改革从经营权向所有权层面过渡，进入“两权分离”的阶段。所谓“两权分离”是指将国有企业的所有权和经营权分离。党的十二届三中全会通过的《中共中央关于经济体制改革的决定》（以下简称《决定》）初步提出了关于国有企业所有权与经营权适当分离原则的基本思想，《决定》认为：过去国家对企业管得过多过死的一个重要原因，就是把国家所有同国家直接经营企业混为一谈，根据马克思主义的理论和社会主义的实践，所有权和经营权是可以适当分开的。由于社会需求十分复杂，企业生产经营条件千差万别，企业之间的经济联系错综复杂，任何国家机构都不可能完全了解和迅速适应这种情况，全民所有制的各种企业都由国家机构直接经营和管理，是违背经济规律的，必然使企业缺乏生机和活力。因此，在服从国家计划前提下，企业有权选择灵活多样的经营方式，有权安排自己的生产销售活动，有权拥有和支配自留资金，有权自行决定用工办法和工资奖励方式，有权在国家允许的范围内确定本企业产品的价格等。1988 年 4 月七届人大通过《中华人民共和国全民所有制工业企业法》，对“两权分离”改革原则做出了更为明确的规定。按照两权分离的改革理论，国有企业改革开始推行承包制。承包制在当时极大地调动了企业和职工的积极性，推动了国有经济发展，国有企业亏损面有所下降，经济效益明显提高。但是，以承包制为主要形式的两权分离的改革实质上仍然是对经济管理方法的改革，仍然是把国有企业缺乏活力的根源看作是经营管理的问题，这就决定了“两权分离”式的改革不能从根本上解决国有企业经济效率低下的问题。

1992 年后，为适应社会主义市场经济发展的要求，国有企业改革的主要目标开始转向建立现代企业制度。以党的十四大为标志，中国开始进入建立社会主义市场经济体制的时期。党的十四届三中全会，把建立产权清晰、权责明确、政企分开、管理科学为特征的现代企业制度作为国有企业改革的主要目标，要求通过建立现代企业制度，使企业成为自主经营、自负盈亏、自我发展、自我约束的法人实体和市场竞争主体。自此，国有企业改革出现质的飞跃，迈入一个全新的发展阶段。

1997 年党的十五大后，把国有企业改革越来越注重激活国有企业成效，推动国有企业市场化发展。党的十五大在宏观经济全局的视野下对国有企业改革重新进行审视，思想上取得了重大突破，主要表现在：

第一，突破了单纯的“数量论”，对以国有企业为主体的公有制经济的主体地位和国有经济的主导作用作了重新界定。传统的社会主义所有制结构理论认为，要体现公有制经济的主体地位和国有经济的主导作用，就应当使以国有企业为主体的公有制经济在数量上占绝对优势。不仅如此，公有制经济、国有经济还应当涉及各行各业、各个领域，在现实的条件下，为了保持社会主义公有制的主体地位牢固不变，公有制经济的比例往往占 80% 或 90% 以上，这样似乎是体现了国有经济的主导地位，而实际上适得其反，产生了一系列弊病。十五大明确指出“公有资产占优势，要有量的优势，更要注重质的提高，国有经济起主导作用，主要体现在控制力上”。“只要坚持以公有制为主体，国家控制经济命脉，国有经济的控制力和竞争力得到增强，在这个前提下，国有经济的比重减少一些，不会影响我国的社会主义性质。”① 公有制为主体，从质量上讲主要体现在国有经济的素质上。具体而言，国有经济应占据国民经济的最主要部门，控制关系国民经济命脉的重要行业和关键领域。国有企业应当拥有最先进的技术水平，最高的管理水平和最好的经济效益，能够在提高社会劳动生产率、社会经济管理水平和社会经济效益中起示范作用和充当排头兵，从质量和效益上体现市场经济主体作用，这也是坚持公有制主体地位的基础。这表明国家对国有企业的配置已经破除了意识形态的束缚，更加注重实际成效和尊重市场规律。

第二，提出公有制实现形式可以而且应该多样化。一切反映社会化生产规律的经营方式和组织形式都可以大胆利用，要努力寻找能够极大促进生产力发展的公有制实现形式。寻找公有制的实现形式，就是要探索和建立公有生产资料在社会再生产过程中更有效的组织方式、经营方式、交换方式和分配方式，凡是能够促进生产力发展的所有制形式就应该大胆利用。股份制虽然产生于资本主义私有制，但社会主义也可以用。因为股份制也是一种手段，是一种财产私有权的实现形式，它有利于所有权和经营权的分离，有利于提高企业和资本的运作效率。

第三，按照建立现代企业制度的要求，对国有大中型企业实行规范的公司制改革，使企业成为适应市场的法人实体和竞争主体，进一步明确国家和企业的权利和责任。国家按投入企业的资本额享有所有者权益，对企业的债务承担有限责任；企业依法自主经营，自负盈亏。政府不能直接干预经营活动，企业也不能不受所有者的

① 中共中央文献研究室：《十五大以来重要文献选编》（上），人民出版社2000年版，第21页。

约束，损害所有者的权益。要采取多种方式，包括直接融资、充实资本金、培育和发展多元化投资主体，推动政企分开和企业转换经营机制。

第四，进一步提出从大局整体上来把握国有企业的改革，着眼于整个国有企业和国有经济的效益，抓大放小，对国有企业实施战略性重组。以资本为纽带，通过市场形成具有较强竞争力的跨地区、跨行业、跨所有制和跨国经营的大企业集团。采取改组、联合、兼并、租赁、承包经营和股份合作制、出售等形式，加快放开搞活国有小型企业。实行鼓励兼并、规范破产、下岗分流、减员增效和再就业工程，形成企业优胜劣汰的竞争机制。

进入新世纪新阶段，为了遏止改革过程中国有资产的流失，国有企业改革特别注重改革过程中国有资产的保值和增值，党的十六大报告提出国有资产管理实行“分级所有”，在坚持国家所有的前提下，充分发挥中央和地方两个积极性，建立中央政府和地方政府分别代表国家履行出资人职责，享有所有者权益权利、义务和责任相统一，管资产和管人、管事相结合的国有资产管理体制，中央政府和省、市（地）两级地方政府设立国有资产管理机构。

党的十七大之后，国有企业改革继续向市场化推进。十七大报告强调深化国有企业公司制股份制改革，健全现代企业制度，优化国有经济布局和结构，增强国有经济活力、控制力、影响力。党的十八大报告进一步明确提出，要毫不动摇巩固和发展公有制经济，推行公有制多种实现形式，深化国有企业改革，完善各类国有资产管理体制，推动国有资本更多投向关系国家安全和国民经济命脉的重要行业和关键领域，不断增强国有经济活力、控制力和影响力。党的十八届三中全会《关于全面深化改革若干重大问题的决定》继续强调国有企业要适应市场化和国家化的新形势，以规范经营决策、资产保值增值、公平参与竞争、提高企业效率，增强企业活力，承担社会责任为重点进行深化改革，在提供公共服务方面做出更大贡献。

（三）改革开放以来中国财政资源配置的变迁

改革以来，中国财政资源配置的变迁符合一般社会财政资源配置的演变规律，但也呈现出独特性的一面。从财政资源配置的变迁来看，中央拥有的财政资源占财政资源配置总量的比重呈下降趋势，而地方政府呈上升趋势。中央财政比重由 1978 年的 47.4% 下降到 2011 年的 15.1%，而地方财政支出占财政支出总额的比重从 1978 年的 52.6% 上升到 2011 年的 84.9%（见表 2-2）。

表 2-2 **中央和地方财政支出及比重**

年份（年）	全国（亿元）	其中		比重（%）	
		中央	地方	中央	地方
1978	1122.09	532.12	589.97	47.4	52.6
1980	1228.83	666.81	562.02	54.3	45.7
1985	2004.25	795.25	1209.00	39.7	60.3
1989	2823.78	888.77	1935.01	31.5	68.5
1990	3083.59	1004.47	2079.12	32.6	67.4
1991	3386.62	1090.81	2295.81	32.2	67.8
1992	3742.20	1170.44	2571.76	31.3	68.7
1993	4642.30	1312.06	3330.24	28.3	71.7
1994	5792.62	1754.43	4038.19	30.3	69.7
1995	6823.72	1995.39	4828.33	29.2	70.8
1996	7937.55	2151.27	5786.28	27.1	72.9
1997	9233.56	2532.50	6701.06	27.4	72.6
1998	10798.18	3125.60	7672.58	28.9	71.1
1999	13187.67	4152.33	9035.34	31.5	68.5

续表

年 份（年）	全 国（亿元）	其 中		比重（%）	
		中央	地方	中央	地方
2000	15886. 50	5519. 85	10366. 65	34. 7	65. 3
2001	18902. 58	5768. 02	13134. 56	30. 5	69. 5
2002	22053. 15	6771. 70	15281. 45	30. 7	69. 3
2003	24649. 95	7420. 10	17229. 85	30. 1	69. 9
2004	28486. 89	7894. 08	20592. 81	27. 7	72. 3
2005	33930. 28	8775. 97	25154. 31	25. 9	74. 1
2006	40422. 73	9991. 40	30431. 33	24. 7	75. 3
2007	49781. 35	11442. 06	38339. 29	23. 0	77. 0
2008	62592. 66	13344. 17	49248. 49	21. 3	78. 7
2009	76299. 93	15255. 79	61044. 14	20. 0	80. 0
2010	89874. 16	15989. 73	73884. 43	17. 8	82. 2
2011	109247. 79	16514. 11	92733. 68	15. 1	84. 9
2012	125952. 97	18764. 63	107188. 34		

注：（1）中央、地方财政支出均为本级支出。

（2）本表数字2000年以前不包括国内外债务还本付息支出和利用国外借款收入安排的基本建设支出。从2000年起，全国财政支出中和中央财政支出中包括国内外债务付息支出。

（3）2007年财政支出采用新的分类标准。

（4）资料来源：根据《中国统计年鉴》（2004）以及国家统计局财政年度数据整理而成。

由于2007年财政支出采用新的分类标准，我们对财政支出项目的分析就以2007年为界限，从1978—2006年以及2007—2012年两个时间段，对一些主要的项目进行考察分析。

1. 从1978—2006年财政支出项目变化来看

基本建设支出占财政总支出的比重由1978年的40.27%下降到2006年的10.86%（见表2-3），但其支出仍然是财政支出总额中的较大项目，仅次于文教科学卫生和行政管理费用支出，这表明我国的财政资源配置的生产性特征仍然明显。

国家财政对农业的支出总量在增加，从1978年的76.95亿元增加到2006年的2161.35亿元，但从相对量来看，却呈现不断下降趋势。如1978—2006年农业支出占财政支出的比重从13.43%下降到5.34%

用于科教文卫和社会福利、社会救济方面的财政资源逐渐增加（见表2-3），反映出随着中国现代化的进程的不断延伸，国家财政资源在社会性支出上逐渐增大力度，财政资源的配置逐渐从生产建设性向公共服务型转变。

中国国防财政支出的变化与国际和国内的政治形势紧密联系，在新中国成立初期、二十世纪六七十年代国防支出占财政支出的比重都很大，这与当时国内外的政治形势是相关的，到20世纪80年代之后，随着国家的中心任务项经济建设方面转移，国防支出比重逐步下降。20世纪90年代以后，中国的国防支出一般控制在10%以下，这与中国一贯奉行防御性国防政策是一致的（见表2-4）。1999年开始，军费开始逐年增加，每年保持增长12%～20%的增幅。如：2001年的国防费比上年增加234.50亿元，增幅为17.7%；2005年的国防费预算比上年增加274.95亿元，增幅为12.6%。从2000～2006年的7年间，国防费支出从1207.54亿元增加到2979.38亿元，翻了一番。从1999年到2007年，为维护国家安全和发展利益，适应中国特色军事变革的需要，中国在经济快速增长的基础上，保持了国防经费的稳步增长，国防支出总费用不断增加，但自2000年之后，国防支出占国家财政支出的比重总体上呈下降趋势。2007年之后，国防支出占财政支出的比例一直保持在7%以下（见表2-4），中国国防预算占GDP也逐渐总体上呈下降趋势（见图2-1），中国有限的军事力量主要基于仍低于世界一些主要政治、军事大国的水平。

在主要的分类财政支出项目中，行政管理费用增长最为迅速，从1978年的49.09亿元到2006年的5639.05亿元，行政管理费用总额几乎是改革初期的115倍（见表2-3），增幅最快的是90年代以来，1990—2001年年间，行政管理费用年均增速为29.2%，12年间增长了7.3倍，2001—2006年间增长了1.56倍，截至2006年已经突破5000亿元大关，这是因为随着经济体制的转型，政府职能不断扩大，行政机构规模不断扩大，行政机关队伍也不断膨胀，因此，行政管理费用快速增长。

表2-3　**1978—2006年国家财政主要支出项目**　单位：亿元

年份	基本建设支出	增拨企业流动资金	挖潜改造资金科技三费	地质勘探费	工交流通部门事业费	支农支出	文教科学卫生支出	社会保障支出	国防支出	行政管理费	政策性补贴支出
1978	451.92	66.60	63.24	20.15	17.79	76.95	112.66	18.91	167.84	49.09	11.14
1980	346.36	36.71	80.45	22.57	22.85	82.12	156.26	20.31	193.84	66.79	117.71
1985	554.56	14.30	103.42	29.58	35.16	101.04	316.70	31.15	191.53	130.58	261.79
1989	481.70	12.09	146.30	33.16	45.01	197.12	553.33	49.60	251.47	261.86	373.35
1990	547.39	10.90	153.91	36.19	46.93	221.76	617.29	55.04	290.31	303.10	380.80
1991	559.62	13.08	180.81	38.34	52.41	243.55	708.00	67.32	330.31	343.60	373.77
1992	555.90	10.63	223.62	44.07	64.58	269.04	792.96	66.45	377.86	424.58	321.64
1993	591.93	18.48	421.38	49.06	76.22	323.42	957.77	75.27	425.80	535.77	299.30
1994	639.72	17.33	415.13	64.13	100.77	399.70	1278.18	95.14	550.71	729.43	314.47
1995	789.22	34.80	494.45	66.32	102.76	430.22	1467.06	115.46	636.72	872.68	364.89
1996	907.44	42.93	523.02	68.56	102.41	510.07	1704.25	128.03	720.06	1040.80	453.91
1997	1019.50	52.20	642.20	73.37	136.41	560.77	1903.59	142.14	812.57	1137.16	551.96
1998	1387.74	42.36	641.18	83.13	121.56	626.02	2154.38	171.26	934.70	1326.77	712.12
1999	2116.57	56.41	766.05	83.69	128.07	677.46	2408.06	179.88	1076.40	1525.68	697.64
2000	2094.89	71.06	865.24	88.12	150.07	766.89	2736.88	213.03	1207.54	1787.58	1042.48
2002	3142.98	18.97	968.38	102.89	232.38	1102.70	3979.08	372.97	1707.78	2979.42	645.07

续表

年份	基本建设支出	增拨企业流动资金	挖潜改造资金科技三费	地质勘探费	工交流通部门事业费	支农支出	文教科学卫生支出	社会保障支出	国防支出	行政管理费	政策性补贴支出
2003	3429.30	11.95	1092.99	106.94	285.23	1134.86	4505.51	2655.91	1907.87	3437.68	617.28
2004	3437.50	12.44	1243.94	115.45	368.21	1693.79	5143.65	3116.08	2200.01	4059.91	795.80
2005	4041.34	18.17	1494.59	132.70	444.15	1792.40	6104.18	3698.86	2474.96	4835.43	998.47
2006	4390.38	16.58	1744.56	141.82	581.25	2161.35	7425.98	4361.78	2979.38	5639.05	1387.52

注：(1) 行政管理费中包括公检法支出和外交外事支出。

(2) 根据《中国统计年鉴》(2004 年卷) 以及国家财政部年度财政支出数据整理而成。

表 2-4　　**中国政府的国防支出 (1995—2012 年)**

年度	支出金额（亿元）	增长额（亿元）	占财政支出的比例（%）
1995	636.72		9.30
1996	720.06	83.34	9.10
1997	812.57	92.51	8.80
1998	934.70	122.13	8.66
1999	1076.40	141.70	8.20
2000	1207.54	131.14	8.29
2001	1442.04	234.50	7.62
2002	1707.78	265.74	7.74
2003	1907.87	200.09	7.74
2004	2200.01	292.14	7.72
2005	2474.96	274.95	7.29
2006	2979.38	504.42	7.37
2007	3554.91	575.53	7.14
2008	4178.76	623.85	6.67

续表

年度	支出金额（亿元）	增长额（亿元）	占财政支出的比例（%）
2009	4951. 10	772. 34	6. 48
2010	5333. 37	382. 27	5. 93
2011	6027. 91	694. 54	5. 51
2012	6691. 92	664. 01	5. 31

资料来源：根据表 2-2 和表 2-3 相关统计数据计算整理而成。

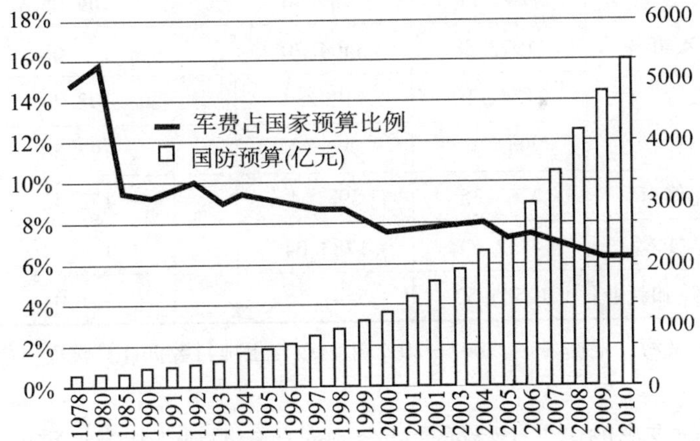

图 2-2　中国军费占 GDP 比例

资料来源：中国国防支出增长的最快阶段已经过去，http://news. sohu. com/20130309/n368227754. shtml。

2. 根据 2007—2012 年中国财政支出数据变化来看

2007 年后，中国财政支出结构不断优化，财政支出的一个主要特征就是日益向有关民生领域倾斜，突出民生优先原则。全国财政与民生密切相关的农林水利、教育、医疗卫生、社会保障和就业、文化体育方面的民生支出不断增加，其中，2007—2012 年，增长幅度较大、排在前几位的分别是医疗卫生、农林水事务、教育、环境保护、文化体育、科学技术以及社会保障和就业等支出，分别增长了264.08%、251.68%、198.24%、197.58%、152.42%、149.72%、131.04%等（见表2-5），说明财政在提供基本公共服务和改善民生方面进行了重点扶持，政府希望合理分配经济改革的成果，让全体人民共享改革开放的成果来引得民众的支持和认同。

表2-5　**2007—2012年增长幅度较大的主要财政支出项目**

财政支出项目	2012年	2007年	增长幅度（百分比）
医疗卫生	7245.11	1989.96	264.08
农林水事务	11973.88	3404.70	251.68
教育	21242.10	7122.32	198.24
环境保护	2943.46	995.82	197.58
文化体育	2268.35	898.64	152.42
科学技术	4452.63	1783.04	149.72
社会保障和就业	12585.52	5447.16	131.04

数据来源：根据表6：2007—2012年财政支出项目数据计算整理而成。

财政支出的第二个特征是社会倾向比较明显，相当比重的财政支出用于一般公共服务、公共安全、国防、外交等方面。以2010年财政支出的数据为例（见图2-3），民生支出合计达到59601.82亿元，占全国财政支出的三分之二。除民生支出外，2010年还有三分之一的全国财政支出（30272.34亿元），主要用于一般公共服务、公共安全、国防、外交以及资源勘探电力信息、国债利息、金融监管等支出，这些方面的支出主要是维护社会稳定和国家安全所必需的，也是满足人民群众生产生活需要的必然要求。

（四）改革开放以来中国意识形态配置的变迁

自改革开放以来，我国的意识形态领域打破了封闭、单一、沉闷

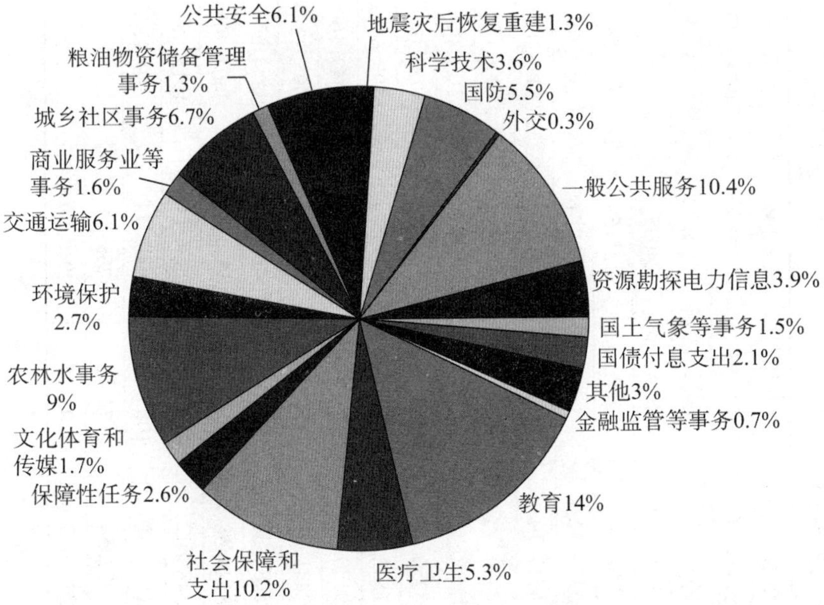

图 2-3 2010 年全国公共财政支出按科目分类比重情况

资料来源：2010 年全国公共财政支出基本情况，http：//www. gov. cn/gzdt/2011-08/03/content_1919148. htm。

的状况，呈现出开放、多样、活跃的局面，由封闭式的局限性趋向开放式的广泛性，由传统的一元化趋向现代的多元化。对于改革开放以来中国意识形态领域的变迁，我们可以从三个阶段来进行考察。

（1）从 1978 年十一届三中全会到 1992 年十四大，意识形态领域的变化是实事求是思想路线和社会主义精神文明建设战略任务的确立。十一届三中全会后，中国进入改革开放的时代，真正地进入了自我发展与完善的时期。十一届六中全会成功地实现了意识形态领域的拨乱反正，克服了“文革”带给国民的意识和政治信仰危机，重新恢复了政治形态的合法性基础。在改革开放和现代化建设的实践中，形成了当代中国的马克思主义-邓小平理论的科学体系，这也是社会主义意识形态理论的新成果。这个阶段的意识形态领域出现了新的变

表 2-6 2007—2012 年中国财政支出项目一览表

指标	2012 年	2011 年	2010 年	2009 年	2008 年	2007 年
国家财政支出	125952. 97	109247. 79	89874. 16	76299. 93	62592. 66	49781. 35
一般公共服务支出	12700. 46	10987. 78	9337. 16	9164. 21	9795. 92	8514. 24
外交支出	333. 83	309. 58	269. 22	250. 94	240. 72	215. 28
对外援助支出		159. 09	136. 14	132. 96	125. 59	111. 54
国防支出	6691. 92	6027. 91	5333. 37	4951. 10	4178. 76	3554. 91
公共安全支出	7111. 60	6304. 27	5517. 70	4744. 09	4059. 76	3486. 16
武装警察支出		1082. 02	933. 84	866. 29	664. 13	585. 17
教育支出	21242. 10	16497. 33	12550. 02	10437. 54	9010. 21	7122. 32
科学技术支出	4452. 63	3828. 02	3250. 18	2744. 52	2129. 21	1783. 04
文化体育与传媒支出	2268. 35	1893. 36	1542. 70	1393. 07	1095. 74	898. 64
社会保障和就业支出	12585. 52	11109. 40	9130. 62	7606. 68	6804. 29	5447. 16
环境保护支出	2963. 46	2640. 98	2441. 98	1934. 04	1451. 36	995. 82
城乡社区事务支出	9079. 12	7620. 55	5987. 38	5107. 66	4206. 14	3244. 69
农林水事务支出	11973. 88	9937. 55	8129. 58	6720. 41	4544. 01	3404. 70
交通运输支出	8196. 16	7497. 80	5488. 47	4647. 59	2354. 00	1915. 38
车辆购置税支出		2314. 60	1541. 82	1085. 08	1002. 74	849. 13
地震灾后恢复重建支出	103. 81	174. 45	1132. 54	1174. 45	798. 34	
其他支出	2482. 38	2911. 24	2700. 38	3203. 25	2940. 79	2951. 56

资料来源:国家统计局网站,http://data. stats. gov. cn/workspace/index? m=hgnd。

化和新的特点，主要体现在：

第一，主流意识形态的核心价值理念是解放思想、实事求是。在解放思想、实事求是的理念指引下，正确地解决了“文革”后相当长时期内意识形态危机问题，正确、客观地评价了毛泽东在中国革命和建设中的伟大作用，剔除了人们思想中的迷惑，提出坚持和发展毛泽东思想；也正是在解放思想、实事求是的政治理念指引下，才迈开了改革开放的社会现代化建设的步伐；以解放思想、实事求是为内核重组意识形态话语体系，逐步解决了改革开放过程中思想认识中的困惑和迷茫，提出加快社会主义现代化建设，不搞无谓的争论，提出社会主义也可以搞市场经济等重要论断，进一步在新的历史条件下，发展了马克思主义。一句话，“只有解放思想、实事求是，一切从实际出发，理论联系实际，我们的社会主义现代化建设才能顺利进行，我们党的马列主义、毛泽东思想的理论也才能顺利发展”。① 解放思想、实事求是的政治理念反映出改革开放时期中国主流意识形态正趋于理性和回归本真。

第二，意识形态的功能定位是以经济建设为中心，服务于经济建设。经历了“文革”的中国共产党人重新回归理性和务实，重新认识到“未来的平均主义和无阶级的社会只能是物质变化的产物，而不是脱离客观现实的意识形态宣传的产物。因此，推动物质进步和现代化在实现共产主义的事业中具有第一优先性”。② 十一届三中全会后，中国国家的工作重心逐渐转移到以经济建设为中心的社会主义现代化建设上来，确定改革开放时期的根本任务是以经济建设为中心，发展社会主义生产力。“我们的政治路线，是把四个现代化建设作为重点，坚持发展生产力，始终扭住这个根本环节不放松，除非打起世界战争。即使打世界战争，打完了还搞建设。”③ 因此，这个阶段意

① 《邓小平文选》（第2卷），人民出版社1994年版，第143页。

② 詹姆斯·R. 汤森、布兰特利·沃马克著，董方译：《中国政治》，江苏人民出版社2003年版，第163页。

③ 《邓小平文选》（第3卷），人民出版社1993年版，第64页。

识形态的配置趋向，从以政治和道德为主，走向以经济建设为中心，使社会成员普遍认同以经济建设为中心的发展目标，树立发展经济是社会主义本质的科学理念，强化意识形态为经济建设服务的功能。通过意识形态的积极功能，促进社会成员的合作与协调，调动全体社会成员的积极性，形成推进经济建设的巨大动力。同时规范社会成员之间的利益关系，化解各种不利于经济建设的各种因素，营造万众一心、同心同德搞建设的社会氛围。

第三，主流意识形态以社会主义精神文明建设为战略任务。1980年，国家领导人邓小平首次提出“精神文明”的概念。1986 年，他提出“两手抓”的思想。在 1992 视察南方谈话中，邓小平再一次强调“两个文明”一起抓的战略方针。社会主义精神文明是社会主义意识形态的精华，社会主义精神文明的内容是丰富多彩的，不仅有思想道德建设的内容，还包括教育科学文化层面，建设的目的是培养社会主义“四有”新人。

第四，意识形态的发展，以四项基本原则为底线。一方面，要形成活跃宽松的思想氛围，对现实生活中社会成员的意识形态倾向，应允许思考和争辩。强调社会主义意识形态的主导地位和核心地位，但绝不是完全排斥、否定其他非主流思想的存在，而事实上随着改革开放进程的不断推进，非主流思想的出现和存在是客观的。另一方面，现代化建设并不是以牺牲意识形态为代价来进行，不是要意识形态领域放任自流，还要进行一定的规范和调节。意识形态的政治、法律思想、道德、艺术、哲学等发展趋向能够客观准确地反映建设有中国特色社会主义的实践活动，必须符合四项基本原则的前提。从改革开放之初，邓小平就明确地将“四项基本原则”定位为立国之本，“只有社会主义能够救中国”、“只有社会主义能够发展中国”，当代中国的改革开放是社会主义的自我发展和自我完善，意识形态的变革、调整，是坚持社会主义意识形态前提下的发展与创新。在改革开放过程中出现与社会主义意识形态相对立的是资产阶级自由化思潮，其实质是要否定四项基本原则。因此，必须旗帜鲜明地进行斗争，“在实现四个现代化的整个过程中，至少在本世纪剩下的十几年，再加上下个世纪的头五十年，都存在反对资产阶级自由化的问题”。①

（2）从中国共产党十四大到十六大，社会主义先进文化建设的战略目标的提出是社会主义意识形态新的发展形式。主要表现在：

第一，以江泽民为核心的中共第三代领导集体丰富和发展了邓小平理论，提出了建设先进社会主义文化的战略目标，这个战略目标主要体现在“三个代表”重要思想中。2000 年，江泽民在广东高州考察时提出了“三个代表”的重要思想，指出中国共产党“要始终代表中国最先进生产力的发展要求，代表中国先进文化的前进方向，代表中国最广大人民的根本利益”。“三个代表”重要思想从整体上提出了发展和建设中国先进文化的任务，并且把它上升到了同发展先进生产力同等重要的位置。因为，意识形态与文化密切相关，它规约着文化的表现形式和内容，意识形态建设实际上是文化建设的中心内容。“在当代中国，发展先进文化，就是发展有中国特色的社会主义文化，就是建设社会主义精神文明。”因此，先进文化的建设要“坚持以马克思主义、毛泽东思想、邓小平理论为指导，立足于有中国特色的社会主义的实践，着眼于世界科学文化发展的前言，不断发展健康向上，丰富多彩的，具有中国风格、中国特色的社会主义文化，满足人民群众日益增长的精神文化需求”。②

第二，以“创新”为动力推动社会主义意识形态的发展。“创新是一个民族的灵魂，是一个国家兴旺发达的不竭动力。”③ 创新要“紧跟时代发展的潮流，不断研究新情况，解决新问题，形成新认识，开辟新境界”。④ 以创新精神来发展社会主义意识形态是对意识形态的嬗变性与继承性的自觉运用，正是通过理论创新，当代中国主流意识形态——马克思主义才不断随着时代的发展而进入新的境界，才源源不断地显示出其生机和活力。

---

① 《邓小平文选》（第 3 卷），人民出版社 1993 年版，第 211 页。

② 江泽民：《论“三个代表”》，中央文献出版社 2001 年版，第 158 页。

③ 江泽民：《论“三个代表”》，中央文献出版社 2001 年版，第 46 页。

④ 江泽民：《论“三个代表”》，中央文献出版社 2001 年版，第 47 页。

第三，通过多种形式的政治社会化的方式推动意识形态建设，强调以科学的理论武装人，以正确的舆论引导人，以高尚的精神塑造人，以优秀的作品鼓舞人。通过多种形式的社会化使社会主义意识形态占主导地位，在新的形势下坚定人们的马克思主义信仰。

(3) 从十六大到十七大，科学发展观执政理念的提出和社会主义核心价值体系的构建。主要表现在：

第一，创造性地提出科学发展观的战略思想，确立以人为本的政治关怀，为当代中国的发展提供了一种适应执政党执政理念变迁的新型政治文化。进入新世纪新阶段，中国共产党人在全面总结我国多年改革开放发展经验基础上，对未来中国的发展道路和发展目标进行了深入思考，提出了科学发展观的政治理念。科学发展观，第一要义是发展，核心是以人为本，基本要求是全面、协调、可持续，根本方法是统筹兼顾。“以人为本”是发展的本质和核心，以人为本的发展观体现的是一种全面的发展观，它是充分尊重社会自主性和个体独立性发展的新型政治理念，它蕴含丰富的现代政治文明价值。“以人为本”强调人是发展的最终目的，社会的一切发展都是人的发展的条件或手段，都是为了满足人的各种需要，促使人的素质得到全面提高。因此，要把人民的利益作为发展的出发点和落脚点，不断满足人们的多方面需要和促进人的全面发展，在经济发展的基础上不断提高人民群众的物质文化生活水平，满足人民的需要、维护人民的利益。“以人为本”价值理念的提出，在一定程度上反映了进入新世纪新阶段中国意识形态建设战略的转向，“以人为本”表明，不能继续采用传统的控制灌输因而消解自我的方式谋求社会控制和社会动员，而必须代之以尊重、接纳、保护和促进社会自主和个体独立的意识形态战略谋求社会全面发展。①

第二，把加强社会主义核心价值体系建设作为推进意识形态建设的新举措和新平台，明确社会主义核心价值体系是社会主义意识形态

---

① 林尚立等：《政治建设与国家成长》，中国大百科全书出版社 2008 年版，第 256 页。

的本质体现。党的十六届六中全会提出了建设社会主义核心价值体系的战略任务，指出："马克思主义指导思想，中国特色社会主义共同理想，以爱国主义为核心的民族精神和以改革创新为核心的时代精神，社会主义荣辱观，构成社会主义核心价值体系的基本内容。"2007 年年底党的十七大，首次将"建设社会主义核心价值体系"纳入报告中，指出：社会主义核心价值体系是社会主义意识形态的本质体现。提出要切实把社会主义核心价值体系融入国民教育和精神文明建设全过程，转化为人民自觉追求，积极探索用社会主义核心价值体系引领社会思潮的有效途径，增强社会主义意识形态的吸引力和凝聚力。任何社会都有自己的核心价值体系，社会主义核心价值体系是社会主义制度的内在精神和生命之魂，它在所有社会主义价值目标中处于统摄和支配地位。如果说以人为本的发展理念是价值体系的宏观设计，那么社会主义核心价值体系的构建就是新时期中国意识形态建设的具体目标和内容。在新时期，执政党希望通过社会主义核心价值体系的构建能够凝聚人心、引领风尚、巩固马克思主义的指导地位。

第三，把凝聚发展共识作为意识形态建设的重要任务。改革开放之后，思想领域出现的一些混乱，在很大程度上反映了社会共识的缺失。改革开放 30 多年后，我国经济、政治、社会建设取得了巨大成就，人们在评价和赞扬改革取得的成就时，也有相当一部分社会群体对改革产生了质疑，他们把我国社会发展过程中出现的一些负面现象都归咎于改革。为此，曾经很长一段时间，人们围绕着改革出现了不同的意见，对改革产生争论，对中国要不要继续深化改革失去信心。社会主义核心价值体系的提出具有很强的针对性，作为社会主义意识形态本质体现的社会主义核心价值体系，其核心任务就在于凝聚全社会的发展共识。在社会主义核心价值体系中，马克思主义主要提供信仰体系和评判标准；民族精神和时代精神是凝聚爱国主义和推动改革创新的动力源泉；以"八荣八耻"为主要内容的社会主义荣辱观则是提升公民自我修养的目标指向。四大核心价值体系的建构，使当代中国马克思主义成为推动中国社会全面发展的思想共识，使以爱国主义为核心的民族精神和以改革创新为核心的时代精神成为实现民族复兴、坚定改革信心的集体共识，使中国特色社会主义共同理想成为团结和凝聚社会全体成员的共时性理想，使社会主义荣辱观内化为全体公民的价值追求。

（五）改革开放以来政治权利配置的变迁

1949 年，随着中华人民共和国的建立，中国进入了政治权利发展的新纪元。但是，由于中国新型现代化的启动需要一个稳定的政治秩序，而稳定的政治秩序需要国家权威来进行保障，所以，在加强政治权威、高度集中的政治资源配置格局中，政治权利的配置强调群体权利，以群体政治权利为重点，个人政治权利的空间受到压缩，个人政治权利往往遭到忽视，政治权利也缺乏完善的制度保障，甚至于在后来的反“右”斗争与“文革”狂潮中，部分公民正常的政治权利受到限制和粗暴践踏，政治权利的规范性作用也名存实亡。直到改革开放以来，随着经济体制的转型和政治体制改革的深入，当代中国政治权利的配置出现了较大的变化，主要体现在这样几个方面：

第一，政治权利意识的成长。改革开放以来，随着社会主义民主和法制的恢复和加强，公民的政治权利意识不断增强。这种政治权利意识的成长，不仅体现在公民对自身政治权利的维护意识的增强，而且还表现在公民积极地参与政治。在改革开放之前的计划经济体制下，公民只是被动地参与政治，普遍缺乏强烈的政治权利意识，不能够积极地运用国家赋予自己的政治权利来正确地表达政治利益与要求。在权利与义务的关系上，受强烈的意识形态的影响，更多的是在与国家权力发生关系的过程中，常常习惯于把自己放在义务承担者的位置上。改革开放以来，随着市场经济带来的政治主体自主性意识的增强，越来越多的公民开始重视政治权利的意义与价值。政治参与的范围从知识精英扩展到了普通大众，“义务的承担者现在被当成了集体权利的分享者。"① 公民的维权意识也愈加强烈，公民运用宪法赋予的政治权利开始对政治生活产生愈来愈大的影响，这些从一系列的引人注目的选举活动中可以体现出来，如：1998 年湖北潜江的姚立法以自荐竞选者的身份成功当选人大代表；② 在 2003 年，北京、深圳等地，涌动着一波又一波公民自主竞选的高潮，许多竞选者纷纷成立个人竞选办公室，候选人大量利用张贴海报、网络对话等方式来与选民进行互动，争取选票。在农村，许多外出务工的农民为了竞选村官，不惜坐飞机返乡参加选举。这些轰轰烈烈的公民踊跃参加竞选的现象不是偶然的，它实际上是中国经济发展和社会变革的必然结果，它体现的正是公民权利意识的成长。

第二，政治权利的法律保障体系逐步健全。以宪法为核心的法律体系是政治权利最基本的保障。十一届三中全会以来，涉及政治权利的法律体系逐渐趋于完善。**82** 宪法的制定与颁布，标志着政治权利的配置进入新的时期。**82** 宪法对公民政治权利作了比以往任何一部宪法都更全面、更具体的规定，不仅增加了公民政治权利的内容，而且更注重政治权利保障的现实性。此后，**82** 宪法先后进行了四次修改，不断扩大公民的基本权利范围。除了宪法以最高法律的形式对政治权利进行规范和保障外，关于政治权利保障的法律、法规也不断出现。仅从党的十一届三中全会到 1988 年，全国各级各类立法机关制定颁布的法律、法规、条例等约有 1770 件。全国人大及其常委会制定颁布的法律约 80 件，修改、补充的法律及有关规定 58 件；国务院制定颁布的行政法规约 550 件；各省、自治区、直辖市制定颁布的地方性法规 1081 件。③ 这些法律法规与宪法一起，共同构成了我国公民政治权利的法律保障体系。在国际上，中国分别于 1997 年和 1998

① 夏勇：《中国民权哲学》，生活 · 读书 · 新知三联书店 2004 年第 1 版，第 101 页。

② 王甘霖：《"骑士代表"艰难履职》，《南方周末》，2002 年 2 月 28 日。

③ 王人博、程燎原：《权利及其救济》，山东人民出版社 1993 年版，第 130 页。

年签署了《经济、社会、文化权利国际公约》和《公民权利和政治权利国际公约》，2001年3月向联合国递交了《经济、社会及文化权利国际公约》中国全国人大常委会的批准书，中国已加入包括《经济、社会及文化权利国际公约》在内的26项国际人权公约。2013年，中国向联合国禁止酷刑委员会提交了履行《禁止酷刑和其他残忍、不人道或有辱人格的待遇或处罚公约》第六次履约报告。

第三，保障政治权利行使的政治制度得到发展。首先，中国不断加强人大制度的建设，发挥人大的政治功能，为公民更好地提供制度化的政治参与渠道。1982宪法确定了县级人大代表直接选举制度，扩大了全国人民代表大会职权，2010年3月，全国人大通过了修改全国人民代表大会和地方各级人民代表大会选举法的决定，规定城乡按照相同人口比例选举人大代表，人大代表具有更广泛的代表性，进一步完善了选举制度，更好地体现了人人平等、地区平等和民族平等。全国人大及其常委会加强了对行政、司法机关的监督和对法律实施情况的检查，支持和督促有关国家机关依法行使职权，维护广大人民群众的利益。根据国务院新闻办公室发布的《2012年中国人权事业的进展》白皮书的内容，2010年以来，全国人大及其常委会依法加大监督力度，监督工作的针对性和实效性切实增强。自2010年以来，全国人大常委会共开展了13次执法检查，安排听取和审议了国务院和最高人民法院、最高人民检察院的31个专项工作报告，开展了9次专题询问。其次，多党合作和政治制度走向正常化，民主党派的参政渠道进一步拓展。中共中央就大政方针、国家领导人人选以及各项重大决策，同参与政协的各民主党派、人民团体和各族各界代表进行了多次不同形式的协商。越来越多的民主党派、无党派人士参与到国家政权建设上来，大批党外干部被提拔使用。截至2006年年底，担任县处级以上职务的民主党派成员、无党派人士共有3.1万人，他们对分管的工作享有行政管理的指挥权、处理问题的决定权和人事任免的建议权。其中最高人民法院、最高人民检察院和国务院部委办、直属局担任领导职务副职18人；全国31个省、自治区、直辖市中，有副省长、副主席、副市长24人；全国397个市（州、盟、区）人民政府中有356人担任副市（州、盟、区）长；35人担任省级法院副院长和检察院副检察长，141人担任地市级法院副院长和检察院副检察长。还有许多民主党派成员、无党派人士在高等院校、人民团体、科研院所和国有企业中担任领导职务，如中国科学院所属93个研究所中有69人，教育部直属72所高等院校中有38人。2007年，民主党派成员、无党派人士2人分别担任国务院科技部、卫生部部长职务①。2010年以来，全国政协共收到提案16743件，其中各民主党派中央、全国工商联提案882件，召开6次专题议政性常委会和专题协商会，进行296次调研视察活动②。另外，农村基层民主制度、信访制度、政府信息公开制度也得到一定的发展。在农村，建立和逐步完善村务公开和民主管理制度，促进了基层群众民主权利的保障。2010年10月，全国人大常委会修改了村民委员会组织法，进一步完善和规范了村委会成员的选举和罢免程序。2013年，《中华人民共和国村民委员会选举规程》发布实施，进一步明确和细化了村委会换届选举的各项程序和要求。无记名投票、公开计票全面实行，秘密写票处普遍设置，竞职演讲、治村演说广泛推行。通过强化信访制度和拓展渠道，依法保障公民的批评、建议、申诉、控告和检举权利。通过建立新闻发布制度，增强了政府工作的透明度和政务信息的公开，使公民的知情权、监督权和参与公共事务的权利保障得到了加强。

第四，公共舆论的空间迅速拓展。改革开放以来，随着政治参与渠道的拓展，公民的政治参与热情不断上升，公民的政治自由空间也得到迅速拓展，其中，最主要的是公共舆论空间的迅速拓展。公共舆论空间是建立在政治表达自由的基础上的，在一个民主政治的社会中，言论表达自由是除了选举自由权利外最重要的自由，公民只有把自己的政治观点和政治见解充分地表达出来，才能体现人民当家做主

① 国务院新闻办公室：《中国的政党制度》，参见：http://www.gov.cn/zwgk/2007-11/15/content_806278.htm。

② 国务院新闻办公室：《2012年中国人权事业的进展》，《人民日报》（海外版）2013年05月15日第02版。

的民主权利，才能体现民主政治中的参政议政功能。不能自由地发表政治见解，也就不可能形成公共舆论，从而也就不可能对政治生活产生真正的影响，也就谈不上政治民主。随着市场经济体制的建立，人们政治观念的转变，国家对意识形态资源配置的变迁，中国公民可以自由地发表意见，只要不是煽动推翻政府、反对社会主义制度等法律禁止的言论，都可以毫无拘束地得到表达。特别引人注目的是，网络在公共生活中扮演着越来越重要的角色，它对政治生活的影响力也逐渐增长。截至2013年年底，中国网民规模达6.18亿，互联网普及率为45.8%；域名总数为1844万个，网站总数为320万个，网页数量为1500亿个；论坛/BBS的用户数量为1.2亿人，博客和个人空间用户数量为4.37亿人，社交网站用户数量为2.78亿人，网络文学用户数为2.74亿人，网络视频用户数量为4.28亿人，微博用户数量为2.81亿人，即时通信用户数量为5.32亿人；手机即时通信用户为4.31亿，手机微博用户达到1.96亿①。网民言论关注的范围十分广泛，涵盖了司法案件、民生问题、个人权益保护、医患纠纷、反腐败等各方面。虽然，迅速拓展的公共舆论空间尚存在一些不规范的问题，甚至不乏缺乏理性的政治表达，但它已经对政治决策者施加了无形的压力，是政治决策者不容忽视的重要力量。

上述考察主要是从国家政治资源各个组成部分进行分别考察，而国家政治资源体系是一个内部各类型资源相互配合、相互支持的整体，从整体来看，无论是政治资源配置的方式、目标还是形成格局上，国家政治资源配置的变迁也是显著的。

首先，政治资源配置方式发生转换，具体表现为由直接配置转向间接配置，由微观配置到宏观配置，由要素配置到程序配置，从权威式配置走向信息式配置。例如：在物质性资源的配置上，国家已经从指令性计划的模式中解脱出来，不再直接配置物质性要素，让市场发挥基础性的资源配置的功能。除了保持必要的控制权之外，“政治体

① 国务院新闻办公室：《2013年中国人权事业的进展》，《人民日报》（海外版）2013年05月15日第02版。

系的主要功能将是对程序的管理，即各种要素将通过什么样的合理的程序在社会上达成最有效率的交易，同时又是公平的交易，所有交易又必须控制在促进社会发展的方向上。程序管理主要是通过法律、规范、体制、监督等手段来完成的”。① 国家对财政资源的配置也由计划体制下的无偿调拨给单位转为单位间接的有偿支配，国家更多的是借助金融机构如国有银行作为中介来实现财政资源的配置，这就能够促进企业单位和社会组织对财政资源的使用效益。国家政治资源配置的手段也趋向多样化，计划体制下主要通过单一的政治权力来配置资源，政治权力统摄一切，而在市场经济模式下，更多的是借助信息、法律监督等手段来完成。实际上，自改革开放以来，国家对政治资源的配置手段逐渐规范化、法制化、制度化，如通过宪法和基本法律来调整党政权力和职责，来规范人大、政协和司法机关的政治地位，使国家权力机关之间的权力配置以制度化的形式固定下来。

其次，政治资源配置目标发生转换，由管制走向治理，由维持走向发展。在人类漫长的历史上，国家产生于社会，国家权力是为社会服务的，其最终目的是要促进社会的发展，所以，政治资源配置的最终目的是要推动社会的发展。在计划体制中，政治资源的不足和匮乏使国家对政治资源进行集中性管制，其目的首先是维护既定的政治系统和价值系统的稳定，而在体制转型的过程中，国家在保持政治稳定的前提下，更注重释放政治资源的效能，通过政治资源的优化配置来推动社会的全面和快速发展，这与社会发展的一般规律是相吻合的。

最后，由于政治资源配置方式和配置目标的转换，政治资源配置的格局出现了巨大变化。改革开放以来政治资源配置的变迁使以前高度聚合和集中的政治资源的配置格局发生了松动，政治资源的配置呈现分散化和社会性的趋向，政治资源的存在形式出现从中央到地方、从体制内到体制外，从集体到个人三种流动取向。政治资源从中央到地方的流动实际上是政治体系内部资源配置格局由高度集中到初步分

---

① 王沪宁：《新政治功能：体制供给和秩序供给》，《上海社会科学院学术季刊》，1994 年第 2 期。

散的变迁，而从体制内到体制外，从集体到个人的政治资源存在形式的变化，恰恰反映了政治资源配置从国家到社会的趋向。社会拥有的政治资源的空间越来越大，政治资源的主体由一元趋向多元。在政治体系之外，随着改革开放进程的不断推进，国家对社会控制的减弱，各种政治性社团和群众性社会团体等组织的纷纷涌现，它们在国家的政治决策中的地位和影响不断上升。政治资源配置格局的变迁使政治体系更有活力，政治体系的发展基础更加稳固。从表面上看，国家所拥有的政治资源在数量上似乎减少了，然而，社会对国家的认同进一步扩大了。从这个意义上说，政治体系所拥有的政治资源不是少了而是多了。在计划经济时代，高度集中的政治资源配置格局，国家对政治资源形成垄断，往往容易产生诸多负面效应。尤其是在体制转轨过程中，政治资源的配置主体往往容易出现“寻租”行为，而向社会适度开放部分政治资源，有利于提高政治资源配置的透明度和使用效率，遏止权力“寻租”行为 ，有利于加强执政党的建设，增强执政党的权威性基础。另外，社会主义民主的本质是人民当家做主，人民当家做主必须以掌握极为重要的政治资源为基础，而从人类发展的历程来看，政治资源是取自社会，最终也要回归社会，这是历史发展的必然逻辑。因此，政治资源配置的社会性倾向，推进了社会主义民主和政治文明建设的进程，有助于政治体系的成长。

改革开放以来政治资源配置的变迁对当代中国国家与社会关系的格局产生了深刻的影响。由于中国选择的是政府推进型的现代化之路，中国国家与社会关系的制度模式不是自然演化的产物，它往往是政治塑造的结果，带有很强的“人为”痕迹。当代中国经济改革的微观基础是资源配置方式的变迁，正是由于资源尤其是政治资源配置方式的转换和变迁，使中国国家与社会的制度模式也随之发生变迁。随着政治资源配置的变迁，一部分政治资源从国家的垄断中游离出来，形成自由流动资源，进入市场和社会，社会和个人能够占有的政治资源越来越多，社会的自主性日益增强。国家与单位（组织）出现了调整，虽然单位的外部特征还没有改变，但单位的职能发生了实质性的变化。它们虽然还承担着社会管理的职能，但其主要任务开始转向满足成员需要及谋求自身的发展，即从由管理型单位走向利益型单位。城市居民由“单位人”加速向“社会人”转变，农村人民公社体制的解体使剩余农业劳动力成为自由流动资源。党、国家与社会的关系逐渐从三位一体的格局向各自相对独立的格局转型，社会大大拓展了其政治空间，相对独立的社会力量开始形成。虽然，现实的中国国家与社会的关系仍然呈现原来意义上的强国家-弱社会的制度模式，但已经开始出现松动，传统体制下以国家控制为前提的国家全面主导社会的关系，逐渐向市场经济条件下以社会相对自主为前提的国家与社会相互作用的关系演变，强国家-强社会的制度模式逐渐成为未来中国国家与社会关系的目标选择。在这种目标模式下，国家与社会之间主要是一种相互制约又合作、相互独立又彼此依赖的有机统一的关系，国家与社会之间的政治资源配置基本上均衡，而这也体现出当代中国社会主义民主政治发展的方向。

三、当代中国政治资源配置变迁的动力探寻

政治资源的配置是一定的社会关系的产物，而社会关系是社会的政治、经济、文化综合的产物，它处于不断的动态发展之中，这就决定了政治资源的配置往往与一个社会特定时期的具体的政治、经济、文化的情况密切相关。因此，对当代中国政治资源配置变迁的动力探寻，也应该从具体时代的中国政治、经济、文化的背景中去寻找答案。

（一）现代化的战略需求

当代中国改革开放前政治资源配置的迥异是与中国现代化的特征和采取的战略联系在一起的。在现代化的谱系上，中国是典型的后发型现代化国家。后发型现代化国家的现代化的启动来源于外部的挑战与刺激，它往往需要一个统一、威权、具有效能的中央政府作为现代化的领导者，现代化的展开是通过权威驱动的模式进行的，这与西方

国家依靠社会自觉推进现代化的模式是截然相反的。西方早发国家现代化进程的推进是通过社会资源总量的缓慢积聚和增长进行的，其现代化的自然演化经历了长期的过程，而后发型国家的现代化一般是在面临强大的内外部压力下，在传统社会资源总量不足的情况下迅速展开的，这就要求后现代化国家必须在较短的时间内集中有限的社会资源，并加以合理配置和高效利用，以最大限度地发挥资源的效能，而这一点不是地方政府和社会集团力所能及的，中央政府在资源配置和利用中的权能自然地比地方政府要大些。因此，当现代化启动以后，为了在变迁的社会中进行统一协调和资源配置，必须建立一个具有现代化导向的、高效率的中央政府，而一个国家的行政管理实行高度的中央集权，有助于力量的协调和资源的征用，以支持现代化的进程，这在20世纪许多国家的现代化进程中已经得到了证明。

中华人民共和国成立初期，中国的现代化的情形正是如此。中华人民共和国成立后，受国内外诸多因素的影响，中国的现代化在社会资源总量尤其是政治资源总量不足的情况下采取了非均衡发展的赶超战略。在此发展模式下，中央政府成为现代化的主导者和推动者，它成为配置社会资源的唯一主体。“现代化对一个分散的、组织薄弱的和封建的传统体制的第一个挑战典型地是集中必要的权力以造成传统的社会和经济的变革。”① 就此而言，中华人民共和国成立初期的政治集权和集中性的资源分配，在当时适应了现代化启动的客观要求。中央政府将所有的资源聚集手中，以计划的形式进行配置。这一政治资源的配置是自上而下的，把国民财富和政治资源的分配权集中到推行现代化的执政党手中，通过国家有计划地发展国有企业和集体化为主的国民经济，为突出国防现代化走优先发展重工业的工业化道路。为了集中调配社会资源和政治资源，从农业转移工业化所需的资金，推行农业集体化。国家对社会的全面统摄和干预，使整个社会结构和经济秩序带有很强的外塑性。中国的这种现代化战略被美国著名政治

① ［美］塞缪尔·P. 亨廷顿著，王冠华译，《变动社会中的政治秩序》，生活·读书·新知三联书店1989年版，第132页。

学者阿尔蒙德称为动员人民的专家治国战略，它往往是通过政党来动员人民参与现代化的进程中去，其特点“是强调发展政府能力，以及发展一种不同于其他战略的参政形式。因为人民是被动员起来执行党的领导阶层所制定的政策，却不是人民参与制定政策，所以这是一种动员起来的或者加以组织过的参政”。①

从后发型国家现代化发展的一般趋势而言，现代化初期的威权体制只是现代化启动时的权宜之计，只是一种阶段性的政治现象。从长远而言，以威权体制规范现代化进程，迟早与现代化发展的内在逻辑形成冲突。随着现代化进程的推进，社会化程度不断提高，新的团体要求进入政治体系中来，政治参与不断扩大，这就要求政治体系的功能做出调整，以适应社会结构和功能的强化。因此，当现代化进入一个稳定有序的阶段之后，政治体系可调配的社会资源相对比较丰富，政治体系所需解决的主要问题是，在资源相对丰富的情况下如何更为合理地配置和利用社会资源，改变原有的权力集中的模式，在政治体系内重新分配权力，创立制度化的政治权力配置格局。这时，由于地方政府和社会集团不断成长，同时更为贴近市场和公民，能够更快捷地掌握信息，必然要求政治资源配置的重心下移，地方政府和社会组织开始承担部分资源配置的功能。中央政府应弱化其直接管理权能，强化它的间接宏观调控职能，这是现代化发展的趋势。如果国家承担的角色与功能不能够适时转变，那么国家与社会之间的冲突就会增加，甚至把现代化引入政治动荡的歧路。在改革开放时代，当中国进入现代化全面展开的时期，社会主义现代化的基本物质基础已经通过建国初期的现代化建立起来。虽然，目前中国政治资源配置的主要推动力仍然来自中央政府，强化政府职能和国家能力是保障现代化的一个重要动力，但强化的方式不是原来意义上的高度集权，而是中央政府要有强大的经济实体性（物质性）资源来实现间接的宏观调控。以政治为主导的过分集中的发展模式已经不能够适应新的形势，原有

① ［美］阿尔蒙德：《发展中的政治经济》，《现代化理论与历史经验的再探讨》，上海译文出版社 1993 年版，第 369 页。

的政治资源配置方式必须发生转换，原有的中央集权型的政治资源配置格局也应随之改变。

（二）经济利益的追求

从新制度经济学的角度观察，当代中国政治资源配置的变迁正是源于国家对经济利益的追求。新制度经济学家诺斯把经济学理论引入国家问题的分析之中，认为国家也是一个具有福利或效用最大化行为的“经济人”，为了生存和发展的缘故，国家往往追求收入的最大化。因为，国家收入是政治资源的基础性资源，国家政治能力的强弱是建立在国家财政收入等物质性资源充足的基础上的。为了实现财政收入最大化，国家往往有两种选择：一是通过迅速的集权，通过权力机制对既定社会资源和政治资源进行强制性分配，使财政收益迅速最大化。二是通过渐进式地建立有效的产权制度来提高经济绩效，从而促进经济增长，从总量上实现财政收入最大化。因为，一个有效的产权制度是经济增长的重要保证。新中国成立后，由于种种因素的作用，国家恰恰选择了集权的方式来实现自己的经济追求。在短短的几年时间里，国家通过强制力，在城市建立了全民所有制型的国有企业，在农村通过农村土地产权关系的变革，最终确立起人民公社体制。在社会资源匮乏和不足的情况下，为了实现国家经济的增长，通过建立以公有产权为基础的计划经济制度，在一定时期内，这种计划经济体制曾经显示了很强的活力，它对于解决建国初期国家所面临的政治经济困境做出了历史性的贡献。在计划经济体制下，国家的经济在短时期内有了迅速的增长，国家的财政收入在短期内迅速增加，中国国力迅速增强。

但是，通过权力机制对既定社会资源和政治资源进行强制性分配的计划体制，并不能使国家经济增长持续下去。这是因为，这种体制下的产权制度存在固有的缺陷。国有企业产权的主体理论上是国家，但实际上国家是很抽象的，国家往往由各级政府来代表，国家所有实际上就是各级政府所有，政企合一意味着国有企业不是真正意义上的经济组织，而是国家权力的重要组成部分。农村人民公社体制是一个政社合一的基层政权组织，土地产权在理论是国家的，但实际中的归属是不清晰的。在计划经济体制下，城市单位与单位之间是相对封闭的，农村与城市之间缺乏资源之间的互动，社会缺乏流动，高度集中的政治资源配置格局遏止了各项资源效能的发挥。因此，当建国初期所形成的计划经济体制延展到一定的时期，它的弊端和低效很快显露出来，在这种体制的束缚下，国家经济发展缓慢。因此，在 1978 年后启动经济改革、转变资源配置（包括政治资源配置）方式，建立有效的产权制度已是势在必行了。

1978 年后的改革，首先是在经济领域改变高度集中的资源配置局面。在农村，政社合一的农村人民公社体制解体，联产承包责任制的实行使部分农村劳动力解放出来，农村压抑已久的社会生产力得到释放，农村经济迅速发展。在城市，经济体制改革主要集中在推行政企分开，重构国家与企业之间的关系，改变计划体制下国有企业靠汲取国家经济资源而维持的局面，对国有企业实行市场化改革，增强其发展能力。国有企业改革发展取得了显著成就，国有企业数量虽然减少，但整体实力和竞争力大大增强。据十七大新闻中心披露，2002 年到 2011 年，中央企业的资产总额从 7. 13 万亿元增加到 28 万亿元；营业收入从 3. 36 万亿元增加到 20. 2 万亿元。国有企业的壮大为公共财政做出了最直接的贡献，2007 年起，国有企业开始向国家上缴红利，上缴比例稳步上调。2012 年，117 家中央企业实现利润 1. 3 万亿元，上缴税金 1. 9 万亿元。① 到 2011 年年底，已有 2119 亿元的国有股权转让收益划归社保基金。国有股权划拨全国社会保障基金，使人民群众拥有了更可靠的社会保障。国有企业为保障经济平稳运行、社会政治安定有序提供了坚实的基础。

---

① 北京市中国特色社会主义理论体系研究中心：《国企改革的成就与经验》，《经济日报》，2013 年 05 月 30 日。

（三）交易费用机制的导向

新制度经济学家提出的交易费用理论具有重要意义，“正是在新古典经济学的框架中加入了正的交易成本使新制度经济学与新古典经济学相区别并改变了研究的方向：交易成本使所有权的分配成为重要因素，提出了经济组织的问题，并使政治制度结构成为理解经济增长的关键”。① 因此，交易费用理论在一定程度上不仅可以用来衡量一种制度的绩效，而且也为考察制度变迁提供了客观依据。制度变迁和制度创新的动力在于减少制度的交易费用，使制度运行更有效率。

从一定意义上讲，当代中国政治资源配置制度的变迁的背后，存在着交易费用机制的导向作用。改革开放前，中国政治资源的配置是通过单一的政治权力机制来完成的，在此基础上，中国形成了高度集权的政治和经济体制。国家是拥有和支配属于全民所有的社会政治资源的唯一合法组织，国家通过政治权力控制一切，主要依靠行政指令和各种直接干预来保证经济计划目标的贯彻和完成，国家统摄社会。这种全能主义的制度安排，视国家的政治能力完全理性化，认为国家政治能力完全可以掌握社会的微观领域的变迁和社会生产的可能性边界。实际上，这种高度集权的政治和经济体制的运行是以高昂的制度交易费用为基础的。这种高昂的交易费用主要体现在国家对社会的整合的成本很高，对下级权力组织的直接全面控制和监督需要花费较高的监督成本。从中华人民共和国成立初期的经济环境来看，当时中国社会生产力水平始终处在较低水平，社会分工简单。在这种情况下，国家的政治理性基本上能在一定时期内把握社会的信息变量，从而能够做出符合实际的制度安排。而且，从意识形态环境来看，个人利益服从国家利益的意识形态激励劳动者无私奉献，客观上抑制了人们对个人利益和局部利益的追求，在一定程度上有助于减少制度运行的成

---

① ［冰岛］思拉恩·爱格特森著，吴经邦等译：《经济行为与制度》，商务印书馆 2004 年版，第 19 页。

本，能够维持传统的政治资源配置制度。然而，随着社会生产力的发展，社会分工的复杂化，经济环境的多样化，作为制度安排主体的国家越来越难以把握社会微观领域的信息变化，由于缺少信息，国家对社会政治资源的直接配置难以避免偏离社会的需求。对政治资源配置控制的程度越高，政治资源的配置就越来越失真，资源配置制度的效率逐步下降，交易费用越来越高，这时必须改变原有的政治资源配置制度，在政治体系内部，通过中央与地方国家权力机关之间的政治权力的调整与重新配置，中央国家权力机关能够利用下级权力部门的积极性减少信息成本，来实现资源配置的有效性；同时要借助和引入社会的力量，使国家与社会在政治资源配置上能够走向合作与互动。因此，政治资源配置制度的变迁就成为了历史的必然。

第三章　当代中国政治资源配置的现状分析

由于政治资源的流动性，政治资源的配置往往是一个动态的持续的过程。因此，对政治资源配置变迁的考察，实际上就是对一个国家政治资源的状况进行历史的考察，通过这种考察，人们更能了解一个国家政治资源配置的情况经历了哪些发展变化以及这些变化的原因。但在经过一段时期的运动之后，政治资源在国家与社会之间的流动与移转最终会沉淀下来，形成相对稳定的制度化的配置结构或格局。因此，在对当代中国政治资源配置的变迁进行考察之后，有必要回到当前的中国社会中来，对目前中国政治资源配置的现状进行分析，这种现状分析主要集中在对目前中国政治资源体系中各个组成部分配置的结构与特点进行考察。

一、当代中国政治权力配置的现状

（一）政治权力配置的一般理论

在当代，政治权力普遍被用来指称国家权力和公共权力。① 一个

---

① 中国学者对政治权力和国家权力的认识存在分歧。李景鹏认为,国家权力是社会政治权力的总体或总的体系(参见李景鹏:《权力政治学》,黑龙江教育出版社 1995 年版,第 47 页)。施雪华认为,国家权力即公共权力是相对于社会权力而言的,国家权力主要由国家及其代表政府来行使,部分由社会组织和公民掌握和行使。(参见施雪华:《当代中国国家权力配置变迁的特点与趋势》,《中国特色社会主义研究》,2004 年第 1 期。)马克思主义经典作家在不同的历史背景下,先后从不同的角度使用公共权力、政治权力、国家权力等术语,但是它们的基本内涵是相同的。所以,为了论述的方便,本论文把政治权力和国家权力等同使用。

国家政治权力的大小与强弱，往往与它的客观物质基础和主观条件有关，包括政治权力体制的合理与科学、综合国力水平、民主与法制建设的水平、市民社会对政治权力的支持等。然而更重要的是，一个国家政治权力的总量还与政治权力的配置相关。合理而有效地配置政治权力，不仅关系到政治权力本身能量是否得到最大发挥，而且也是一个政治系统生命力的重要体现。

所谓政治权力配置，即政治权力的分配问题。在人类的政治生活中，自国家产生以来，就已经存在政治权力的配置问题，政治权力的配置关系到政治制度的合理与稳定。如何进行权力的配置是许多政治思想家一直在思索和探讨的政治课题。在政治学研究中，形成了不同的关于权力配置的理论思考。根据燕继荣先生的归纳与概括，政治权力分配的理论模式可以分为精英主义模式、多元主义模式、法团主义模式、马克思主义模式。①

1. 精英主义模式

精英主义关于权力分配的思想认为，在现实的政治生活中，政治统治并非是大多数人的统治，政治权力主要由具备政治技能和经验的少数精英来掌握。精英主义的主要代表人物有：早期的意大利的帕累托、莫斯卡和德国的米歇尔斯、韦伯等，以及后来的熊彼特、萨托利等。

帕累托认为，任何社会均可以分为三个集团，即人数不多的统治精英集团、非统治的精英集团和普通大众。少数精英统治社会，而人数更少的精英实施政治统治，这是所有社会存在的普遍规律，政治权力主要是在精英之间分配，精英与非精英，精英与精英之间存在着循环，借助于精英循环的这种方式，政治权力也就会从一种精英移转到另一种精英手中。而革命之所以爆发，重要的原因是精英受阻或循环缓慢。

---

① 燕继荣：《现代政治分析原理》，高等教育出版社 2004 年版，第 169 ~ 173 页。

莫斯卡把一切政治系统的人分为两类，即统治阶级和被统治阶级，精英就是统治阶级。统治阶级“总是人数较少，行使所有社会职能，垄断权力并且享受权力带来的利益”。① 而被统治阶级，也就是人数更多的阶级，被统治阶级以合法的、或专断和强暴的方式所领导和控制。政治权力之所以能够在精英之间进行分配，原因在于精英的组织化。精英人数虽少，但有组织并且具备不同于普通大众的品质和技能。所以，一个有组织的精英对一个无组织的大众实施政治统治是必然的。

米歇尔斯从政党的角度来研究权力分配问题，提出了著名的“寡头统治铁律”，认为组织处处意味着寡头统治，现代政治是由组织（政党）来实施统治的，由于政治事务的专业化，组织内部大众集体行动的困难，现代政治组织中的领导者与被领导者开始走向分化，那些具有较高经济和社会地位、受过良好教育和特殊政治训练的政治精英在组织中掌握了政治决策权，曾经只是集体意志执行者的领袖从当初的人民“公仆”变成大众的主人。这样，权力逐步集中于少数人手里，他们日益形成一个封闭的、几乎不受任何约束的小型寡头集团。而代议制政府所宣称的大众意志的表达，实际上只是统治阶级篡夺政治权力的工具。

与帕累托、莫斯卡和米歇尔斯一样，马克斯·韦伯也反对把民主看作人民的统治，因为多数人的统治不符合资本主义社会理性化精神的要求，社会大多数人的民众是非理性的，不具备处理政治事务的专业知识，而国家的行政管理的合理性要求讲究效率的统治。所以，现代社会需要政治家和职业官僚的统治而不是人民的统治，也就是需要精英统治。因此，政治权力主要应该由精英来掌握和行使，普通民众应该通过有规则有秩序的政治参与，通过普选制和民选议会来制约官僚的政治权力。韦伯的政治权力分配思想对以后资本主义国家建立科层制的官僚体系产生了直接的深远影响。

---

① ［意大利］加塔诺·莫斯卡著，贾鹤鹏译：《统治阶级》，译林出版社2002年版，第97页。

受早期权力分配的精英主义观点的影响，20 世纪精英民主理论的最主要代表人物熊彼特进一步发展了权力分配的精英主义思想。他认为古典民主理论将民主视为人民的统治的理论是不能成立的。在他看来，民主政治并不意味着也不能意味着人民真正在统治，而是政治精英的统治；即“民主政治就是政治家的统治”。① “民主方法就是那种为作出政治决定而实行的制度安排，在这种安排中，某些人通过争取人民选票取得作决定的权力。”② 也就是说，政治精英获得政治权力是通过公开合法的选举程序进行的，“民主政治的原则因此仅仅意味着，政府的执政权应交给那些比任何竞选的个人或集团获得更多支持的人”。③ 即政府的权力往往交给那些获得最多选票的政治精英。

当代美国著名的民主理论家萨托利，也反对把民主看做人民的统治或大多数人的统治，认为政治关系中的统治者总是少数人，被统治者总是多数人，强调民主也是少数人的统治和大多数人的被统治。他说：“无论我们玩弄多少‘人民就是国家’这样的句子，国家也不是全体人民，而只是身居高位、实际上是处于人民之上的少数人。事实非常简单：属于国家的实权并不属于人民，归属国家的权力越多，留给人民的权力就越少。”④ 然而，少数人掌握政治权力并不意味着专制和独裁。因为，民主与专制的区别不在于统治者是大多数人还是少数人，而在于政治权力的来源是否合法、是否得到有效限制，民主的特点在于通过竞争式的选举来选择统治的精英。萨托利认为，熊彼特的权力民主理论只注意到民主过程的输入方面，即通过竞争选票获得

---

① ［美］约瑟夫·熊彼特著，吴良健译：《资本主义、社会主义与民主》，商务印书馆 1999 年版，第 415 页。

② ［美］约瑟夫·熊彼特著，吴良健译：《资本主义、社会主义与民主》，商务印书馆 1999 年版，第 395 ~ 396 页。

③ ［美］约瑟夫·熊彼特著，吴良健译：《资本主义、社会主义与民主》，商务印书馆 1999 年版，第 400 页。

④ ［美］乔·萨托利著，冯克利、阎克文译：《民主新论》，东方出版社 1998 年版，第 487 页。

政治权力，它在事实上是一种竞争式民主理论。而从输出方面看，当选的统治者在进行政治决策时，往往受选民对统治者决策的反应的制约，要考虑民心的向背、民众的意愿。这样，普通的选民虽然不能够直接掌握政治权力，但通过选举权能够以反馈的方式制约统治者的决策。为此，萨托利提出了竞争——反馈式的民主理论来改造并补充熊彼特的精英民主理论。

权力分配的精英民主理论在后来的西方政治学界产生了深刻影响。20 世纪 50 年代，美国社会学家查尔斯·赖特·米尔斯将这种研究的方法应用到美国现实社会的上层社会上，发表了很有影响的著作《权力精英》，对美国社会的权力分配状况做出分析，认为“三种权力的掌门人，军界领袖、企业行政长官、政治董事，倾向于齐心协力，共同组成美国的权力精英”。① 他们控制着美国的政治。权力分配的精英民主理论对当代美国政治社会具有一定的解释力和说服力。

2. 多元主义模式

精英主义理论宣称社会由一个少数集团来统治，而多元主义理论则认为社会由多个“少数”集团来统治，相应的，政治权力被社会中的多个集团所控制。罗伯特·达尔是当代多元政治论的最重要的代表。他承袭了美国早期的团体政治分析家阿瑟·本特利、戴维·杜鲁门的多元主义观点，建立了较为完善的多元民主理论。达尔显然意识到了现代资本主义社会中领导结构多元化的实际存在。他认为，现代民主是一个开放和竞争的舞台，存在着众多的权力中心，众多权力中心的具体表现形式是大量相对自治的社会组织。达尔指出：“一个民主社会可定义为一个社会体系，它不仅具有民主的政治（次）体系，

① ［美］查尔斯·赖特·米尔斯著，许荣译：《权力精英》，南京大学出版社 2004 年版，第 7 页。

而且还有许多其他直接地或间接地起着民主政治过程作用的次体系。"① 也就是说，在现代民主社会中，除了国家的政治体系外，还有大量的利益团体、社会组织等，政治权力的安排不是等级式的，而是竞争的，在不同的处于不断竞争之中的团体之间得到广泛的分配，并且没有哪个团体能够垄断所有的政策领域，政治决策也就是具有政治影响力的不同团体之间讨价还价的结果。因此，统治社会的不是单一的统治集团，"而是多重少数人的统治"。② 在这种多元化的权力分配结构中，才容易达成有利于维护政治体系和政治稳定的社会共识。

达尔的多元主义在 20 世纪 80 年代中期有了进一步发展。以 1985 年的《经济民主理论导言》为标志，达尔又转向了新多元主义的民主理论，同林德布洛姆一起成为当代新多元主义民主理论的主要代表。新多元主义并非完全抛弃多元民主理论的观点，而是对传统多元民主主义进行一些完善。传统的多元民主理论认为，政治权力在民主国家中是由许多团体平等地分享，在不同的社会团体的相互妥协、相互讨价还价的过程中形成政治决策。新多元主义仍然认为，民主国家中存在众多的能够参与决策过程的社会团体，但是，各种团体在决策过程中并非完全平等地享有政治权力。许多团体因政治资源缺乏，难以实现充分的政治参与，而那些经济上具有优势地位的利益集团能够享有更大的权力，更多地影响政策的制定。这样，经济上的不平等就造成了政治上的不平等。

3. 法团主义理论

20 世纪 70 年代，法团主义理论对自由民主国家中的权力分配提出了见解。法团主义主要是针对多元主义而生的理念。在法团主义者

---

① ［美］罗伯特·A. 达尔著，王沪宁译，《现代政治分析》，上海译文出版社 1987 年版，第 24 页。

② ［美］罗伯特·达尔著，顾昕译：《民主理论的前言》，生活·新知·读书三联书店 1999 年版，第 181 页。

看来，多元主义在当代社会遇到了困难。多元主义主要是为了解决单一权力支配的问题而产生的，但是多元民主的现实却与其最初的政治设计相距甚远或者相悖。虽然，竞争性的社会团体的存在使政治权力的分配分散化，但却不能防止某些实力雄厚的团体对政治决策的影响起主要作用或支配作用，从而在强弱不同的利益团体中为分享政治权力而引发政治冲突。因此，法团主义企求在多元主义支配模型之外寻找解决之道，这就需要建立“法团主义”结构，在社会团体和国家之间建立制度化的协调通道，“法团主义术语最普遍的现代用法，是凸显位于国家和社会之间的利益组织的协调作用”。① 通过这种适当的制度安排，来实现权力分配的有效途径。国家和社会团体都从合作中获得好处。在这个结构中，既有控制国家的力量，也有对社会团体无限自治进行控制的力量，能够保持政治决策中的均衡。社会团体的自治虽然受到了一定的限制，但同时获得了稳定的代表性地位。社会团体作为一定的社会成员的代表，在承认国家垄断权力的同时也分享了政治权力。

4. 马克思主义理论

与西方政治学关于权力分配的理论不同，马克思主义对政治权力的分配提出了不同的解释。马克思主义关于政治权力的理论与马克思主义国家学说有十分密切的联系。恩格斯在考察国家产生时，认为国家不同于氏族组织的一个重要特点就是公共权力的设立，“这种公共权力在每一个国家里都存在。构成这种权力的，不仅有武装的人，而且还有物质的附属物，如监狱和各种强制设施，这些东西都是以前的氏族社会所没有的”。② 马克思主义认为，经济基础决定上层建筑，社会的经济秩序决定政治权力的分配。在阶级社会中，政治权力就是国家权力，政治权力的分配是根据阶级力量的对比来进行的，由于统治阶级在经济上占统治地位，政治权力也必然集中在他们手中。国家

① 张静：《法团主义》，中国社会科学出版社 1998 年版，第 23 页。

② 《马克思恩格斯选集》（第 4 卷），人民出版社 1995 年版，第 171 页。

“它照例是最强大的、在经济上占统治地位的国家”①，是用来维护统治阶级权力的工具。虽然，在任何政治体系中，政治权力的分配都是不平等的，但在剥削阶级存在的阶级社会中，政治权力的分配是极端不平等的。政治权力只属于社会中的某一阶级、阶层或集团，从事公共事务管理是少数人的特权。破除这种政治权力不平等的状态，主要是通过强制性制度变迁（革命）的方式来进行，然后建立一个新的政治权力分配的制度安排。当无产阶级以整个社会的名义管理公共事务的时候，也就开始了政治权力消亡的历史进程。这个过程从资本主义向社会主义过渡的特别时期以后就开始了。政治权力的消亡是一个与社会经济和文化发展相伴随的过程。只有到了共产主义高级阶段，随着民主由政治领域到经济领域的全面推进，人人都学会自我管理，那时，特殊的管理机构和管理人员就会成为多余的了，随着国家的消亡，政治权力也会走向消亡。

（二）政治权力配置的一般结构

政治权力的配置状况形成政治权力的结构。“政治权力结构是指特定社会中各种政治权力之间以及各个权力主体之间的相互关系的总体构成。”② 因为，政治权力和政治主体是密不可分的，政治主体是政治权力的载体。从横向上看，政治系统的每一个层面都有若干不同类型的政治权力主体在运行，这些主体大致可以分为立法、行政、司法、政党、军队、社团等组织；从纵向上来看，一个国家的权力主体依次为中央、地方、基层等层面。这些机构和组织的不同搭配就形成了不同的权力结构。所以，“一般地说，政治权力的结构就蕴涵在政

---

① 《马克思恩格斯选集》（第4卷），人民出版社1995年第2版，第172页。

② 刘津洁、杨龙：《论政治权力结构》，《云南行政学院学报》，2002年第2期，第13页。

治主体的结构之中”。① 由政治权力分布的状态决定的政治主体之间相互关系和排列结构，实际上就构成了政治权力的配置结构。“在历史上和现实中，每一种政治权力的结构状态和面貌都表明一定社会发展阶段上的统治阶级如何建构自己的国家机构、如何确定国家机构各部分之间的关系原则以及采用什么样的政治权力运作体制和机制。”②所以，一定社会的政治权力结构都是一定社会经济关系和政治关系的反映和表征。虽然历史上不乏对政治权力结构的理论设计，但是归根结底，这些关于政治权力结构设计的政治学说、理论、思想和观点都来源于一定社会的经济基础和阶级关系，这些政治权力结构理论设计的实现都必须具有相应的现实的社会基础。

从政治发展的角度来看，人类历史上先后出现三种基本类型的政治权力结构，即奴隶制时代和封建制时代高度集权的专制型政治权力结构、资本主义分权制衡型政治权力结构和社会主义议行合一的政治权力结构。从政治权力结构的外部表现形态来看，上述三种政治权力结构的类型又可以相应地称作点式结构、面式结构、体式结构。而从总体上来看，奴隶制和封建制的政治权力结构属于专制型，资本主义社会和社会主义社会政治权力结构属于民主型。

高度集权的专制型政治权力结构，主要存在于古代的奴隶制和封建制时期。从世界古代史的角度观察，在这两个社会时期，虽然，古希腊的思想家亚里士多德和古罗马的政治思想家波利比乌阿、西塞罗等先后提出了分权和混合政体的思想，但他们的理论与近代实践中真正意义上的分权有本质的区别。古希腊罗马时代和西欧封建社会也曾先后出现过奴隶主阶级专政的贵族共和制和封建领主的城市共和国，但总体上讲，它们的存在在时间和空间上都属于整个古代奴隶制和封建制时期的局部现象。因而，在那个时代的政治实践中，国家权力没有真正意义上的分工。政治权力高度集中，君主实行个人专制和独

① 李景鹏：《权力政治学》，黑龙江教育出版社 1995 年版，第 38 页。

② 杨弘、刘彤：《现代政治学分析基础》，人民出版社 2004 年版，第 291 页。

裁，“朕即国家”，不存在任何与之平行的、相互牵制的多元机构和分权机制，以及能够监督和制约君主或皇帝的权力主体。政治权力机构呈金字塔形，这种金字塔形政治权力的等级制结构的一个重要后果是，“权力集中在很少的位置与占据者手中。在顶层金字塔只有很少的位置与占据者，它们不仅控制着最多的绝对和相对数量的有价值资源，而且拥有结构中关于资源位置的最全面信息”。① 实际上，处在政治权力金字塔顶端的正是君主或皇帝。在帝王之下，是众多的官僚和胥吏，他们只不过是君主或皇帝的奴仆，权力之间是一种依附关系，整个政治权力结构在纵向上也表现为等级制，呈现一元化特征，所有权力的归宿都在一点上即君主或皇帝一个人手中。因此，有学者将这种权力配置结构也称为“点式”结构。

分权制衡型政治权力结构，主要就是指资本主义国家三权分立的结构模式。真正意义上的国家权力分工是从近代资本主义社会才开始的。近代资产阶级政治思想家洛克和孟德斯鸠创立了资产阶级的三权分立学说，即把国家权力分为立法权、行政权和司法权，分别由议会、政府、法院来行使，并且三权相互制约和制衡，防止权力的滥用和任何形式的集权专制的出现。他们的思想后来成为资本主义国家建立政治制度、构建政治权力结构的指导思想和重要原则。作为西方政治文明发展的产物，三权分立与制衡是人类政治权力结构发展史上的飞跃，它是人类进入资本主义时代对政治权力配置进行政治设计的重要文明成果，它对于实现资本主义民主政治和资本主义现代法治国家具有重要意义。它首次从根本上否定了古代奴隶制社会和封建制社会存在了几千年的专制集权体制，以“面式”权力结构取代“点式”政治权力结构，使人类从奴隶制、封建制的集权形式发展到分权形式，在政治实践中按照以权力制约权力的重要思想，对最高权力进行合理划分，这在政治实践中是一个历史的进步，反映了人们对政治权力的认识趋于理性。

① ［美］林南著，张磊译：《社会资本——关于社会结构与行动的理论》，上海人民出版社 2005 年版，第 35 页。

议行合一的政治权力结构，主要是社会主义国家的权力配置结构。它首创于巴黎公社，是无产阶级专政政治权力结构类型的最初尝试，是社会主义政治文明的重要成果。第二次世界大战之后，亚洲、非洲和拉丁美洲的许多国家相继选择了社会主义道路，在苏联模式的“示范效应”下，同时结合自己的国情，建立起了以议行合一为基本原则的政治权力结构。议行合一为基本原则的政治权力结构，既区别于古代社会集权的“点式”政治权力结构，又与资本主义分权的“面式”结构不同，它是以民主集中制为组织原则，通过民主选举的形式，把国家权力集中到中央国家机关。在中央国家权力机构的设置上，既不像奴隶社会和封建社会把一切国家权力集中在君主或皇帝一人之手，也不像资本主义社会进行分权，而是进行有层次地体式构建，第一层次是设置最高国家权力机关，第二层次是设立由国家权力机关产生并对它负责的行政、检察、审判机关等，分别行使行政权、检察权、审判权等政治权力，各个权力机关的组织和运行遵循民主集中制的原则。

（三）当代中国政治权力配置的结构

当代中国政治权力的配置是遵循马克思主义关于政治权力配置的一般理论而建立的，政治权力的配置结构是典型的社会主义民主政治权力结构。政治权力的配置主要包括两个方面：首先是指政治权力在国家组织之内的配置，包括纵横两个方向的展开，其基本内容是国家立法机关、司法机关、行政机关、军事机关在权力结构中的地位、作用相互关系和组织原则等。其次是政治权力在社会中的配置。

政治权力的横向配置主要是指各个政治权力主体之间在权力格局中的地位及其相互关系。在现代西方资本主义国家，政治权力的横向配置主要体现为立法、行政、司法三权分立。由于中国不实行三权分立的政治制度，中国政治权力的配置具有自身的独特性。从横向配置来看，当代中国政治权力的配置主要是以中国共产党的领导权为核心的五大权力系统，即中国共产党的领导权、人民代表大会的立法权、人民政府的行政权、人民法院和人民检察院的司法权、人民政协的参政权。① 中国共产党的领导权与其他系统的权力之间的关系是领导与被领导的关系。

中国共产党的领导权是当代中国政治权力配置结构的核心和中心。中国共产党的领导权在整个权力结构中处于支配地位。中国共产党的领导权主要体现在对其他国家机关的政治、思想和组织的领导。具体而言，政治领导就是政治原则、政治方向和重大决策的领导，即中国共产党以马克思主义为指导，制定正确的路线、方针、政策，通过其他国家机关对正确的路线、方针、政策的贯彻和执行，来实现从政治上指导国家的社会主义现代化建设事业；思想领导主要是指中国共产党对意识形态工作的领导，负责国家政治纲领或重大决策的宣传，通过政治社会化使社会成员在思想和心理上认同中国共产党的理念和政策。从政治功能的角度来看，思想领导是政治和组织领导的前提和基础，没有思想领导，政治领导和组织领导就会形式化，无法达到意识形态上的认同和拥护；组织领导主要体现在对国家机关、社会组织党员干部的控制和领导，包括向国家机关推荐党的精英担任国家领导人，在社会组织中建立党组织，使中共党员成为这些社会组织的骨干和领导力量。组织领导是思想领导和政治领导的保证，如果中国共产党没有掌握国家政权组织和社会组织的领导权，不能掌握和控制这些机构中领导干部的任用权，政治领导和思想领导就无从谈起。

立法权主要掌握在国家权力机关的人民代表大会手中。英国政治思想家洛克认为“立法权是指享有权利来指导如何运用国家的力量

---

① 当然，在中央层次的政治权力横向配置中还包括中央军委拥有的军事领导权和国家主席实行的国家元首权，中央军委对武装力量的领导是以中国共产党对军队的绝对领导为前提的，而国家主席国家元首权的行使往往与全国人大以及全国人大常委会的工作与职权联系在一起，这里为了论述的方便，主要从上述五大权力系统来考察当代中国政治权力的配置。

以保障这个社会及其成员的权力”。① 广义上的立法权是所有创制、认可、修改、废止法律的权力，立法权的主体不仅包括立法机关，还包括某些具有立法权的国家行政机关和司法机关。“根据任何一个现代国家的法律秩序，都没有法院和行政机关被排除在创造一般法律规范之外，即被排除在从事立法之外，不仅在制定法和习惯法基础上，并且还直接在宪法基础上从事立法。”“因而所谓立法机关成为全部一般规范的渊源，部分是直接制定的，部分是通过它委托有立法权限的机关而间接制定的。”② 例如：我国的最高行政机关国务院就具有行政立法权，可以根据宪法和基本法律，制定行政法规。而狭义上的立法权专指国家立法机关所行使的创制、认可、修改、废止法律的权力，这就排除了行政机关、司法机关在立法机关授权和委托下的间接立法权。从狭义的立法权角度，我国行使立法权的机关主要是人民代表大会，即全国人民代表大会行使最高立法权，省、自治区、直辖市及省、自治区人民政府所在地的市和国务院批准的较大的市的人民代表大会拥有地方立法权。具体而言，由全国人民代表大会行使的最高立法权体现为：制宪和修宪权；依据现行宪法的精神和规定，制定和修改刑事、民事、国家机构和其他的基本法律。而在实际的立法过程中，大量的立法工作是由全国人大的常设机关全国人大常委会完成的。除了宪法和少量的基本法律外，全国人大常委会有权制定和修改基本法律以外的其他法律，并且可以在不同全国人大制定的法律的基本原则相抵触的情况下，对全国人大制定的法律进行部分补充和修改。对于中国立法实践中，全国人大常委会对全国人大立法权的分享的政治特征，杨凤春认为，“从技术的层面说，大大加快了中国立法工作的进程”。“同时全国人大对立法权的过分让渡，也使全国人大

① ［英］洛克著，叶启芳译：《政府论》（下），商务印书馆 1964 年版，第 89 页。

② ［奥］凯尔森著，沈宗灵译：《法与国家的一般理论》，中国大百科全书出版社 1996 年版，第 300 页。

作为国家最高立法机关的地位和功能受到削弱。”①

行政权主要由最高行政机关的国务院和各级地方人民政府来行使。行政权实际上是一种执行权。卢梭认为：“政府就是在臣民与主权者之间所建立的一个中间体，以便两者得以互相适合，它负责执行法律并维护社会的以及政治的自由。”② 因此，政府就是对行政权力的合法运用。根据现行宪法规定，国务院是我国中央人民政府，是最高行政机关，是国家权力机关的执行机关，也是当代中国政治权力结构中的主要执行部分。国务院行使最高的行政权，对国务院各个机构和地方各级政府拥有行政管理权和领导权，它通过行政执法活动，通过管理经济和社会事务，以及通过对从中央到地方的多层次的行政行为，来保证国家法令的执行和畅通。而地方各级人民政府是地方各级国家权力机关的执行机关，是地方各级国家行政机关，它们在国务院和上级行政机关的领导下，执行本级人大和人大常委会的决议和上级行政机关的决定和命令。

司法是对国家法律的适用，司法权是运用国家法律来处理诉讼案件或非诉讼案件并作出判决的权力。就对法律的执行而言，司法权和行政权的职能实际上是一样的，近代法国政治思想家孟德斯鸠认为，每一个国家有三种权力，即立法权力；有关国际法事项的行政权力；有关民政法规事项的行政权力。“依据第三种权力，他们惩罚犯罪或裁决私人讼争。我们将后者称为司法权力，而第二种权力则简称为国家的行政权力。”③ 从孟德斯鸠的论述可以看出，司法权实际上是一种行政权力。西方著名法学家凯尔森也曾精辟地指出“一般法律由行政权和司法权同样执行；区别仅仅在于：在一种情况下，一般规范

---

① 杨凤春：《中国政府概要》，北京大学出版社 2002 年版，第 156 页。

② ［法］卢梭著，李平沤译：《社会契约论》，商务印书馆 2003 年版，第 72 页。

③ ［法］孟德斯鸠著，张雁深译：《论法的精神》（上），商务印书馆 1963 年版，第 155 页。

的执行托付给法院；而在另一种场合下，则托付给所谓执行或行政机关”。① 所以，从这个意义上讲，西方国家所实行的三权分立实际上就是法律的创造与适用的区别。就当代中国而言，司法权的主体除了人民法院和检察院外，还包括国家立法机关、行政机关以及其他司法组织，司法机关也并不是仅仅指法院和检察院，还包括公安机关、中央和地方各级党委的政法委员会、司法行政机关等。因此，严格地讲，人民法院和人民检察院只是行使国家审判权和法律监督权的司法机关，但也应该指出，国家审判权和法律监督权是现代司法权的主体部分和主要体现。所以，一般而言，在当代中国，我们认为司法权主要由人民法院和人民检察院来行使。

政治协商制度是当代中国的一项基本政治制度，它是指在中国共产党的领导下，各政党、人民团体和社会各界代表，以人民政协为组织形式，来进行政治参与，并实施民主监督。人民政协的政治协商制度是中国共产党领导的多党合作的重要体现，是中国共产党进行民主决策，提高执政能力的重要途径。政治协商制度自建立以来，对促进社会主义革命和现代化建设、发展社会主义民主政治，作出了重大贡献。在新世纪新阶段，人民政协的参政议政和民主监督的功能需要进一步加强。2006 年 2 月 8 日，中共中央颁发了《中共中央关于加强人民政协工作的意见》（以下简称《意见》）《意见》是指导新世纪人民政协工作的纲领性文件，标志着人民政协事业的发展到了一个新的阶段。《意见》对人民政协的参政议政和民主监督的重要性、内容、形式作出了新的规定。人民政协的政治参与和民主监督权，能够为社会政治精英提供发挥政治智慧的制度化通道，为中国共产党的政治决策提供服务。

政治权力的纵向配置主要是在中央与地方之间，具有明显的层次性。处于最底层的是基层政治权力，它是政治权力的末梢，直接作用和面对民众，把政治权力的影响渗透到草根社会。其次是中间层次的

① ［奥］凯尔森著，沈宗灵译：《法与国家的一般理论》，中国大百科全书出版社 1996 年版，第 284 页。

公共权力，由地方部门来掌握和行使。处于最高端的是国家政治权力，是对整个社会管理和协调的最强大的公共权力。从静态的制度化结构层面来看，政治权力的纵向配置又体现为中国中央与地方政治权力机关基本上存在着的纵向对应关系，即中国共产党中央委员会与地方党委，最高立法机关全国人民代表大会与地方各级人民代表大会，最高国家行政机关与地方国家行政机关，最高人民法院、最高人民检察院与地方人民法院与检察院之间存在着一一对应关系。并且对于中央与地方权力机关的政治关系，法律和组织制度有明确的相应规定，如：根据中国共产党的党章，党的下级组织服从上级组织，全党各个组织服从党的中央委员会；国务院与地方各级人民政府之间是一种行政领导关系，全国地方各级人民政府都是国务院统一领导下的国家行政机关。

综上所述，我们可以把当代中国政治权力的配置结构概括为：中国共产党执政实行领导权，人大实行立法权，“一府两院”实行具体的操作权，在民主集中制的原则上形成立体式结构，既有横向的权力的分立，又有纵向的权力分层，既有权力的统一完整，又有权力的分工制约，从而构成了具有中国特色的政治权力体系。

（四）当前中国政治权力配置的特点

第一，就当前政治权力主体之间的相互关系来看，政治权力的配置具有派生性和制约性。一方面，我国现行宪法规定，我国的一切权力属于人民，人民行使权力的机关是全国人民代表大会和地方各级人民代表大会，因此，全国人民代表大会是代表人民行使最高权力的机关。现行宪法还规定，由全国人民代表大会产生国家行政机关、审判机关和检察机关以及军事机关。这就表明行政权、审判权、检察权以及军事权都是从最高权力生发出来的。实际上就是说，由人民的权力产生国家最高权力，由国家最高权力又派生出其他政治权力，这样政治权力的产生呈现一定的层次性。另一方面，政治权力配置还具有制约性。中国共产党的领导权、人民代表大会的立法权、人民政府的行政权、人民法院和人民检察院的司法权是相互制约、相互监督的。中国共产党的领导权在实际的政治生活中居于政治权力的核心，但这并不意味着党行使领导权不受任何约束，党的领导的依据是宪法和法律，因此，党必须在宪法和法律的范围内活动。人大监督行政、法院、检察院机关的工作，“一府两院”由人大产生，并且向人大负责和报告工作。但人大也要接受党的领导，人大的立法工作必须体现党和人民的意志，人民政协的参政与监督在一定程度上既是政治系统政治支持的重要来源，它有助于反映社会团体和人民群众关于立法的意向，同时，又从侧面对其他政治权力主体形成一定的压力。

第二，从政治权力配置的方法来看，实行政治权力的法内配置与法外配置相结合。① 从法理上讲，我国的政治权力体系是通过人民代表大会制度体现的。从人民代表大会制度可以看出，国家权力来源于人民，人民将国家权力通过直接或间接的方式授予各级权力机构——各级人民代表大会，各级人民代表大会再组织行政机关和人民法院、人民检察院等机关，来具体行使政治权力。但从实践来看，由于中国共产党在中国特殊的政治和法律地位，政治权力的配置又形成执政党权力体系，具体体现为执政党从中央到地方形成一个严密的组织体系，通过行使对其他机关的领导权来推动政治权力的运行。这样，在人民代表大会制度之外，还存在一个独立地行使领导权的执政党政治体系，人民代表大会制度的政治权力配置有宪法和法律的明确规定，而执政党权力体系的配置，更多的是依靠传统和惯例。因此，人民代表大会制度的政治权力配置是法内配置，执政党权力体系的配置是法外配置，法内配置与法外配置的结合形成中国政治权力配置的二元结构（见图 3-1）。

第三，从政治权力配置的原则来看，当代中国政治权力的配置是

① 法内配置与法外配置相结合的观点得益于浦兴祖对“法内制度“与”法外制度“的阐述与分析，具体参见：浦兴祖主编：《中华人民共和国政治制度》，上海人民出版社 1999 年版，第 7 页。

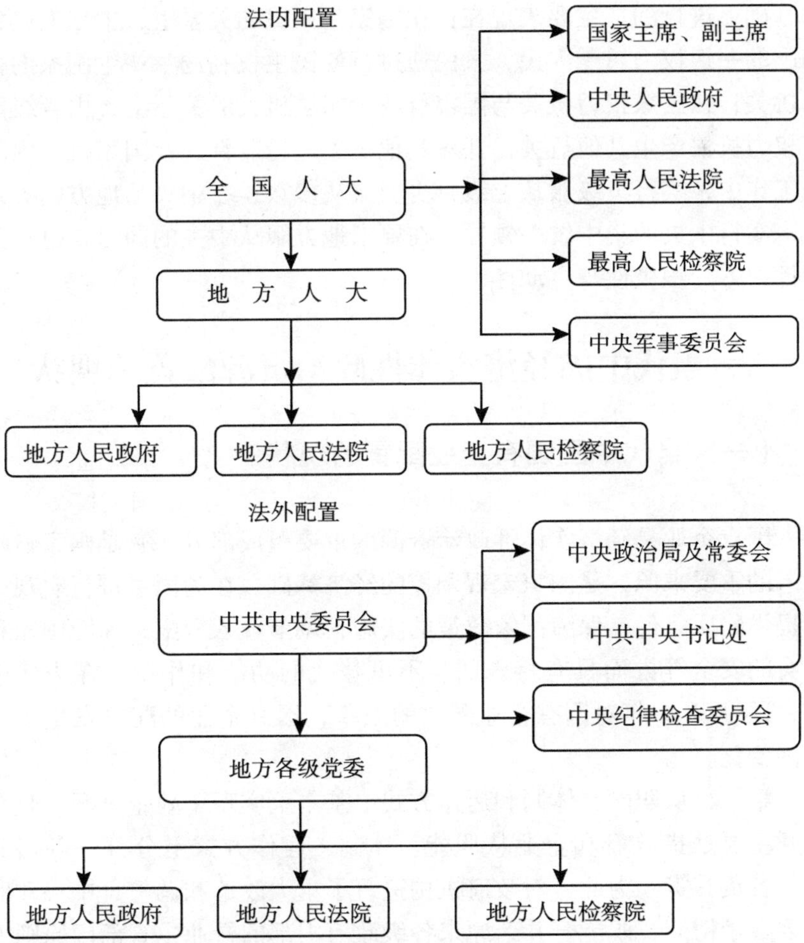

图 3-1　中国政治权力配置的二元结构

建立在民主集中制的原则之上的。如前所述，议行合一原则是无产阶级政权的组织原则，而在我国，议行合一原则主要是以民主集中制原则的形式表现出来。中国现行宪法第三条规定：“中华人民共和国的国家机构实行民主集中制原则。”因此，民主集中制是当代中国国家政权的组织原则，它是执政的中国共产党的组织原则在国家政治权力配置中的运用，当代中国政治权力的配置就是在遵循民主集中制原则的基础上进行的。主要表现在：在国家与人民的关系上，中华人民共和国的一切权力属于人民，人民通过行使民主权利选举产生国家的权力机关；在国家权力机关与国家行政、司法机关的关系上，由各级国家权力机关产生其他机关，并对其他机关进行监督；在国家机关内部的工作中，实行下级服从上级，少数服从多数；在中央与地方的关系上，实行中央的集中统一领导，在要求地方服从中央的同时，也充分发挥地方的积极性与主动性。

二、当代中国经济实体性政治资源配置的现状

（一）当代中国国有企业配置的现状

国有企业是经济实体性政治资源的重要组成部分，它是国家财政收入的重要来源，是国家宏观调控的经济基础，在为国家进行宏观调控提供物质条件，保障国家政策的实施，调节收入分配，保障国家和社会的安全等方面具有特殊的、不可替代的功能和作用。在当代中国，通过20多年对国有企业配置的改革，国有企业的配置发生了很大的变化。

第一，从职能、体制和运作方式上基本上实现了政企分开。政企分开主要是指政府和企业从职能、体制、运作方式上分开，各司其职、各负其责。为此，对政府机构进行了重大改革和调整，中央政府部委数量精简、职能合并，原来各级政府内部的行业主管部门原则上不再直接管理和干预企业的生产和经营活动，而是从宏观上管理社会经济，对国有企业的具体配置方式表现为间接、宏观、程序、信息式管理。政府对企业的直接控制和干预也越来越少，国家对国有企业的配置更多的是借助信息、法律监督等手段来完成。

第二，实行公司制，在国有企业初步建立法人治理结构。到2002年年底，全国4350家国有大中型骨干企业已有3468家完成了

公司制改革，改制面达 80% 左右，① 在推进公司制的过程中，国有企业按照《公司法》的规定设立了股东大会、董事会、监事会和管理层，企业法人治理结构基本形成。相当一批企业通过深化内部改革和加强现代企业管理，已经按照规范的公司制来运行。

第三，初步建立新的国有资产管理体系，确立新的监管理念。2003 年，中央政府和地方政府相继成立了国有资产监督管理委员会，国有资产监督管理委员会依照《中华人民共和国公司法》等法律和行政法，代表国家履行出资人职责，对所监管企业国有资产的保值增值进行监督，加强国有资产的管理工作。具体分工是，关系国民经济命脉和国家安全的大型国有企业，由中央政府、其他国有资产由地方政府代表国家履行出资人职责。与此同时，关于国有资产监管的法律法规相继颁布实施，2003 年颁布《国有资产监管条例》，2009 年颁布《企业国有资产法》，上述法律法规的颁布为加强国有资产监管提供了主要依据。在具体的监管过程中，仅在 2002 年，中央政府就陆续向 182 户国有企业和一批银行、保险公司派出了监事会主席和监事，通过稽查特派员和委派会计来监督企业。十八大以后，新的监管理念开始确立，希望通过国有资本的形式进一步激活和提升国有企业的竞争力。十八届三中全会《全面深化改革若干重大问题的决定》指出：完善国有资产管理体制，以管理资本为主加强国有资产监管，改革国有资本授权经营体制，组建若干国有资本运营公司，支持有条件的国有企业改组为国有资本投资公司，这意味着国资国企监管理念出现重大转变，"'国有资本'概念的提出，意味着国资委将少管企业，更加关注资本的效率与回报率，而非资产规模"。②

第四，国有经济在整个国民经济中的比重将有所下降，但布局趋于合理。经过多年的改革，国有经济在整个国民经济中的比重有所下降，到 2009 年，规模以上工业企业中国有及国有控股企业的产出比

---

① 《中国企业管理年鉴》（2004 卷），企业管理出版社 2004 年版，第 173 页。

② 李彬：《国企改革再出发》，《人民政协报》，2013 年 12 月 31 日第 8 版。

已经下降到27%。按资产比计算，国有及国有控股工业企业在规模以上工业企业总资产中的比重，从1998年的68.9%下降到2008年的43.8%①，但国有经济的布局得到较大改善，逐渐合理化。国有资本主要集中在石油、国防、电力、冶金、铁路等涉及国计民生的关键领域，目前中央企业80%以上的资产集中在国防、能源、通信、冶金、机械等行业，承担着我国近全部的原油、天然气和乙烯生产，提供了所有的基础电信服务，发电量占全国的50%以上，生产了全国超过60%的高附加值钢材、70%的水电设备、75%的火电设备。② 一般具有市场竞争性的领域如工业加工、电子等领域，国有企业的规模逐渐减小，允许非国有资本逐渐增多，许多小型国有企业实行改制或转产，有的成为非国有企业。通过改革和调整布局，国有企业更加注重对公共服务的贡献，强调国有资本经营的国家战略和社会责任。

（二）当代中国财政资源配置的现状

1. 当前中国财政资源配置的领域

国家财政资源的配置是政治资源配置的一个重要方面，它反映出国家财政在各个不同部门或不同领域中的数量的配比和组合，也就是财政资源如何在各个不同部门分配才能使社会福利最大化。因此，财政资源的配置主要集中在财政的支出上，它是以国家为主体提供公共服务的分配活动或经济活动。西方经济学家认为，国家财政的主要目的是弥补市场失灵，实现政府的职能。国家财政的主体是国家，国家财政配置的范围应仅限于市场机制无法作用到的国防、司法、公共工程、公共机关等方面，即国家财政的发展目标应该是公共财政。但不

① 荣兆梓：《国有企业改革：成就与问题》，《经济学家》，2012年第4期。

② 北京市中国特色社会主义理论体系研究中心：《国企改革的成就与经验》，《经济日报》，2013年5月30日第14版。

同国家、不同的经济体制和生产力发展水平，财政资源的配置范围是不同的。

就中国而言，在传统计划经济模式下，社会经济成分是单一的公有制，形成国家所有、国家投资、国家生产、国家分配这样的生产生活链条，国家财政覆盖一切，企业财务是国家财政的基层环节，国家财政统包社会家庭成员的生老病死。改革开放以来，财政体制的改革已经使财政资源的配置范围发生了许多变化，突破了传统的、偏重于经济建设，迈出了向公共服务和宏观调控为主要内容的新模式转化的步伐，但目前的国家财政还不是西方意义上的公共财政。根据中国财政配置的实际情况，现阶段中国财政资源配置的领域主要是四个方面：

第一，政权建设领域。各级国家权力机关、国家行政机关、国家司法机关和国家暴力机关等国家机器的基本组成部门，这些部门主要履行社会和政治管理、保障国家安全等，而它们又都不是生产性部门，所以其履行职能的资金是由国家财政来供给的。同时，由于中国政治制度的性质和特点，依法成立的政党组织、政协机构和部分人民团体、社会团体也是财政资源配置的覆盖领域。

第二，事业发展领域。主要包括提供纯公共产品的事业单位，如基础研究单位。卫生防疫单位、公共图书馆、文物保护单位等；准公共产品的事业单位，如高校、应用基础研究单位等。

第三，公共投资领域。主要包括：对公共基础设施、环境保护的投资；对关系国计民生的重要经济领域的投资；对风险产业、自然垄断行业的投资。

第四，再分配性转移支出领域，主要体现在为了保护社会公平、调节人们收入差距而进行的社会保险、社会福利和社会保障以及为了缩小地区发展差距而对经济落后地区的财政转移等活动领域。

2. 当前中国国家财政资源配置的结构

在实践中人们从不同的视角来观察财政资源的配置，因而往往呈现出不同的财政资源配置的结构类型。就当代中国财政资源配置的实际情况来看，2007 年后，国家财政支出项目发生了变化，按照财政配置的用途，当代中国财政资源的配置主要分为一般公共服务支出等 17 类；按照政府职能分类，财政配置横向划分为 5 类：经济建设费、社会文教费、国防费、行政管理费、其他费用。按照上述的分类标准，财政资源配置的对象是一种横向并列关系，所以，我们称之为横向配置结构。

在现代社会中，对财政资源的需要是有层次的，既有整体的需要，又有区域性的需要。在当代中国，行政体制的纵向配置是中央政府与地方政府的关系，所以，按照行政结构对财政资源配置进行分类，可分为中央政府与地方政府财政资源配置，它反映了中央与地方在财政资源配置中的地位和相互关系。我们把按照行政结构对财政资源配置进行的分类称为纵向的配置结构。

3. 当前中国财政资源配置的特点

第一，财政支出总量不足与资源浪费并存。目前从总体上讲，中国财政资源的总量还是匮乏的，财政支出的职能非常弱化，在很多时候难以保障社会公共性开支的需求，严重制约和影响了政府职能的发挥。但在财政支出总量不足的情况下，财政资源的配置过程中存在着严重的浪费现象。由于财政管理落后、财经纪律的松弛，公款吃喝屡禁不止、一些政府部门竞相挥霍资金。每年“三公”消费高达 9000 亿元之巨，大量财政资金被严重浪费。与高额的三公经费对比，仍有大量的社会贫困群体需要一定的救济和帮助，这些铺张浪费耗费的都是巨量公共财富，它严重妨碍了民生问题的解决。

第二，从财政资源配置的领域看，财政资源的配置存在着泛化现象。财政资源的总量无论达到什么样的规模，其配置的领域与范围不可能是无限的，应有一个明确的配置边界。从当前中国财政资源配置的领域来看，虽然，改革开放以来财政统收的局面被打破，但国家大包大揽的财政统支的局面依然存在，财政资源配置的范围与责任没有进行真正地调整，许多应由市场提供的商品和由社会负担的支出仍然由国家财政来解决。由于社会保障机制还没有真正建立起来，从政治稳定的大局出发，国有企业的亏损仍然是国家财政支出的重要部分。在市场化改革中，中国相当比重的事业单位已经走向市场，但其财政供应的经费并没有削减或停止供应，国家财政仍然以“明补”或“暗补”的形式保留对它们的财政照顾，由于财政配置领域的过于宽泛，加剧了国家财政资源的紧张局面。

第三，从财政资源配置的格局来看，财政资源配置中的“缺位”矛盾比较突出。当前中国的财政资源配置，一方面存在着财政包揽过多的泛化现象，即所谓的财政配置的“越位”；另一方面还面临着“缺位”的矛盾，这主要是指应由政府承担的社会公共事务，由于财政资源的紧张，并没有完全承担起来，这样，国家财政的配置与中国市场化实际进程相背离，势必影响政府职能的正常发挥。比较典型的是国家财政用于教育和社会保障的支出相对较低。在当代西方国家的公共财政支出中，教育经费是公共财政资源确保的一个重点。虽然，近年来，中国国家财政用于教育的经费有所增长，但教育经费占 GDP 的比重仍然很低，远远满足不了现实社会教育发展的需求。另外，随着中国市场经济体制的建立，市场化进程的加速，建立一个较为完善的社会保障体系，对于政治稳定和社会发展尤为迫切和重要。但从当前财政资源配置的现实看，对于社会养老保险、失业保险等关系社会稳定大局的项目，还没有在财政资源的配置中得到足够的重视，国家财政在公共服务领域还需加强。

第四，财政资源的配置缺乏民主监督机制和统一的配置规则。当代中国财政资源配置的缺陷与不足是与财政资源配置中民主监督机制的缺失紧密联系的，我国各种财政资金配置的任意性与不规范，财政资金的浪费以及由此滋生的腐败，归根到底是财政配置的主体——政府对资源的配置权往往不能受到真正有效的制约。由于中国现代化的特殊性，政府是现代化的发动者和推动者，资源的配置往往缺乏一个统一的规则，政府的需要就是最高的规则，它往往决定了资源配置的方向。财政资源的配置也是这样。长期以来，我国的财政预算主要是根据政府的政治、经济、社会职能和所要达到的调控目标编制出来的。国家财政预算是由中央政府编制，经由全国人大批准的，相应地，地方政府和地方人大分别掌握财政预算的编制和批准权。由于预算编制的结果过于抽象，提交到人民代表大会审议的财政预算比较简单，影响了预算的透明度和严肃性，这在一定程度上弱化了人民代表审议和监督的作用。另外，虽然当代中国的财政资源分配的决定权在法理上是由人大掌握的，但由于人大在实际的政治生活中，还没有充分发挥其应有的政治功能，所以，政府的财政预算案和财政决算报告在人大的表决往往能够顺利通过。

三、当代中国意识形态配置的现状

（一）当前中国意识形态配置的结构

意识形态的配置往往形成不同的结构。意识形态的配置结构主要是指意识形态之间的关系和组合状况。就单个的意识形态本身而言，意识形态的配置结构往往是指意识形态的内部结构。一般而言，意识形态的内部结构可划分为价值理想、理论学说、政策主张三个层次。① 在这三要素中，价值理想是意识形态的灵魂和核心，理论学说与政策主张最终都是为价值理想服务的，只有价值理想才是区分不同意识形态的根本。价值理想、理论学说、政策主张三个层次的不同关联、排列组合就形成了不同的结构。在众多可能的关联中有两种基本的结构形式，“一种是三个层次重叠，处于合一状态，即理论学说以政策主张的形式出现，同时也成为完整的价值理想的表述形式，具体的政策以及具体的理论观点成为意识形态的核心而与价值理想重合。这种类型的结构具有集中性、单一性、排他性、教条性等特点”。②

① 韩源：《论马克思主义意识形态的结构转型》，《党政论坛》，2005 年第 8 期，第 7 页。

② 韩源：《论马克思主义意识形态的结构转型》，《党政论坛》，2005 年第 8 期，第 8 页。

另外一种是实现理论学说、价值理想、政策主张的合理分离，使其各归其位，并在各自的领域按自身特点与规律发展的基础上保持统一性，这样形成的配置结构具有开放性、包容性等特点，意识形态的发展也具有灵活性。

就当代中国意识形态配置来看，改革开放前后形成了两种结构不同的意识形态体系。改革开放之前，意识形态结构三要素的合一，即社会主义的价值理想、理论学说以及政策主张高度合一，社会主义意识形态的配置结构呈现“刚性”，理论学说和价值理想的重叠，其结果是泛政治化，社会往往把本属理论学说领域的正常的学术争论当作意识形态的斗争，最终导致意识形态泛化，政治斗争不断。改革开放以来，社会主义意识形态结构转型的一个重要特点是，社会主义意识形态结构三要素的分离，正确区分了核心价值体系、学术理论以及社会思潮、政策讨论之间的界限，形成了较为合理、科学的意识形态结构。

当前的意识形态的配置在结构上体现了主导性与多样性并存。任何社会的意识形态都不是单一的，意识形态的多样性是客观的。从世界范围看，存在着资本主义、社会主义、封建主义等意识形态。同时，意识形态的主导性也是客观的。任何一个国家、一个民族都有一个占主导地位的思想意识，这是由国家性质所决定的，也可以说是由统治阶级的意志所决定的。统治阶级为了维护其统治地位和利益，往往通过经济上的统治地位使本阶级的意识形态成为社会主流的意识形态，使社会普遍认同统治阶级的思想。从当代中国的范围考察，以马克思主义为指导的社会主义意识形态居于核心地位并起主导作用，它整合各种思想意识的发展趋势，是动员、号召和聚集民族凝聚力、向心力，增强民族自信心、自豪感的精神支柱，是维护和巩固社会主义基本政治经济制度的精神力量。社会主义意识形态存在的经济根源是以公有制为主体，多种所有制经济共同发展的基本经济制度，而中国共产党领导的、人民民主专政的国家制度是社会主义意识形态存在的政治根源。另外，社会主义社会还存在并起着相当大影响作用的处于非主导地位的多种意识形态。① 它们有些是不同意识形态的边缘契合，有些是非社会主义的甚至背离社会主义的意识形态。其中包括各种各样的西方自由主义思想，资产阶级的拜金主义、封建思想的残余以及各种宗教思想、哲学思想等，这些非主流的意识形态以各种方式和渠道在社会中传播和留存，影响着人们的道德观念和信念理想，使意识形态领域呈现出不同程度差距的多样性。而且，随着社会现代化进程的推进，多样性的非主流意识形态还有可能增多。社会意识形态的多样性是我国思想领域不容忽视的客观现实，实际上，改革开放以来，中国思想界实际上存在着三种具有张力关系性质的文化资源：其一是占主导地位的马列主义以及作为马克思主义中国化的成果；其二是随着中国发展和崛起而逐渐复苏的中国传统文化中的一系列思想资源；其三是改革开放后在中国思想界产生一定影响力的西方文化资源。② 社会意识形态的多样性是我国多种经济成分并存的必然结果，也是我国社会阶层变化、人们现实思想文化水准差异的必然反映。

当前的社会主义意识形态的配置结构具有动态的稳定性。改革开放之后，中国共产党正确地分析了国情，不断适应时代的发展，先后提出了社会主义初级阶段理论、建设有中国特色的社会主义理论和社会主义市场经济理论以及科学发展观。社会主义的理论学说得到不断发展，从这个方面讲，当代中国主流意识形态一直处于动态的发展之中。但另一方面，社会主义意识形态的价值理想始终定位于马克思主义，马克思主义始终是社会主义意识形态的灵魂和核心，始终是社会主义理论创新、制度设计、政策实施以及舆论导向的出发点、指导原则和归宿。以马克思主义的基本观点和基本方法为指导，兼收并蓄中国本土文化思想文化资源以及当代西方文化精华，成为当代中国意识

① 需要说明的是，社会主义社会的意识形态与社会主义的意识形态是两个不同的概念，前者指社会意识形态的总和，后者指主导意识形态。参见王邦佐等编著：《中国政党制度的生态分析》，上海人民出版社 2000 年版，第 244 页。

② 林尚立等著：《政治建设与国家成长》，中国大百科全书出版社 2008 年版，第 256 页。

形态发展的基本思路和基本格局。从上述意义上讲，我们认为，当代社会主义意识形态的配置结构既是动态发展的，又在核心的价值理念上保持了稳定性。

（二）当前中国意识形态配置的特点

第一，意识形态的配置是当前政治资源配置领域的重心。当前，国家对政治资源的配置的重点由以前的物质性政治资源的配置转向以意识形态为主的规范性政治资源。在计划经济体制下，国家与社会高度统一，政治经济一体，国家政治功能的发挥主要依靠经济体系的运转，国家通过对物质性资源的配置来整合社会。而进入市场经济模式后，国家逐渐从物质性资源的配置领域中退出，在农村，随着人民公社体制的解体，国家开始逐步退出对农业生产的直接组织活动，在城市，最典型的表现就是国有企业的市场化改革。国家逐渐把配置的重点转向规范性政治资源的管理。“从对物质资源的直接管理到非直接管理，从以管理物质资源为主到管理非物质资源为主，是政治体系在市场经济条件下发生的重要的变革。”①随着市场化进程的加速，国家的社会职能的不断增强，以意识形态为主的规范性政治资源的政治整合作用越来越明显，在政治资源配置中的重要性逐渐增强。在2013年全国宣传工作会议上，中共中央总书记习近平强调，意识形态工作是党的一项极端重要的工作，要巩固马克思主义在意识形态领域的指导地位，巩固全党全国人民团结奋斗的共同思想基础。

第二，主流意识形态的继承性与创新性的统一。当代中国社会主义意识形态秉承的思想资源，一方面是社会主义社会内在固有的意识形态内容，体现社会主义的方向性和共产主义的目标理想；另一方面它又体现着社会主义意识形态的中国特色，在时空维度上继承与延伸着中国历史的文化资源，反映着中国社会主义发展的连续性。自马克

① 王沪宁：《新政治功能：体制供给和秩序供给》，《上海社会科学院学术季刊》，1994年第2期，第71页。

思主义在中国的土地上生根以来，相继产生了马克思主义中国化的两大理论成果：毛泽东思想和中国特色社会主义理论体系。毛泽东思想和中国特色社会主义理论体系，既是一脉相承的社会主义意识形态，又是社会主义意识形态的创新与发展。正是在继承与创新相统一的进程中，社会主义的意识形态不断获得新的发展要素，展现新的活力，并作为一个历史环节构成社会主义意识形态发展链的阶段价值序列，不断充实与丰富社会主义意识形态的崭新内容。我国主流意识形态的传承与创新，是由我国社会主义的国体性质所决定的。只有实现马克思主义在中国意识形态主流上的不间断传承与创新，才能保持中国意识形态发展的社会主义性质。

第三，政治社会化方法的多样化。政治社会化是政治文化的传承过程，政治社会化的主要任务是使社会成员接受主流的意识形态，塑造社会成员的政治心理与政治意识。改革开放之前，中国政治社会化主要是通过政治运动的方式来进行的，来灌输社会主义的意识形态，促进目标的实现，只不过政治运动在各个时期轻重程度不同。中华人民共和国成立初期至1957年的意识形态领域的政治运动是在一定范围和一定规模下进行的，并没有带来很大的负面影响，但1957年后，随着意识形态领域反右斗争扩大化，政治运动的规模和频率加大。20世纪50年代后期开始的社会主义教育运动，采取了大规模的群众运动方式，“群众运动是政治生活的焦点和大部分范围广泛的政治活动的中介，它将全体人民都卷入该制度所创造的整个政治环境，它在这方面的事情比任何其他机制都要多。群众运动或许提高了政治在全体人民中的突出地位，在许多人中（至少有一例）激发了集体行动的热情，并使相当数量的人成为真正的积极分子。然而，由于群众运动常常带有过分的要求和政治威胁的性质，其负面影响也很大。”① 连绵不断的政治运动到“文革”时达到了高潮和极端，这种方式使意识形态的范围达到了前所未有的地步，意识形态的功能被提升到极

① ［美］詹姆斯·R. 汤森、布兰特利·沃马克著，顾速译：《中国政治》，江苏人民出版社2003年版，第158～159页。

致，从而也带来了惨痛的教训。改革开放以来，意识形态的配置改变了过去那种单纯的政治运动的方式，意识形态的政治化色彩日趋淡薄，社会主义意识形态教育的方法与途径也走向多样化。首先，采取灌输与疏导相结合，重在疏导，不再单纯地从政治的角度来考虑现实中人们存在的思想状况，而是注重通过细致的思想政治工作，来解决人们思想中的困惑和错误的认识，把解决思想问题与解决实际问题统一起来，有针对性地解决不同社会群体的思想问题，及时排解人们的思想情绪，排除人们的心理障碍，并为人们的言行施以正确的导向。其次，正面引导与合理批判相结合。在改革和建设时期，社会主要矛盾是人们内部矛盾而不是敌我矛盾，社会的主流是团结安定，繁荣发展，意识形态教育更多的是采取正面引导的方法，注意考虑与社会实践领域保持有效互动，力避意识形态的疏离，对于错误的思想和思潮，坚持合理批判的原则。再次，在意识形态的政治社会化上，更注重制度建设。为了在全社会形成长期稳定的政治信念，当前的政治社会化更注重加强制度建设，建立严格的约束机制，使意识形态工作的各项合理制度成为人们共同遵守的行为规范，使意识形态工作有法可依，有章可循。

四、当代中国政治权利配置的现状

（一）政治权利配置的结构

一般而言，政治权利配置的结构，往往是指公民政治权利体系的组成要素及其相互关系。从现行宪法对公民政治权利的规定来看，公共事务决定权、政治监督权、政治行动权三者的有机组合构成了当代中国公民的政治权利体系。就公共事务决定权而言，它是公民政治权利体系中基本的和主要的部分，主要体现为：当代中国公民的选举权，如选择公共权力的行使者；决定当代中国利益和资源分配的权利，它往往由公民集体行使，如由人大代表组成的全国人民代表大会有权决定战争与和平、批准国民经济与社会发展计划等。就公民的政治监督权而言，它主要是指公民对现实中政治主体的政治行为可以进行必要的监督，以提高政治行为的透明度，避免政治主体对政治客体和公共利益的侵害，政治监督权具体体现为公民有向国家机关及其公职人员批评、建议、申诉、控告、检举等权利。我国现行宪法第四十一条明确规定："中华人民共和国公民对于任何国家机关和国家工作人员，有提出批评和建议的权利；对于任何国家机关和国家国家工作人员的违法失职行为，有向有关国家机关提出申诉、控告或者检举的权利，但是不得捏造或者歪曲事实进行诬告陷害。"在公民政治权利结构体系中，公民的政治行动权往往是公共事务决定权、政治监督权的补充和辅助形式。当代中国公民的政治行动权具体体现为：人身自由不受侵犯，政治结社权、游行示威权等。我国现行宪法第三十五条明确规定："中华人民共和国公民有言论、出版、集会、结社、游行、示威的自由。"总之，从结构上看，公民政治权利的各具体要素在公民权利体系中担负着不同的功能，处于不同的地位，从而构成了以公共事务决定权和政治监督为核心，以政治行动权为补充的有机统一的权利体系。

（二）当前中国政治权利配置的特点

第一，从政治权利配置的理念来看，当代中国政治权利的配置是人民主权政治理念的具体体现。政治权利是一个历史范畴，不同的国家、不同的历史发展阶段，政治权利的内容不同。例如：在原始社会后期，政治权利的配置更多的是依据道德习俗来确定的，并且社会成员的政治权利与政治义务是完全融合的；而在进入阶级社会之后，政治权利开始与政治义务相分离，社会成员政治权利的配置开始出现较大的差异与不平等。而社会主义国家本质上是人民当家做主的国家，社会主义国家公民的政治权利是广大人民实现自身利益的政治手段，因此，在政治权利的配置上具有时代的进步性。当代中国是社会主义的国家，社会主义基本经济制度的建立，使人民真正获得了政治平等。人民主权是社会主义民主的本质体现，但人民主权这一抽象的政治价值的实现，必须要以具体的政治设计来体现和使之具体化。正是通过对社会成员政治权利的规范与配置，广大人民才能够真正行使具体的政治权利，在社会主义民主政治中，体现主人翁的政治地位与价值。

第二，从政治权利配置的内容来看，当代中国政治权利的配置具有广泛性与真实性。就广泛性来说，它首先是指政治权利主体的广泛性，即享有政治权利的主体，不是少数人，也不是某个阶层的一部分人，而是除了被剥夺公民权利的绝大多数人。这就是说，每个公民都享有法律赋予的政治民主权利。这一点，全国人民代表大会人大代表的组成提供了明显的佐证。以十二届全国人大为例，十二届全国人大代表来自一线的工人、农民代表有401名，占代表总数的13.42%；专业技术人员代表有610名，占代表总数的20.42%，党政领导干部代表有1042名，占代表总数的34.88%。少数民族代表有409名，占代表总数的13.69%。十二届全国人大代表中有妇女代表699名，占代表总数的23.4%，比十一届提高了2.07个百分点。① 正因为如此，国家的重大事务和重大问题，人民能够了解和讨论；国家的重大政治决策和举措，人民可以参与和监督。其次，政治权利的配置的广泛性还体现在人民享有的政治权利具有广泛的内容。根据现行宪法和相关的法律法规，当代中国公民的政治权利涉及政治生活的各个方面，为公民提供了行使当家做主权利的广阔领域。就真实性而言，现有政治权利的配置具有强烈的现实性，政治权利的配置不仅仅意味着公民在形式上有可能行使和享受某些权利，而且意味着政治权利的实现是建立在一定的经济基础、政治基础和法律保障之上的。我国人民的政治参与和政治权利的行使，无论是对社会团体还是对单个公民，国家都提供必要的法律保障和经济条件，并通过各种组织渠道，为广大人民参与政治服务，这就使得广大人民不受金钱条件的限制，广泛地、自

① 霍小光、赵超、崔清新：《肩负起人民的重托——十二届全国人大代表构成特色分析》，http：//news.xinhuanet.com/politics/2013-02/27/c_114822744.htm。

由地参与政治。

第三，在政治权利配置的环节上，强调政治权利与义务的一致性。我国现行宪法第三十三条明确规定：“任何公民享有宪法和法律规定的权利，同时必须履行宪法和法律规定的义务。”权利与义务是相对应而存在的，若无相应的义务，也就不可能享有权利。因此，“权利之设有赖义务之设。在权利和义务相对应的关系里缺乏任何一个环节，就会影响对权利的享用”。① 在当代中国，现行宪法在保障公民与社会享有政治权利的同时，也强调任何公民同时必须履行宪法和法律规定的义务。不能只享有权利而不履行义务，也不是只履行义务而不享有权利，而是要把权利与义务有效地结合起来。不管是享有政治权利，还是履行相应的义务，其目的都是一致的，都是为了发展社会主义民主政治，使物质文明、精神文明和政治文明协调起来，实现社会的全面进步。再者，权利和义务的一致性还体现在它们的相互促进、相互制约上。政治义务是实现政治权利的基础，政治权利则是履行政治义务的前提，公民在享有更多的政治权利的同时，实际上意味着他要承担更多的责任与义务。否定或不履行义务实际上就是对权利的侵害。

第四，在政治权利配置的关系上，强调政治权利的配置与其他权利配置的协调性。首先，强调公民政治权利和经济、社会、文化权利的相互依存、相互促进。公民政治权利是公民享有人格尊严和实现多方面人权的基本保证。没有公民政治权利，公民在其国家内就没有做人的基本地位，也就没有资格自由平等地享受到经济、社会、文化等方面的权利。而经济、社会和文化权利是对公民物质生活、社会生活和文化生活的保障，是公民创造和享受物质文化成果的基本条件。如果公民不能享受这些权利，所谓的公民政治权利也就失去了基础。因而，公民政治权利和经济、社会、文化权利同等重要，只有经济、社会、文化权利与公民政治权利全面协调发展，才符合社会发展规律的

① 夏勇：《中国民权哲学》，生活·读书·新知三联书店 2004 年第 1 版，第 222 页。

客观要求。其次，强调个人政治权利和集体政治权利的统一和协调。个人政治权利的主体是个人，集体政治权利的主体往往是民族和国家等。个人政治权利与集体政治权利是辩证统一的，个人政治权利若得不到保障，也就谈不上集体权利。集体政治权利是个人政治权利得以充分实现的先决条件和必要保障。如果一个国家失去主权，无法自主决定其国家事务和自由谋求其经济、社会和文化的发展，那么该国人民的个人政治权利和基本人权也就得不到保证。因此，中国在认识和处理政治权利问题上，主张个人政治权利和集体政治权利相结合，既努力维护和保障集体政治权利，又充分尊重和保障个人政治权利。从个人来说，首先必须维护国家和人民的政治权利；对社会来说，发展国家和人民的权利归根到底要落实到个人身上，即促进个人的全面发展。所以，把个人权利同集体权利绝对对立起来，既不符合现实要求，也不利于发挥国家在维护政治权利方面的积极作用。

第四章　当代中国政治资源配置的问题分析

一、政治资源配置中的流失

（一）当代中国政治资源流失的表现

政治系统在实施政治统治行为时，总是要耗费一定的政治资源。政治资源如同经济资源一样，它会在使用过程中自然地消耗，也要在一定的社会、政治环境中积累、消耗、再积累，从而维系着政治的存在和发展。政治系统的存在和发展都是建立在政治资源的基础上的，通过政治资源的不断更新，整个政治系统同外部社会系统发生联系，完成政治系统所要实现的政治目标，从而使自己也不断得到扩大和拓展。因此，政治资源的正常耗费是维持政治系统生存和发展必不可少的。而政治资源的流失是政治资源的非正常或无意义的消耗，它包括有形的和无形的流失，前者主要体现为政治系统或国家所控制的经济实体性（物质性）资源的浪费与挥霍，后者往往体现为政治体系效率的低下，政治主体的政治权威下降，主流意识形态的弱化等，从而使政治系统所拥有的政治资源总量非正常地锐减，政治统治或治理能力下降。

在当代中国的社会转型时期，在政治资源配置的过程中，多种因素的作用，造成了一定程度的政治资源的流失。这种资源的流失主要表现在以下几个方面。

1. 国有资产的流失

国有资产的流失主要是指通过不正当或不合法的手法将国有资产转变为非国有资产，即将原属于国家的财产转化为集体、个人乃至国外经济组织等拥有的财产；或者国有资产闲置浪费，人为造成国有资产的非正常损失。因此，国有资产流失既有存量的国有资产流失，也有增量的国有资产流失；既包含国有资产的有形流失，也包含国有资产的无形流失。

当前国有资产的流失主要集中在国有企业这个领域。从国有资产流失的原因的角度来探讨，国有企业中的国有资产流失主要分为两种情况：一种是由于决策失误造成的国有资产流失，如：国有企业的管理层无视集体决策的程序办事，盲目引进没有经过周密调查和可行性论证的项目，大搞重复建设，造成项目失败或设备闲置；盲目对外投资而造成投资被骗；在中外合资和中外合营的投资决策中，为了争取外商投资，不惜牺牲中方资产的利益，在合作资产评估时，对国有资产估价过低，结果造成国有资产的流失。另外一种情况是由于国有企业改革过程中的某些具有“分利”性质的腐败行为造成的国有资产流失。“分利”这个术语是与美国经济学家奥尔森教授提出的“分利集团”联系在一起的。奥尔森把“分利集团”与国家的兴衰紧密联系起来。他在对不同历史时期世界各国发展状况考察的基础上，认为：“极权主义政府或外来入侵者削弱或废除了分利集团的那些国家，在建立了自由和稳定的法律秩序后，其生产就会相当迅速地增长。”① 二战后的原联邦德国和日本的经济增长的奇迹就是有力的佐证，而那些允许自由地建立各种组织并且国内长期没有动乱或被入侵的国家，受到分利集团的影响，反而经济增长迟缓，二战之后的英国就是这样的典型。中国国有企业改革过程中，虽然不存在大规模的符合奥尔森教授所说的“分利集团”，但国有资产流失中出现的腐败行

① ［美］曼库尔·奥尔森著，吕应中译：《国家兴衰探源》，商务印书馆 2001 年版，第 87 页。

为在一定程度上的确具有“分利”性质。这种“分利”性质的国有资产流失主要体现在：在企业进行改制过程中，通过不规范的操作，采取企业股和职工股的形式把国有资产转为私有；在租赁和出售国有小型企业中，掌握公共权力的干部及其与之关系密切的人相互勾结，采取“共谋”，任意转让和低价出售国有企业，并从中获取回扣，使国有资产流入私人腰包；国有企业领导层趁国有企业合并、分立、解散与清算之机，利用职务之便，隐匿、转移、侵吞国家资财或管理层收购，将国有资产据为己有；在国有企业经营的过程中，企业领导层利用企业财务制度的漏洞，通过不规范的会计行为，形成大量的账外资产，使国有资产流入小集团或私人腰包之中。

20 世纪 90 年代，是中国国有资产流失较为严重的时期。据国家国有资产管理局 1994 年对 21 个省的 5800 个单位的调查显示，国有资产流失共 360 亿元人民币，平均每天流失 1 亿元。据匡算，国有资产流失的相对比例是国有资产总量的 5% ~10%。国有企业财产权益损失占净资产的比重，大型企业为 15.2%，中型企业为 59.4%，小型企业为 82.8%。①更使人忧心的是，国有资产的流失呈“合法”趋势，这种“合法”流失的奇特现象主要发生在对国有企业的收购过程中。国内在国有企业收购的过程中往往引入美国的 MBO（管理层融资收购）模式。MBO 的前提是股份有一个市场价格存在。因此，管理层往往以一个溢价来收购公司，而国内的 MBO 运作模式往往使收购者有机可乘，以合法掩护非法：一是民营企业和国企的老总用国有银行和股民的钱去圈国有资产；二是收购者会采用各种方法来保证收购价格是由自己来制定；三是收购者都会寻找最好的法律顾问，保证所有的操作都符合中国法律。这样，收购完成之后，管理层就变成企业的主人了。由于我国法律的缺位，这些本应严厉打击的行为，按照现行的法律却是合法的。正是这种方式造成了国有资产的大量“合法流失”。2004 年 8 月 9 日，香港中文大学财务学系讲座教授、

① 颜鹏飞、巴能军等：《论治理国有资产流失的战略性抉择》，《经济评论》，2001 年第 4 期，第 41 页。

长江商学院教授郎咸平在复旦大学发表《格林柯尔：在“国退民进”的盛宴中狂欢》的演讲，对国有资产的流失进行了猛烈的抨击，对中国大陆的国有企业产权改革提出了质疑，并且将格林柯尔老总顾雏军收购系列上市公司的方法归纳为：安营扎寨、乘虚而入、反客为主、投桃报李、洗个大澡、相貌迎人以及借鸡生蛋等。① 虽然，郎咸平的观点引发了一系列争论，但他所揭示的国有企业改革中国有资产流失的问题却是不容回避的。

2. 主流意识形态的影响力下降

随着中国改革开放的不断深入，尽管主流意识形态——马克思主义理论，不断根据历史与现实的新发展取得了重大突破，但主流意识形态的影响力下降已是一个不争的事实。因为，随着国家对规范性政治资源的控制强度减弱，思想文化领域的利益多元格局逐步形成，社会文化资源已逐渐大众化、市场化和多元化。一方面，改革开放以来公民的基本权利得到了较快的发展，人们的言论自由得到了较好的保障。出版行业的飞速发展以及网络传媒的出现，使人们的政治利益表达获得了多样化的渠道。改革开放进程中各种文化和思潮也不断通过各种渠道冲击中国，各种思想都在抢占宣传阵地，许多非主流思想的宣传阵地在不断扩大。在主流意识形态之外，一些新的思潮：如拜金主义、信仰虚无主义、历史虚无主义、享乐主义、极端个人主义、新自由主义、新保守主义、新左派、新儒学、传统道德、西方所谓的普世价值观等不断涌现，文化“三俗”盛行，各种思潮在经济、社会、文化各个领域与处于主流意识形态地位的马克思主义争夺话语权，企图影响中国社会发展走向。这些思潮和非主流价值造成了人们思想上的混乱和迷失，社会上出现了怀疑英雄、怀疑偶像等各种社会心理，马克思主义处于一种不断被边缘化，甚至可能失去原有的号召力、影响力和权威性的危险境遇中。另一方面，在市场化改革的过程中，由于改革过程中造成的社会分化，出现了一定程度的贫富差距和资源分

① 参见：http：//finance. sina. com. cn/t/20040816/1202951523. shtml。

配不均的现象，一部分社会群体利益受损，因而在一些弱势群体中滋生了对现实的不满情绪，对社会主义和马克思主义的信仰产生怀疑和动摇。同时，随着社会的转型，腐败现象在一些地方、部门的滋生和蔓延，执政党的形象受到一定的损害，群众对干部不再那么信任，进而发展到对主流意识形态的怀疑直至否定，危及主流意识形态的公信力，一定程度上削弱了主流价值观的主导作用，使主流意识形态遭遇冲击和淡化。2009 年人民论坛杂志发起的“未来 10 年 10 个最严峻挑战”问卷调查显示，2949 名受访者认为“主流价值观边缘化危机”是未来 10 年的严峻挑战，占受访人数的 36.3% 。

3. 腐败造成国家资源的浪费和经济的巨大损失

对于后发国家而言，要有领导有秩序地实现现代化，就必须有一个具有高度权威的政府。中国的现代化是在集领导党与执政党于一身的中国共产党的组织下进行的。在以改革开放为主题的现代化的进程中，中国共产党面对国内外的复杂形势表现出了高超的领导能力和执政能力，中国共产党的执政获得了巨大成功。中国的经济、社会也发生了举世瞩目的变化，经济快速增长，综合国力日益增强，人民生活水平逐步提高，中国共产党所创造的经济业绩获得了人民群众的认同。但在经济增长的同时，腐败问题也日益严重。各种形式的腐败造成了大量的资源流失。根据胡鞍钢的研究，在 20 世纪 90 年代后半期，主要类型的腐败所造成的经济损失和消费者福利损失平均每年在 9875 亿～12570 亿元，占全国 GDP 总量的 13.2% ～16.8%。胡鞍钢把腐败划分为四种类型：一是税收流失性腐败，是指违反公平竞争的各种合法税收减免引起的海关税收和其他税收的流失。这类损失每年有 5700 亿～6800 亿元，是腐败造成经济损失的最主要的形式；二是地下经济腐败，即指未向政府申报和纳税，政府未能控制和管理，其产值和收入未能纳入国民生产总值的所有经济活动。这种腐败主要表现为：走私贩私、毒品生产运输及黑市等非法的地下经济活动；部分或全部收入隐匿不报、逃避税收等利用合法经营取得非法收入的经济活动，以及私下交易、现金交易、劳务交易等一些未统计的地下经济。其中走私造成的损失每年有 300 亿 ~ 340 亿元；三是公共投资与公共支出性腐败，主要涉及政府出资或援助的公共投资中的腐败损失；政府采购合同中的腐败损失。这种腐败，既是经济腐败，又是政治腐败。中国许多重大的腐败损失常常发生在这些领域。这类腐败造成的损失初步估计有 2575 亿 ~ 3410 亿元；四是寻租性腐败，当前的一个重要表现就是行业垄断造成大量的租金流失。中国最大的垄断行业是电力业，根据他的估算，每年造成的租金损失在 560 亿 ~ 1120 亿元。垄断把消费者收益转给生产者，创造出超额利润，造成社会福利损失。据估计这类损失每年达 1300 亿 ~ 2020 亿元。①

腐败对经济、政治资源的流失影响巨大。“日益严重的腐败现象和腐败活动以及其他非规范的政治行为导致了政治资源的大量流失，不仅减少了对社会发展的政治推动力量，也导致了政治成本、社会成本和经济成本的高涨。”② 更重要的是，党政官员的腐败现象也损害了执政党和政府在人民群众中的形象，造成了政治权威资源的无形流失。2009 年人民论坛杂志发起的“未来 10 年 10 个最严峻挑战”问卷调查。第一大挑战为“腐败问题突破民众承受底线”，6688 位受访者认为“腐败问题突破民众承受底线”是未来 10 年的严峻挑战，占受访人数的 82.3%。

4. 政治制度资源的缺失

在改革开放的过程中，中国在进行经济建设的同时，不断加强社会主义民主和法制建设，政治制度资源得到不断丰富，政治制度建设有了很大的进步，政治制度资源有了很大的拓展。但是，也应该清醒地看到，当前的政治制度配置还存在缺失。主要表现为：其一，政治制度供给的数量不足引起短缺。由于计划经济体制与市场经济体制之

① 邓科：《胡鞍钢：腐败损失有多大 每年 1 万亿》，《南方周末》，2001 年 3 月 22 日。

② 王沪宁、陈明明：《调整中的中央与地方关系：政治资源的开发与维护》，《探索与争鸣》，1995 年第 3 期，第 36 页。

间存在一个制度“空隙”，再加上政府功能转换的滞后造成制度供给不足，某些旧的制度已经不适应形势的发展，而新的制度安排还处在形成阶段之中，还没有真正建立起成熟的完全适应市场经济和经济全球化的制度体系。其二，政府作为政治制度供给的主体，在具体执行和实践制度安排方面，由于能力和意愿不足而引起政治制度的缺失。制度形成有效供给并不等于制度安排的真正执行。假如社会需要的政治制度供给不能满足制度供给者的特殊偏好，那么，这种制度供给就无法实现，容易产生引起制度安排的执行不力，使制度的资源作用受到一定程度的弱化。由于政府是政治制度的供给主体，政府本身在提供政治制度供给方面存在特殊偏好，政府往往愿意执行政治支持最大化的政治制度。在当前中国政治制度建设和调整的过程中，原有的制度权威受到削弱和冲击，而正在实施的某些制度安排一时不能及时表达社会大多数人的利益和政治要求。所以，在具体的实施过程中，常常受到许多利益部门的抵制或不能够得到有效执行。更重要的是，由于某些基层政府效率低下、官僚主义、政府官员的腐败行为等，常常出现“上有政策下有对策”的现象，使具体的制度实施大打折扣，引起制度安排的执行不力，这在一定程度上不可避免地造成了制度资源的缺失。

5. 组织资源的流失

组织资源是政治资源的重要组成部分，是政治资源的载体与依托。一个具有活力和较高效率的组织往往是政治资源配置的重要保证。改革开放以来，组织资源的流失主要体现在两个方面：

一是部分农村基层政权组织的涣散与衰败，出现“软政权化”现象。“软政权”是瑞典发展经济学家缪尔达尔最早提出的概念。他把后发展国家现代化过程中的政治中心的权力运作能力分为“硬政权”（Strong State）与“软政权”（Soft State）两种类型。前者在政治运作方面具有明显的社会整合效能、稳定性与发展战略的宏观导向性，后者则相反。萧功秦根据缪尔达尔在《世界贫困的挑战》一书中对软政权的描述，把软政权的基本特征概括为四个方面：①“反法制的互利性”，即社会成员各自运用自己掌握的某种稀缺资源，如权力、金钱等，在违反和抵制法规的基础上，为一己的私利进行交换。②对法规的遵守与解释的松弛性与随意性。③它对包括下层阶层在内的社会各阶层的广泛渗透性和普遍性。④贪污、腐败等各种属于软政权的行为模式彼此的互诱性和积累效应。① 因此，所谓的“软政权化”，实际上指的是发展中国家在现代化过程中，行政命令贯彻能力的退化、行政实施效率的低下和法律规则被任意破坏而引起的综合现象。“软政权化”的另一个后果就是政府信用受到严重影响。因为在“软政权”的状态下，政府公务人员在谋取个人利益时，都是以破坏国家法规和政府自己颁布的政令为前提的。而政府信用的破产，不仅会导致整个社会信用的破产，更为严重的是，一旦遇到什么风浪，政府将发现自己缺乏号令人民的道德权威。这是许多发展中国家面临的共同的严重问题。自 20 世纪 80 年代以来，伴随着中国农村经济体制改革，国家废除人民公社体制，重新设立乡级政权，确立了农村治理的政权组织形式。从政治资源配置的角度来看，国家对乡村政权重新配置的结果是改变了农民与基层政权之间的依赖关系，人民公社时期基层组织控制农村所有资源的局面已不复存在了，农民的经济独立地位得以确立，农民收入的增长更多的是依靠自己的劳动。基层政权组织拥有的政治资源量的减少，一方面使农民对其依赖性减弱，另一方面，使部分农村基层政权加紧了对农村资源的掠夺。为了攫取农村经济资源，部分基层政权曲解或违背国家的农村政策，通过不规范的、非法的手段来征取农村有形的经济资源。对农村物质性资源的过度攫取，不仅加重了农民的负担，而且引起农民对基层政权的反感与对抗。所以，自 20 世纪 90 年代中期以后，部分地区的农民收入增长缓慢，农村农民负担呈不断攀升之势，农村经济发展缓慢甚至呈现

① 萧功秦：《“软政权”与分利集团化：中国现代化的两重陷阱》，《战略与管理》，1994 年第 1 期，第 2 页。

凋敝之势，部分地区的农民与基层乡政府的对立情绪日益严重。另外，部分地区推行的村民自治被农村新兴的落后势力或村霸控制，成为鱼肉乡民的工具，部分基层乡政府和村级政权的号召力下降，农民对其政治认同度下降，导致了国家基层政权组织资源的流失，这对于社会主义基层民主的发展是非常不利的。

二是执政党基层党组织的吸引力和号召力下降。亨廷顿曾经断言，在一个处于现代化之中的国家中，政治组织即意味着政党组织。① 亨廷顿的结论无疑指出了政党组织在政治体系中的关键作用。改革开放以来，党的基层组织建设得到了加强，但在有些地方，党的基层组织建设却不断削弱，一些基层组织涣散，战斗力和号召力面临丧失的危险。出现这种情况是与经济体制的转型相关联的。在计划经济时代，执政党和政府控制了国家的一切政治资源，各级党组织具体掌握了政治资源配置的决策权，人民群众对党组织形成了高度的依赖关系。中国共产党在政府、企事业单位和社会组织中广泛建立自己的组织网络，以确保党的集中统一领导，因此，中国共产党建立起了非常丰富的组织资源。而改革开放以后，随着社会力量的不断增强，社会自治组织的不断发展，资源配置的方式发生了较大的转变，通过分权式的资源配置方式，社会组织和公民个人获得资源的途径多元化，人民群众对党组织的渴望程度减弱，党组织的吸引力和号召力趋于下降。同时，所有制形式多样化也影响了基层党组织的发展。随着国有企业大量减少，公有制成分的萎缩，党的基层组织也呈现萎缩的趋势，党组织的战斗力趋向弱化。党员意识逐渐淡化，一些地方保护主义盛行，抵制党与政府的主张，排挤、扭曲、压制或简化党政组织，侵蚀组织资源，甚至部分组织资源被某些势力集团如：宗教组织、中介组织、社会团体、黑社会组织等掠夺和把持，严重侵蚀了基层党组织的战斗力和纯洁度。

① ［美］塞缪尔·P. 亨廷顿著，王冠华译：《变化社会中的政治秩序》，生活·读书·新知三联书店 1989 年版，第 374 页。

（二）当代中国政治资源流失的政治后果

台湾地区政治学者马起华认为，“政治资源，无论是有形的或无形的，消耗一分，就少一分，因此不可随便浪费”。① 美国著名的社会学者林南教授在谈到社会行动时指出，“保护与维持资源是行动的首要动机。因此行动的第一原则是使（资源）损失最小化”。② 政治行动也是如此，政治行动的效能依赖于政治资源的丰吝。一个政治体系满足人民需要的政治供给能力的强弱，往往取决于它所拥有的政治资源总量。尤其是在中国这样一个超大型的国家中，政治体系的权威、国家的能力，都在很大程度上和所掌握的政治资源高度相关。政治资源的浪费是有害无益的。它直接影响到一个国家的实力和能力。

所谓国家能力，王绍光、胡鞍钢认为，国家能力是指国家将自己的意志、目标转化为现实的能力。国家能力可以概括为四种：汲取财政能力、调控能力、合法化能力以及强制能力。汲取财政能力是指国家动员社会经济资源的能力；调控能力是国家指导社会经济发展的能力；合法化能力是国家运用政治符号在属民中制造共识，进而巩固其统治地位的能力；强制能力是指国家运用暴力手段、机构、威胁等方式维护其统治地位的能力。其中国家汲取财政能力是最主要的国家能力，也是实现其他国家能力的基础。③ 国家能力是国家强盛的必要条件，也是决定后发现代化国家能否实现现代化的关键。国家能力的一个集中体现是政府的强大程度，“各国之间最重要的政治分野，不在

---

① 马起华：《政治论衡》，台湾“商务印书馆”股份有限公司 1977 年版，第 224 页。

② ［美］林南著，张磊译：《社会资本——关于社会结构与行动的理论》，上海人民出版社 2005 年版，第 133 页。

③ 王绍光、胡鞍钢：《中国国家能力报告》，辽宁人民出版社 1993 年版，第 6 ~ 9 页。

于它们政府的形式，而在于它们政府的有效程度”。① 中国现代化初期的失败与挫折的最重要的原因之一，就是中国始终缺乏一个强有力的具有明确目标的中央政府。自中华人民共和国成立后，中国建立了一个强大的中央政府，在极短的时间内迅速强化了国家能力，这种国家能力的增强是与建国初期中国实施的集权式政治资源的汲取和配置密切相关的。中国国家能力的一度增强使中国的现代化能够顺利推进。但在伴随现代化进程推进的同时，政治资源的流失已经给中国国家能力造成了现实的或潜在的影响。这种影响主要体现在：

第一，国家（中央政府）的社会调控能力一度下降。中央政府的社会调控能力是与国家控制的财政资源相联系的。由于国有资产的严重流失，国有企业在体制转轨过程中的严重亏损，再加上国家财政体制和税收体制的混乱，进入 20 世纪 80 年代以来，国家的财政资源减少，主要表现在：1978 年，中国财政收入占 GNP 比重为 31.2%，到 1992 年这一比重下降到 13.1%。② 中央政府财政资源的减少，使其社会调控能力一度下降，例如 20 世纪 90 年代初中央与地方关系的一度失衡，就是中央政府社会调控能力一度下降的表现。王沪宁先生认为，改革开放后中央与地方关系的失衡可以说是调控一体化的失衡。这表现在纵向、横向两个方面。纵向调控一体化失衡指中央给定的调控目标无以达成，应归中央调控的总体行为和地方行为游离于中央调控之外，由此引起整个社会的某些无序状态，对于总体性的社会活动，调控职责本在中央，但实际上中央已经没有足够的能量和合适的机制来实现一体化的纵向调控，最后只能采用行政或政治的方式强行加以干预。而横向调控一体化失衡表现更为强烈。中央在许多环节上不能有效调控各地方主体的行为，各地方便有余地各自为政。横向失衡很大程度上是结构性的，是由于从地方为主要调控主体而引发出来的。中国社会开始现代化后，社会形成和提出的需求和期望大大超

① ［美］塞缪尔·P. 亨廷顿著，王冠华译：《变化社会中的政治秩序》，生活·读书·新知三联书店 1989 年版，第 1 页。

② 《中国统计年鉴》（2004 年卷），中国统计出版社 2004 年版，第 291 页。

出集中调控体制拥有的社会资源的份额，即超出中央分配的资源份额的极限，因而不得不发动地方调控主体的能动性和创造性，要求其聚集必要的资源解决本地的需求。若要这样就必须授予地方必要的权限，划定一定的活动领域。但是，中央放权以后，随着利益的地方化和利益的多元化，地方就必须掌握更多的社会资源来扩大调控能量，地方利益在这个过程中持续强化，地方意识逐渐确立，自然而然出现地方主义。① 直到 1994 年，通过税收制度改革，建立分税制，中央与地方的财税关系的明晰，中央控制的财政资源有所增加，中央政府社会调控能力下降的局面才有所改变。

第二，国家合法化能力的侵蚀。对合法化能力的侵蚀往往造成合法化危机。“合法化危机的概念是仿照经济危机的概念而形成的。根据这一概念，相互矛盾的控制命令是通过行政人员而非市场参与者的目的理性行为而表现出来的。它们表现为不同的矛盾，直接威胁着系统整合，并从而危及社会整合。”② 而政治系统的稳定和和谐与政治系统的有效性是密切联系的，“有效性一再丧失，或长期丧失，则会危及一个系统的稳定性”。③增强国家有效性的方法很多，但最根本的是要依靠经济发展的绩效，只有国家经济得到发展，经济实力雄厚，社会成员能够得到和享受切实的经济利益，人民才会自觉地拥护和认同国家政权的有效性，因此，物质性资源（经济实体性）的积累对于现代国家政权的有效性、对于国家能力的增强都是至关重要的。国家财政资源的流失的直接的政治后果是国家对社会控制能力的下降，其间接的后果是常常对国家的合法性的侵蚀。因为，由于国家调控能力的下降，往往诱发经济衰退、经济不稳定或通货膨胀等，甚至爆发经济危机，引发社会和政治动荡。这样，政府就有可能产生合法化危

① 王沪宁、陈明明：《调整中的中央与地方关系：政治资源的开发与维护》，《探索与争鸣》，1995 年第 3 期，第 34 页。

② ［德］尤尔根·哈贝马斯著，刘北成、曹卫东译：《合法化危机》，上海人民出版社 2000 年版，第 91 页。

③ ［美］西蒙·马丁·李普塞特著，张绍宗译：《政治人：政治的社会基础》，上海人民出版社 1997 年版，第 58 页。

机。随着中国财政收入的逐渐增加，由财政资源流失对国家合法化能力侵蚀的概率也随之减少，目前甚至很长一个时期内，严重侵蚀国家合法化能力的主要是党政官员的腐败行为，愈演愈烈的腐败行为已经在一定程度上损害了执政党和政府的形象。

第三，在国家的强制能力方面，政治资源的流失的严重后果是造成了国家机构一定程度的衰败。按照政治学家亨廷顿的观点，政治现代化的一个重要特征是政治结构的分化，与正常的结构分化相对应的是政治体系或结构的衰败。中国的现代化进程对政治体系的影响，一方面是政治结构的正常分化，如：政治体系随着资源配置方式的转变，其政治功能发生转换，政治权力从一部分领域退了出来。从表面上看，国家的权力似乎减弱了，但实际上那是正常的结构分化过程；另一方面是真正意义上的政治结构一定程度的衰败，即在政治机构管辖的范围内，国家的权力不能够得到有效行使，如主管国有企业的部门，不能有效地遏止国有资产的流失；公共卫生部门不能够按照社会发展的要求和公共利益的需求，来有效地提供公共卫生服务；某些政治机构沦为某些特殊利益团体的牟利工具等。这种政治结构的衰败使国家的强制能力下降甚至丧失。

二、政治资源配置的失衡

（一）物质性资源配置的差距

在现实社会中，政治资源的配置不可能是完全均衡的，对政治资源尤其是物质性政治资源的完全均等的分配只是人们一种美好的追求和向往。但是，政治资源配置的严重失衡和两极分化却往往是诱发政治冲突和政治动荡的重要因素，对于现代化进程中的国家而言，更应该关注政治资源配置的严重分化问题。在当代中国现代化的进程中，在改革开放前，中国政治资源尤其是物质性政治资源的配置上趋向于采取平均主义。由于物质性资源的配置是由行政权力按照计划来进行的，国家对物质性资源实行统一配置，人们获取物质性资源的渠道单一化，个人获取经济资源的依据是工资和工分，体制外经济资源的获取为零。而现实中社会主义的“公平”的政治理念被直接演绎成了平均主义。虽然，国家根据不同地区和不同的行业对劳动力素质的不同要求，统一制定了相应的有差别的等级制劳动报酬标准，但对同一产业部门和行业内的劳动者实行单一的均等化的工资制度，国有企业职工的标准工资和平均工资水平实际上与劳动者的劳动贡献与企业的经济发展状况关系不大。所以，总的来讲，改革以前的中国是一个均等化程度很高的社会。“收入分配的基尼系数比世界上大多数发展中国家都要低，城市基尼系数在 0.2 以下，农村基尼系数略高，但多数估计在 0.21 ~0.24 之间。”①

1978 年开始的中国经济体制改革以及迅速推进的现代化建设进程，使中国社会发生了深刻变革。在向市场经济体制转型的过程中，由于资源配置方式的转变，社会组织和个人获取资源的途径日益多元化，市场机制以及其他各种因素越来越多地参与到资源分配过程中并对资源分配的结果产生影响，不同的社会成员、社会群体、政治组织由于对社会资源占有状况的数量不同，因而一定的社会分化日益显著，物质性资源配置的不均问题也日益凸显出来，不同地区以及城乡和社会群体之间物质性资源的差距逐渐拉大。

1. 物质性资源配置的地区差距

由于中国的改革总体上是放权式的，各级地方政府逐渐获得了较大的资源配置权，其开发与利用资源的积极性不断增强，地方经济利益独立地位也日益增强；又由于中国这个超大型国家的现代化不可能采取完全均衡式的齐头并进的方式来进行，中国的改革采取的策略是渐进式的非均衡推进，让一部分地区、一部分人先富起来，通过先富带动后富。因此，国家制定了优先发展东部和沿海地区经济的策略，在资金的投入和政策上向东部和沿海地区倾斜，使东部和沿海地区获

① 周振华、杨宇立等：《收入分配与权利、权力》，上海社会科学院出版社 2005 年版，第 345 页。

得了较多的政治资源和其他社会资源。因此，处于政策劣势的中西部地区与东部沿海地区的经济发展和经济实力逐渐拉开，经济发展的地区差距和不平衡日益成为社会发展的突出问题之一，主要表现在：

第一，改革开放之后，我国地区经济发展差距拉大。客观上，从中华人民共和国成立初期到改革开放前，我国各地区之间经济发展水平就存在着明显的失衡现象。改革开放之后，由于政策的倾斜性，地区差距进一步拉大。从各地区经济总量占全国比重来看，1978—2010年，全国GDP由3456亿元扩大到40万亿元，东部10省市比重由占43.6%上升到53.1%，提高了9.5个百分点，中部地区由21.6%下降为19.7%，下降1.9个百分点；西部地区由20.8%下降为18.6%，下降2.2个百分点；东北地区由14.0%下降为8.6%，下降5.4个百分点，下降幅度最大。相比较而言，无论是从**GDP**总量还是**GDP**增长速度来看，改革开放以后经济总量向东部集中趋势加强，东部地区远远高于中、西部地区，特别是进入20世纪90年代后，东、中、西部地区经济差距进一步扩大，东部地区占全国比重直线上升，从1991年的46.1%上升到2007年的最高点，达到55.5%（见图4-1）。①

第二，人均**GDP**绝对差距持续扩大，随着经济发展及各地区经济发展水平的提高，地区发展水平的绝对差距也在显著扩大。1978—2010年的32年间，全国人均**GDP**由457元提高到33053元，名义增长71倍，以历年各地区人均**GDP**标准差表示的地区发展差距绝对水平相应地由1978年的445元扩大到2010年的16676元，名义增长37倍。1978年人均**GDP**最高与最低省份的差距为14.3倍，1990年下降到7.3倍，2000年又扩大到10.9倍，2007年虽然总体上呈现下降趋势，总体上仍然保持一个较高的差距，2010年仍然保持着5.8倍的差距（见图4-2）。②

① 汲凤翔：《30年地区发展：绝对差距在扩大》，《中国投资》，2012年第11期。

② 汲凤翔：《30年地区发展：绝对差距在扩大》，《中国投资》，2012年第11期。

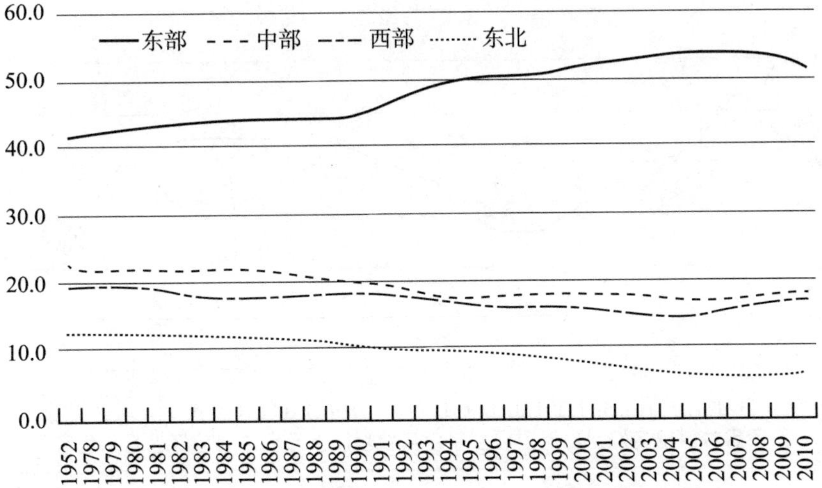

图 4-1　历年东中西部地区 GDP 占全国比（%）

资料来源：汲凤翔：《30 年地区发展：绝对差距在扩大》，《中国投资》，2012 年第 11 期。

2. 城乡差距

改革开放以来，城乡之间的相对封闭的状态被打破，城乡之间的互动和交流日益频繁，但城乡之间的差距也在不断拉开。社会学家孙立平认为，中国改革的初期曾带来一个短期的“平等化效应”，受改革初期财富增长和资源扩散的效应的影响，在 20 世纪 80 年代，社会中的绝大多数人口都是改革的受益者，整个社会出现了所谓“共同富裕”的局面，社会的不平等程度明显在缩小。① 由于改革首先从农村开始，获得改革之利的首先是农民，通过农村联产承包责任制的实行，大大解放了农村长久以来压抑的生产力，在改革初期，农民收入

① 孙立平：《资源重新积聚背景下的底层社会形成》，《战略与管理》，2002 年第 1 期，第 18 页。

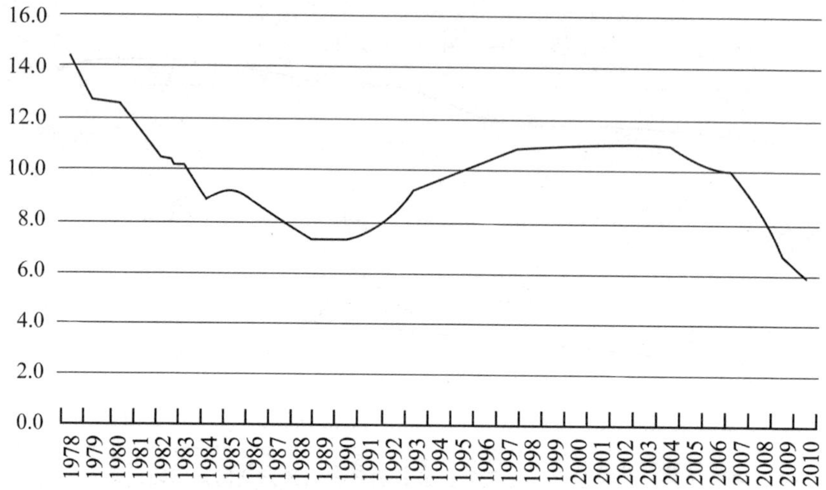

图 4-2　历年各地区人均 GDP 最高与最低相差倍数

资料来源：汲凤翔：《30 年地区发展：绝对差距在扩大》，《中国投资》，2012 年第 11 期。

增长，而城市改革步伐缓慢，城市居民的收入增长速度不如农村那样显著，所以，这个时候城乡之间的差距实际上是在缩小，1978—1984 年城乡收入差距由 1978 年的 2. 57 : 1 缩小到 1984 年的 1. 84 : 1（见表 4-1）。但 1984 年之后，由于国家经济体制改革的重点转入城市，随着城市经济体制改革的逐步推进和不断深化，城市居民收入开始增长迅速。同时，农村改革初期因体制转型所带来的生产力的释放作用已经达到极限，农村生产资料价格的上涨引起农业生产成本的上涨，抑制了农民纯收入的增长，所以，1984 年之后，城乡之间的差距开始加速扩大（见图 4-3 和表 4-1）城乡居民收入的比例迅速扩大到 1994 年的 2. 86 : 1；从 1994 年开始城乡之间收入差距有所下降，但从 1997 年起中国农民收入增长幅度连年下滑，差距又逐步扩大，1997 年中国农村居民人均收入仅相当于城镇居民可支配收入的 40. 5%，城乡居民收入差距逐年拉大，到 2002 年城乡居民收入比首次突破 3 : 1，达到3. 11 : 1，2007 年城乡居民收入的差距达到

3.33：1，2008 年为 3.31：1。2008 年后虽然有所下降，但仍然保持在3：1差距之上。根据国家统计局最新的 2013 年统计公报披露的数据显示，2013 年城镇居民人均可支配收入为 26955 元，而农村居民人均纯收入达 8896 元；城镇居民人均可支配收入三倍于农村居民。如果从城乡差距的绝对值来看，从 1978 年到 2013 年，我国城乡居民人均收入的绝对额差距增加了近 85 倍。

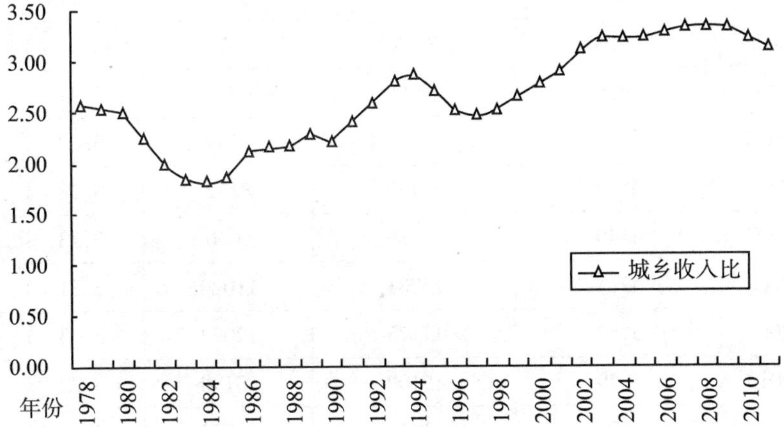

图 4-3 我国城乡居民人均收入比变化情况

资料来源：国家统计局：2011 年全国城乡居民收入增长情况，http：//www.stats.gov.cn/tjsj/zxfb/201201/t20120120_12784.html。

注：城镇居民使用人均可支配收入，农村居民使用人均纯收入。以农村人均纯收入为 1 进行比较。

表 4-1 **城乡居民收入差距**

	农村居民纯收入（元）	城镇居民可支配收入（元）	城乡绝对差距（元）	城乡收入比
1978	134	344	210	2.57：1
1984	355	652	297	1.84：1
1985	397	739	342	1.86：1

续表

	农村居民纯收入（元）	城镇居民可支配收入（元）	城乡绝对差距（元）	城乡收入比
1994	1221	3496	2275	2.86：1
1997	2090	5160	3070	2.47：1
2001	2366	6860	4494	2.90：1
2002	2476	7703	5227	3.11：1
2003	2600	8472	5872	3.26：1
2004	2936	9422	6486	3.21：1
2005	3255	10493	7238	3.22：1
2006	3587	11759	8172	3.28：1
2007	4140	13786	9646	3.33：1
2008	4761	15781	11020	3.31：1
2009	5153	17175	12022	3.33：1
2010	5919	19109	13190	3.23：1
2011	6977	21810	14833	3.13：1
2012	7917	24565	16648	3.10：1
2013	8896	26955	18059	3.03：1

资料来源：根据国家统计局年度统计数据整理而成。

3. 社会群体差距

随着20多年来经济体制的转型和现代化进程的推进，社会阶层的分化日益明显，原来的“两个阶级一个阶层”（工人阶级、农民阶级和知识分子阶层）的简单的社会阶层结构，在经济体制转轨和现代化的进程中，走向多样化和复杂化。中国经济市场化的过程也是一个资源配置发生深刻变化的过程，在这个过程中，新的社会阶层不断涌现，一个新的不断扩大的社会中间层和企业家阶层正逐渐形成，而一些原有的社会群体的社会地位则发生了相反的变化。日益市场化的资源分配机制，改变了原有社会中不同社会阶层的资源包括政治资源的占有状况，导致了财富分配格局的变化，不同的社会成员和社会群体在政治、经济资源的占有状况等方面的差异日益显著。首先，最突出的表现是不同的社会群体经济收入差距拉大。北京师范大学收入分配与贫困研究中心主任李实的研究数据表明，2007 年全国收入最高 10% 人群和收入最低 10% 人群的收入差距达到 32.8 倍。① 社会群体之间收入差距的扩大，导致新富阶层的崛起和贫困群体的出现。进入 2000 年以后，整个社会贫富分化向两极格局演变。一个财富阶层在迅速形成，这个富裕阶层主要包括私营企业主、高级经理人员、国家与社会管理者、高级专业技术人员。这些人的富裕程度与发达国家富裕阶层基本上是接轨的。《新财富》杂志 2010 年发布“2010 新财富 500 富人榜”，上榜富豪的财富总额为 28756.5 亿元，占 2009 年国内 GDP 的 8.5%。而与此同时，一个以城市下岗工人、农民工和无业人员为主的社会底层也迅速扩大，他们逐渐沦为社会弱势群体和新的贫困阶层。其次，从社会群体收入增长幅度来看，社会各阶层也存在较大差距。改革开放以来，收入增长幅度较大的是私营企业主、企业经理人员、专业技术人员、个体工商户，2000—2001 年这几个群体的收入水平大约是 20 世纪 70 年代的 16 倍，而农业劳动者收入增长幅度最小，而且低于平均水平②，1997 年至 2007 年，我国 GDP 比重中，政府财政收入从 10.95% 升至 20.57%，企业盈余从 21.23% 升至 31.29%，而劳动者报酬却从 53.4% 降至 39.74%。③ 上述数据说明，政府、企业在收入分配格局中所占比例不断扩大，而劳动者收入的增速却缓慢爬行，权力资本的利润在扩大而普通民众的盈利空间

① 李实、罗楚亮：《中国收入差距究竟有多大？对修正样本结构偏差的尝试》，《经济研究》，2011 年第 4 期。

② 李春玲：《社会群体的收入差异：两极分化还是多层分化》，《战略与管理》，2004 年第 3 期，第 78 页。

③ 收入分配研究课题组：《当前我国居民收入分配差距的现状、特点及原因研究》，《江西社会科学》，2010 年第 10 期。

被挤压。第三，同样的社会群体由于行业不同，同一社会群体内部也存在较大的差异。同为城镇职工，如果从事的行业不同，工资收入存在较大差异，一些垄断型行业如电力、电信、金融、烟草等行业的职工平均工资远远高于其他行业职工，2008 年最高收入的证券业职工平均工资为 172123 元，最低收入的畜牧业职工平均工资为 10803 元，二者相差 15.93 倍。① 如果再加上工资外收入和职工福利待遇上的差异，实际收入差距可能甚至更高。第四，社会群体获取经济资源差距的拉大，还可以通过衡量社会贫富差距的基尼系数显示出来。改革开放前我国的基尼系数为 0.16，20 世纪 80 年代，我国基尼系数徘徊在 0.121 ~0.127，从 2000 年开始，我国基尼系数越过 0.4 的国际警戒线，2003 年已上升至 0.458，2009 年达到 0.47，在已公布的 135 个国家（地区）中排第 36 位。② 总之，无论是从社会群体之间还是社会群体内部，社会群体之间的经济差距都是值得警惕的。

（二）政治权力配置不均

政治权力的合理配置与民主政治紧密联系在一起，英国、美国等许多西方国家代议民主的自发产生，是与权力的多元分配有很大关系的。美国著名经济学家奥尔森认为：“权力的平等分配使任何一个领导人或者集团都会很谨慎地避免获得大于他人的权力，这种情况使民主成为可能。”③ 也就是说，政治权力配置的合理与平衡往往是民主政治的重要条件之一；反之，政治权力的严重不平等和滥用不仅是民主政治的大敌，而且更是在实际的政治生活中成为营造压迫和灾难的手段，“权力关系固有的不平等造成了从属者的自卑感和怀恨在心。

---

① 谷亚光：《中国收入分配差距的状态、原因及治理对策》，《马克思主义研究》，2010 年第 4 期。

② 姜玮，毛智勇：《当前我国居民收入分配差距的现状、特点及原因研究》，《江西社会科学》，2010 年第 10 期。

③ ［美］曼库尔·奥尔森著，苏长和译：《权力与繁荣》，上海人民出版社 2005 年版，第 26 页。

由于权力是相关的，建立与维护互相依赖的社会联系的复杂结构，权力差别比财富与声望不平等产生的后果更为严重”。① 中华人民共和国成立后，从经济基础上摧毁了原有的不平等的政治权力结构，在社会主义的中国，人人在政治地位上是平等的，但是，由于各种因素的综合作用，新中国在成立后迅速建立起了高度集权的政治权力配置格局。改革开放之后，在中国建设社会主义民主政治的过程中，政治权力的合理配置既是政治体制改革的一项重要内容也是一种价值追求。经过政治体制改革，原有的政治权力配置格局出现松动，政治权力的配置向规范化和制度化的方向迈进，政治权力的配置出现很大的改进。但是，从现在的政治权力配置的状态来看，政治权力的配置还存在不均的问题，政治权力在国家权力机关之间的共享与分布还有待调整与优化。

1. 国家权力部门之间的政治权力配置的不均

首先，作为立法机关的人大，其实际地位与法律地位并不相称，人大的权力往往处于虚化状态。虽然自 20 世纪 90 年代以来，中国国家权力体制内部的权力结构，在相互关系上逐渐走向合理化，立法与司法机构的地位得到一定的提升，但从实际的政治体制运行过程来看，人大与中国共产党以及和国家行政系统相比，在政府过程中的实际作用仍相对较弱。从人大与中国共产党的关系来看，中国共产党领导人大，但中国共产党对人大的领导必须遵循依法治国的基本方略，中国共产党不能直接运作人民代表大会制度，中国共产党的领导主要体现在政治上、思想上、组织上，具有宏观性、政治性特点。但在实际的领导过程中，一些地方一定程度上往往容易出现党凌驾于人大之上的现象，地方人大很容易成为党的附属机构。从人大与司法机关的关系来看，宪法规定司法机关由人大产生并对人大负责，人大对司法机关具有监督权，但在实际政府过程中，由于党对司法机关的领导，

① ［美］丹尼斯·朗著，陆震纶、郑明哲译：《权力论》，中国社会科学出版社 2001 年版，第 293 页。

人大对司法机关的执法监督往往流于形式或必须通过行政机关的作用来间接履行监督功能。人大权力的虚化主要是由于在现行的权力配置中，党的领导权、人大的立法权、司法的监督权、政府的行政权存在着一定的失衡和不协调的情况。

其次，司法的独立在现实的政治运行过程中往往难以保证。一般意义上的司法权配置是指合理配置包括司法权在内的各种社会权力，妥善地处理社会权力主体之间的相互关系。不管是同立法权还是和行政权相比，我国的司法权在国家权力体系中都处于弱势地位。我国宪法虽然明确规定司法权的行使不受“行政机关、社会团体和个人干涉”，然而，这一规定缺乏具体的制度支撑和保障，在现实中，我国司法机关无独立的人、财、物权。司法机关人、财、物等方面受制于政权结构体系中与之平行的行政机关，人事问题由同级政府管理，行政及办案经费由同级政府预算和划拨，甚至司法人员的福利待遇、奖金都要受制于地方政府，这直接导致了司法机关听命于地方政府、司法官员看政府领导脸色的不正常现象，也给司法地方化和地方保护主义打开了盛行之门。在司法权行使过程中，极易遭受其他权力尤其是行政权的侵犯，当其他权力机构与案件利益有牵连时，就有可能利用其优势地位影响和干预司法决定过程，司法独立往往成为空话。各级人民法院与人民检察院在政权体系中的地位仍然较低，其功能的发挥还与市场经济的要求有很大的距离，司法机关往往受制于行政机关，司法权对行政权的制约以及对行政行为的监督往往流于形式。这种情况使中国的立法与行政、司法关系的政治权力实际配置的格局与法定规范之间存在较大的差距，由于各个国家权力机关之间权力配置的不均衡，所以，权力监督和制约关系往往在现实中很难真正得到有效实施。关于权力的监督与制约，西方资本主义国家往往采用“三权分立”的形式来形成权力的相互制衡，这种三权分立、相互制约与制衡的政治制度设计自然是西方政治制度文明的成果之一，但它也有自身的缺陷与不足。社会主义政治体制改革的目标不是而且也不必要照搬西方的“三权分立”，但是，政治权力的相互制约与制衡的原则、精神也应该体现在社会主义民主政治体制中。“制衡不是卡死，均衡不是平均。制衡是为了防止权力的滥用，均衡是为了防止无谓的利益冲突。一项有生命力的政治制度，往往是内含了权力制衡和利益均衡精神的。"① 因此，蕴含着权力制衡和利益均衡精神的政治权力制度安排理应是当代中国政治权力配置的理性选择，这就需要对现实政治过程中国家权力机关之间的权力失衡进行进一步调整。

2. 两种政治权力中心的冲突

由于政治权力的法内与法外配置相结合，当代中国政治权力格局实际上存在着"法内制度"与"法外制度"两种政治制度形态。应该说，任何一个国家的制度形态都可能是"法内制度"与"法外制度"的结合。一般而言，法外制度与法内制度的政治取向应该保持一致，法外制度对法内制度进行补充和完善，使法内制度的实施更为容易和顺畅。但是，"法外制度"与"法内制度"在实施的过程中由于存在着不同的政治约束力，往往也容易存在冲突。"理论上讲，法内制度的约束力应强于法外制度。尤其是国家规定的法内制度以国家权力为后盾，更是具有强制性的约束力，相关的政治实体必须遵行。"② 而法外制度的约束力主要依靠政治传统和惯例的力量来保证。所以，按照一般规律，法内制度的约束力应强于法外制度，但在实际的政治生活中，"法外制度比提供政治体制框架的法定制度对政治体制的影响更大"。③ 如果处理不好"法外制度"与"法内制度"由于政治约束力的不同造成的冲突，往往容易造成国家制度的混乱与政治动荡。从中国权力制度的配置来看，"法外制度"与"法内制度"的冲突造成了当代中国政治生活中存在着两个政治权力中心。按照法理，中华人民共和国的一切权力属于人民，人民是一切权力的源泉，

---

① 虞崇胜：《政治文明论》，武汉大学出版社 2003 年版，第 180 页。

② 浦兴祖主编：《中华人民共和国政治制度》，上海人民出版社 1999 年版，第 7 页。

③ ［美］弗兰克 · J. 古德诺著，王元译：《政治与行政》，华夏出版社 1987 年版，第 1 页。

但人民往往是一个虚拟的整体，其意志的代表者是人民代表大会，人民代表大会制是我国政权的组成形式，人民代表大会是国家的权力机关，行政机关、司法机关由人民代表大会产生并对其负责，因此，人民代表大会是国家的政治权力中心。但在实际的政治生活中，由于中国共产党在中国现代化进程中的不可替代的地位和作用，中国共产党既是中国的执政党又是领导党，党的领导体现在各个方面，当然也包括对人大的领导。所以，在人民代表大会制度之外，由于中国共产党的领导体制的存在，使中国共产党及其各级党组织是实际的政治权力的中心。一般而言，政治权力结构是有中心的。“政治权力结构的核心是一个权力中心，它处于垂直权力结构的顶部，水平权力结构的中心。权力结构中其他成分按纵向隶属关系和横向分布关系围绕着权力中心展开。权力中心不但在政治权力结构等级排列中处于最高地位，而且在整个政治权力结构中处于支配地位。”① 而两种政治权力体制的存在，必然在实际政治生活中容易造成政治体制之间、政治主体之间“剪不断理还乱”的局面与矛盾。这些矛盾具体表现为：政府对党负责和对人民代表机关负责的矛盾；人民代表机关对党和对选民负责的矛盾；有法定授权的权力和无法定授权的权力在地位和作用上的矛盾；人治和法治的矛盾；法的权威、机构权威和人格权威的矛盾。② 由于党在行使政治权力时比人大的优势大，党与人大的领导与被领导关系的存在，造成了在实际的政治生活中，二者地位的不平等性，人大在法理与实际中的地位与作用失衡，形式上的二元权力体制，在实际的政治功能上变成以党组织为核心的一元政治权力体制，包括人民代表大会在内的“各级各类国家机构的权力最后统一于同级党组织，最终统合于中共中央，权力机构自下而上是单向直线

---

① 刘津洁、杨龙：《论政治权力结构》，《云南行政学院学报》，2002 年第 2 期，第 14 页。

② 李景鹏：《权力政治学》，黑龙江教育出版社 1995 年版，第 220 ~ 223 页。

型”。① 由于过度强调党的一元化领导，各级国家权力机关虚置，不能真正地发挥作用，各级权力都集中于各级党委，造成国家权力架构的失衡。这种矛盾突出地表现为严重的党政不分和以党代政，对此，邓小平同志曾经进行过总结，他说：“在加强党的一元化领导的口号下，不适当地、不加分析地把一切权力集中于党委，党委的权力又集中于几个书记，特别是第一书记，什么都要第一书记挂帅、拍板。党的一元化领导，往往因此而变成了个人领导。”② 所以，如何处理执政的中国共产党与人民代表大会制度两个政治权力中心引发的矛盾是当代中国政治体制改革必须思考的问题。

3. 地方行政区域的“分殊化”

从理论上讲，政治权力配置的均衡性，不仅体现在横向上的各个权力部门之间的权力均衡，而且还体现在纵向上的中央与地方关系的集分平衡。中央政府对不同地方政府的权力配置应遵循一个统一的模式，不同地方政府的权力应相等或大致相等。但在实际的制度安排中，不同的国家往往根据本国各个区域的不同情况设置相应的不同的地方行政区域，并授予不同的政治权力。就我国的实际情况而言，客观上，我国的政治资源的分布本身就是不均衡的。就区域而言，中心城市拥有的政治资源远远多于一般城市；就城乡而言，城市拥有的政治资源肯定大于偏僻落后的农村。从全国而言，政治资源高度集中于首都，北京是全国的政治中心，我国的重大政治决策由北京中央政府做出，全国性的政治会议往往都集中在北京举行。各省拥有的政治资源也有差别，最直接的一个体现是我国干部分布地区是不均的，东部的干部多于中西部，城市中多于农村，

---

① 金太军：《政治的基本问题与中国的政治体制改革》，《文史哲》，2000年第5期，第46页。

② 《邓小平文选》（第2卷），人民出版社1994年版，第328～329页。

干部，特别是高级干部，高度密集在北京。① 改革开放之后，出于经济发展的需要，中国采取了不均衡的发展战略，中央政府不断下放权力以提高地方经济发展的积极性，这样，由于放权，各个地方行政区域的政治资源的配置在原有差异的基础上进一步拉大，地方行政区域的政治地位和政治权力差异明显。在20世纪80年代权力下放的改革过程中，逐渐形成了东重西轻不均衡分权的格局，按照经济特区—沿海经济开放区—沿海开放城市—内地等不同的梯次，实行有差别的开放度和优惠政策；另外，为了更好地发挥一些中心城在经济发展中的功能与作用，决定对其中的重庆、武汉、沈阳、大连等十四个特大中心城市在国家计划中实行单列，并赋予省一级经济管理权限。这样，特区与非特区、沿海与内陆、计划单列城市与非计划单列城市之间，各自获得的政治资源存在比较大的差别，不均衡的放权必然加速扩大区域间的差异。客观地讲，由于中国是一个超大规模的国家，各地区情况差别较大，在改革开放初期，选择不均衡分权的格局，应该说这是符合当时实际情况的。然而，这种不均衡的分权也造成中央与地方关系的复杂化，原来处于同一行政级别的城市或地区可能一下子就改变了级别关系，原来经济管理权限相当的不同地方政府可能变得权限“分殊”，虽然，有些地方行政区域称谓相同，但实质的政治地位不同，拥有的政治资源相差悬殊。就以“市”这个政府层级为例来说，就有“直辖市”（省级），“计划单列市”（副省级），“地级市”（厅级），“县级市”（处级）四个层级。地方行政区域政治权力分配的“分殊化”，造成了地方政府之间及不同地方政府之间的矛盾。那些没有能够获得特殊权力和优惠政策等政治资源的地方政府在发展地方经济时丧失积极性，不同地方政府之间也会因为权限的变化和政策的差异而产生矛盾。随着我国市场化与分权化改革的不断推进，地方行政区域

① 杨龙：《我国政治资源的不平衡分布》，《中共福建省委党校学报》，2004年第2期。

的权力配置的“分殊化”越来越不能适应要求。经济市场化要求经济主体公平竞争，而在地方行政区域权力配置的“分殊化”格局下，由于不同地区享有不同的权力和不同的优惠政策，从而在事实上使不同地区的经济主体处于不同的地位享有不同的权力。若长此以往将十分不利于市场经济的健康发展，侵蚀市场经济的原则和基础。因此，地方行政区域政治权力分配的“分殊化”只是实现共同富裕这个长远目标的一个短期政策主张和手段。应当说，由中央向地方不均衡地分权过渡到向地方均权，既是社会主义市场经济发展的必然要求，也是社会主义民主政治建设的客观需要，更有助于推动中央与地方关系的民主化和规范化。

（三）政治权利配置的失衡

当代中国政治权利配置的失衡主要体现在两个方面：

首先是法定权利与现实权利的差距。一般而言，权利的存在形态有三种，即应有权利、法定权利与现实权利。应有权利意指人应当享有的权利，它表明权利的应然性；法定权利是指由法律确认和保障实施的权利，而现实权利往往指人们在现实社会中享有的权利状态，它是权利的实现程度和权利的实然状态。就三者的关系而言，应有权利是法定权利的基础，否认应有权利的存在，法定权利就成为无源之水，无本之木。而法定权利是应有权利和现实权利的中介，现实权利是法定权利实现的结果。在这三种权利形态中，现实权利与法定权利的讨论意义更为重大。“从客观方面来看，权利必须首先是一种法的规定，即由法所规定并予以保障的公民某种行为；从享权利者主观方面来看，则必须是公民通过自己的行为能够将法的规定变成现实，使自己的要求得到实现。”① 权利的客观方面和主观方面往往反映了法定权利与现实权利之间的差距。也就是说，客观方面法律的确认和界

① 张光博：《宪法论》，吉林人民出版社1984年版，第231页。

定，是权利的一个方面而不是全部，如果只有法律上的规定，而不给享权利者以将它变成实际利益的主观条件，这种权利就是空洞的。但是，法定权利的实施和转化为现实权利是需要一定的成本的，“所有的权利只能在某种程度上受到保护，并且这种程度部分依赖于如何分配稀缺公共资源的预算决定”。① 《中华人民共和国宪法》规定了我国公民享有的几十项权利，从理论上讲，这些权利人人均等享有，但《宪法》所规定的一系列权利要转化为现实权利，仍然需要一定的条件和基础，从我国当前经济和社会发展的现实水平来看，我国还不能够提供完备的条件来完全保证法定权利与现实权利的一致。这样，在我国的政治生活中，法定权利与现实权利的客观差距在相当长一段时间内会存在下去。

其次，社会阶层之间权利实现的现实程度也存在差距。在当代中国，由于公民行使政治权利的个人条件之间存在很大差异，每个社会阶层与社会群体之间享有的政治权利也就存在差异。现实中，富人往往比穷人享受更多的权利，强势群体能够实现的权利，社会弱势群体由于各种原因很难实现或者只能部分实现，例如：全体社会成员应该享有的社会保障的权利，包括养老保险、医疗保险等，广大农业劳动者和农民工群体享受的养老保险、医疗保险与城市职工存在很大差异。农民工群体在进入城市之后，他们享受不到同等的公民待遇，在就业、生活、子女教育等方面无法与城市居民保持一致。农民工生活的城市是各种资源高度聚集的地方，但几乎所有的城市中的政治资源包括党组织、城市地方政府、公益组织、工会、妇联、共青团等，对于农民工而言，在遇到困难时几乎都很难得到必要的救助或帮助。在2012年12月，在半个月的时间里，郑州连续发生两起农民工冻死街头事件。11月30日，郑州的一座立交桥下，一名农民工在露宿20多天后身亡；12月12日，在郑州解放路和二马路交叉口，一名中年

---

① ［美］史蒂芬·霍尔姆斯、凯斯·R. 桑斯坦著，毕竞悦译：《权利的成本——为什么自由依赖于税》，北京大学出版社2004年版，第88页。

男子在路边坐了三天三夜以后身亡。① 与农民工等弱势阶层相比，社会强势阶层在某些方面也不可能完全实现法定权利与现实权利的一致，但他们可以通过其强大的经济实力以及其他掌控的资源进行弥补，而弱势群体只能接受惨痛的现实。

最后，政治权利的失衡还可以通过社会强势群体和弱势群体的产生进行判断。进入 20 世纪 90 年代之后，特别是自 90 年代中期以来，政治权利在社会群体之间配置的失衡突出表现在强势群体和弱势群体的形成。随着当代中国社会经济的发展，社会群体之间贫富差距不断拉大，社会群体之间贫富差距的拉大，实际上是社会群体政治权利配置上不均衡的折射。正是社会群体拥有的实际上的政治权利的差异，导致了社会群体在市场化不断深入的过程中，获取的资源出现差异，阶层之间的分化加速。孙立平认为，20 世纪 90 年代中期以来，“社会资源配置反转过来，呈一种重新积聚的趋势。其结果是，社会中的各种资源，越来越集中到少数地区、少数群体甚至少数人的手中”。② 这些“少数人”往往就是拥有了社会中大部分资本的强势群体，主要指经济精英、政治精英和知识精英。他们在整个社会政治生活中具有重要影响，甚至在很大程度上决定了整个政策的制定和执行。而在另外的一端，原来在改革初期得到一些利益的社会群体日益成为改革代价的承担者，在事实上的政治权利的占有上日益边缘化，逐渐形成一个人口众多的弱势群体。这个弱势群体主要是由贫困农民、进入城市的农民工和城市中的失业下岗人员组成。这三部分人几乎构成了中国人口的绝大多数。这个群体在经济和政治资源的占有上处于弱势，其政治和社会影响力也是很弱的，甚至其文化和话语权也处于弱势的状态。“在我们的人大和政协部门，来自民营经济和政府垄断部门的

① 郑州接连两起农民工冻死街头事件暴露救助制度短板，参见：http://news.xinhuanet.com/politics/2012-12/15/c_114039518.htm。

② 孙立平：《权利失衡、两极社会与合作主义宪政体制》，《战略与管理》2004 年第 1 期，第 2 页。

力量相对比较大。而社会弱势群体影响社会舆论和公共政策的能力就很小。”① 社会强势群体和弱势群体的出现，凸显的是权利配置的严重失衡，由于政治权利配置失衡造成的强势群体和弱势群体的力量对比，已经成为影响社会和谐和良性发展的重要因素。

① 孙立平：《断裂——20 世纪 90 年代以来的中国社会》，社会科学文献出版社 2003 年版，第 34 页。

第五章　走向新时期的政治资源配置

一、新时期中国社会的主旋律：和谐

改革开放以来，中国社会发生了深刻的变化。经过20多年来经济体制的转型和现代化进程的推进，社会资源的配置机制发生了深刻的变迁。随着资源配置方式的转换，资源配置造成社会成员之间、社会组织之间的分化。一方面这种分化体现为国家与社会职能的分化，党政、政企职能的分化，以及职能单一化、专门化组织的发展，它是实现社会现代化的条件和必然过程；另一方面这种分化包含了经济利益的重新分配与调整，从而社会分化在很大程度上体现为一种利益分化。政治结构和社会组织功能的分化是为了更好地适应中国现代化的社会发展，而改革开放以来的利益分化是在一种特殊的社会历史背景下发生的，在利益分化的实际进程中出现了一系列值得关注的社会负面问题。其中，最突出的便是利益格局失衡，社会公正遭遇挑战。进入新世纪新阶段，社会摩擦和社会冲突趋于增多，社会和谐逐渐成为全社会的价值诉求，和谐社会建设成为社会建设的重中之重。

其实，社会的和谐一直是古今中外思想家探讨的一个重要主题和梦寐以求的目标。中国古代先秦政治思想家和近现代的洪秀全、康有为、孙中山等都曾对社会的和谐描绘过美好的蓝图。如孔子提出“有国有家者，不患寡而患不均，不患贫而患不安。盖均无贫，和无寡，安无倾”；① 老子设想的和谐社会是“小国寡民，使有什伯之器而不用，使民重死而不远徙。虽有舟舆，无所乘之。虽有甲兵，无所陈之。使民复结绳而用之。甘其食，美其服，安其居，乐其俗，邻国相望，鸡犬之声相闻，民至老死不相往来”；② 孟子则设计出一个“老吾老以及人之老，幼吾幼以及人之幼”的和谐社会图景；墨子则在他的心目中刻画了一个“爱无差等”的和谐社会。然而，在中国古代，最具有代表性的和谐社会理想就是《礼记·礼运》描绘的“大同社会”。《礼记·礼运》篇是这样描述的：“大道之行，天下为公。选贤与能，讲信修睦，故人不独亲其亲，不独子其子。使老有所终，壮有所用，幼有所长，矜、寡、孤、独、废、疾者，皆有所养。男有分，女有归。货，恶其弃于地也，不必藏于己。力，恶其不出于身也，不必为己。是故谋闭而不兴，盗窃乱贼而不作，故外户不闭，是谓大同。”直至近代，太平天国农民起义领袖洪秀全也设计出一个激励太平天国将士勇往直前的和谐社会蓝图——“务使天下共享，有田同耕，有饭同食，有衣同穿，有钱同使，无处不均匀，无人不饱暖。”近代戊戌变法的领袖康有为也曾在《大同书》中演绎大同之义，构想未来的“太平世”；伟大的革命先行者孙中山先生早年上书李鸿章，提出“人能尽其才，地能尽其利，物能尽其用，货能畅其流”的美好社会构想。

在西方，公元前6世纪的古希腊哲学家毕达哥拉斯就提出了和谐的学说，他认为和谐的内涵包含着对立与统一的关系。到亚里士多德时代，和谐的理论进一步演变为政治思想家的政治实践。在近代空想社会主义者那里，我们也不难发现“和谐社会”的理想。以圣西门、傅立叶和欧文为代表的空想社会主义思潮，在揭露和批判早期资本主义剥削的基础上，精心设计了他们的改革方案，积极地组织试验，宣传社会应该人人合作，财富应该个个均等。欧文曾经设计并实施了人人平等的理想模式——“新和谐公社”。空想社会主义者傅立叶提出

① 《论语·季氏》。

② 《老子》，第80章。

了铲除资本主义“文明制度”，以和平方式建立和谐制度，构建和谐社会的基本主张在他们的未来社会建构模式中，和谐社会成为了一个共同的价值追求。但由于空想社会主义者对和谐社会的制度设计脱离现实的经济基础，只是一种美妙的“幻想”。

马克思主义经典作家在批判地吸收和借鉴历史上的社会学说的基础上，勾勒了未来美好社会的蓝图，阐述了关于社会和谐发展的思想。马克思主义经典作家认为实现和谐社会是人类历史发展的必然趋势。资本主义文明超过了以往一切社会，但是，资本主义文明是在种种不和谐的矛盾中产生和运行的，资本主义社会仍然是一个片面的畸形发展的社会，并且，资本主义社会的基本矛盾是不可克服的，而未来的社会是全面发展的社会，是“自由人联合体”，这可以说是马克思主义经典作家设想的和谐社会最高境界，“在那里，每个人的自由发展是一切人的自由发展的条件”。① 生产力与生产关系、经济基础与上层建筑之间互相适应，其矛盾可以通过自身的调整来解决，而生产力的高度发展是实现和谐社会的前提条件。

中外思想家对社会和谐的展望与思考只是停留在思想认识的领域，而把“和谐社会”作为一个科学完整的社会发展理念提出来，并且真正地在现代生产力发展的基础上来进行建设，是与当代中国政治实践和社会发展直接联系的。在中国共产党的十六大报告中，提出“努力形成全体人民各尽其能、各得其所而又和谐相处的局面”。十六届三中全会系统提出“科学发展观”，强调以人为本、全面协调可持续发展，要求实现五个“统筹”，贯穿其中的重要思想，就是要努力实现整个社会各方面的和谐。在此基础上，中国共产党十六届四中全会在《关于加强党的执政能力建设的决定》中明确提出了“构建社会主义和谐社会”的目标，把“构建社会主义和谐社会”作为新时期中国共产党的执政目标，强调：“形成全体人民各尽其能、各得其所而又和谐相处的社会，是巩固党执政的社会基础、实现党执政的历史任务的必然要求。要适应我国社会的深刻变化，把和谐社会建设

① 《马克思恩格斯选集》（第 1 卷），人民出版社 1995 年版，第 294 页。

摆在重要位置，注重激发社会活力，促进社会公平和正义，增强全社会的法律意识和诚信意识，维护社会安定团结。”因此，构建和谐社会回归到当代中国社会发展的进程中，并被赋予新的含义和新的内容。2005年2月19日，胡锦涛在中央党校举办的“省部级主要领导干部提高构建社会主义和谐社会能力”专题研讨班上发表的重要讲话中，把社会主义和谐社会高度概括为民主法治、公平正义、诚信友爱、充满活力、安定有序、人与自然和谐等六个基本特征。

二、当代中国提出构建和谐社会的现实依据

当代中国提出构建和谐社会的社会发展目标，并不是空穴来风，而是与当代中国社会发展的现实和时代特征紧密联系的，它既是对目前中国社会发展中种种不和谐现象的回应，也是当代中国推进政治文明建设之所需，更是中国社会主动转型对社会发展做出的调适。

（一）社会主义和谐社会目标的提出是对目前中国社会发展中种种不和谐现象的回应

不言而喻，“和谐社会”的对立面是不和谐社会。人类对“和谐社会”的追求也就验证了现实社会往往存在着不和谐的，离人们美好社会的图景是有一定距离的现象。经过30多年的改革，当今中国社会进入了一个机遇和挑战并存的时代，一方面，中国面临着深化改革完善社会发展重大任务，另一方面，利益的分化则扩大了社会的不平等，社会矛盾呈现不断扩大态势，社会阶层不断分化，社会冲突不断增多。社会成员在经济资源占有上的差异日益显著，个人收入之间的差距拉大，其政治地位和社会地位也出现差距。社会学家陆学艺在《当代中国社会阶层研究报告》中，按照各个阶层对组织资源（政治资源）、经济资源、文化资源的占有情况等四个新的社会阶层作为划分标准，把当前中国的社会成员分为十个阶层，它们是国家与社会管

理者阶层、经理人员阶层、私营企业主阶层、专业技术人员阶层、办事人员阶层、个体工商户阶层、商业服务人员阶层、产业工人阶层、农业劳动者阶层和城乡无业失业半失业者阶层。这十大阶层分属上层、中上、中中、中下、底层五种社会地位等级。由于缺乏制度化的利益表达与调节机制，阶层之间的隔膜、疏离感日益增强，社会冲突在近几年逐渐增多和明显，多种不和谐因素和现象以冲突的形式在社会各个领域表现出来。在政治领域，由于某些党政官员的腐败，导致人民对执政党和政府权力认同降低；由于房屋拆迁过程中的粗暴执法，农村土地资源的惊人流失，引发城市居民和农村失地农民的频繁集体上访，并时常伴有集体抗法事件的发生；在经济领域，间歇性失业导致普通劳动者、弱势群体层面的社会成员利益受损和相对剥夺感的产生，对社会生存环境的产生不满。这些都对当代中国社会的良性运行构成了严重挑战。

一个社会在发展的过程中，矛盾与冲突是不可避免的现象，有其存在的逻辑。中国社会在现代化进程中出现的种种不和谐的现象正是现代化过程中所要经历的“阵痛”。著名的政治学家亨廷顿曾经指出：“现代性孕育着稳定，而现代化过程却滋生着动乱。”① 现代化起飞的时期，是一个社会结构错动、社会问题增多、社会秩序失范、社会风险易发的时期。我国社会转型进入社会发展的矛盾凸显时期，其实就是社会失调时期。在这样的一个时期，我国在经济快速发展的同时，产生了大量的社会问题，经济和社会发展不协调，形成了诸多的社会不稳定因素和不和谐的现象。正是在这种社会背景下，执政党提出了“和谐社会”这一社会发展的新目标，它反映了中国开始对现代化进程中的社会问题进行反思，标志着在历史和实践的转折点上中国对社会发展模式的调整。

① ［美］塞缪尔·P. 亨廷顿著，王冠华译：《变化社会中的政治秩序》，生活·读书·新知三联书店 1989 年版，第 38 页。

（二）社会主义和谐社会目标的提出也是推进社会主义政治文明建设的需要

香港著名学者金耀基先生曾经指出：中国的现代化本质上不能简单地看作是为了中国的富强，它基本上是中国寻求新的文明秩序的一个历史过程。① 换言之，中国的现代化是蕴涵着对文明的价值追求的，是一个建立文明的过程。中国寻求的文明的秩序自然应该是物质文明、精神文明和政治文明的统一体。和谐社会是与政治文明联系在一起的，一个和谐的社会同样也是一个文明的社会，一个社会的和谐状态不仅体现在物质文明和精神文明上，更应该体现在政治文明之中。政治和谐是和谐社会的一个重要层面。因为，政治系统是人类社会系统中最重要的子系统，和谐的社会中应该有和谐的政治，社会整体的和谐化有赖于政治的和谐化。政治和谐不仅是和谐社会政治价值的题中应有之义，而且更应该是和谐社会的应然状态。而政治和谐的一个重要表征就是政治文明。政治文明是人类政治生活的进步状态，它始终处于动态的发展之中，政治文明的发展具有时代性，“政治文明的时代性包含两层意思：一是政治文明的发展具有阶段性，不同时代的政治文明具有不同的特点和内容；二是政治文明的发展总是表现为一个新旧不断交替的过程”。② 另外，任何一种形态的政治文明都不是至善至美的，在存在形态上都有自身的局限。“正是因为每一种政治文明都带来某种局限性，因此，政治文明建设才会去克服这些局限性，不断促进政治文明的发展。”③政治文明建设就是一个不断克服政治文明自身局限性的过程。社会主义政治文明是政治文明的高级阶段，但社会主义政治文明也不是很快就能够建立的，它本身也随着

① 金耀基：《中国现代的文明秩序的构建》，《经济民主与经济自由》，生活·读书·新知三联书店 1997 年版，第 53 页。

② 虞崇胜：《政治文明论》，武汉大学出版社 2003 年版，第 213 页。

③ 虞崇胜：《政治文明论》，武汉大学出版社 2003 年版，第 215 页。

中国现代化的进程不断向前发展，是当代中国政治发展的核心任务。由于当代中国的现代化采取的是不平衡的发展战略，中国在经济高速增长的同时，伴随着政治发展的滞后和社会问题的产生，现代化进程中出现的种种不和谐的现象既是当前政治文明局限性的一个体现，也与社会主义政治文明相悖。因此，适时地提出构建和谐社会，通过构建和谐社会，才能逐渐消除现代化进程中的社会问题与政治问题，推动社会主义政治文明的发展。

（三）构建和谐社会也是当代中国社会转型的需要

从现代化进程的一般规律来说，后发国家往往面临着经济腾飞与社会发展两难选择，在现代化最初的起飞阶段，后发国家往往把经济的发展放在现代化的首要地位，因为经济问题的解决，对于现代社会及其政治体制的生存与发展、保障现代化的延续以及制度领域的持续发展都具有头等重要的意义。“从长远的观点来看，经济发展将产生比传统社会现有的分配方式更均衡的方式。但是在近期看来，经济增长的直接影响常常是扩大收入的不平等。经济迅速增长的集中受益者往往是少数人，而大多数人却蒙受损失。结果，社会上日益穷困的人便会增加。迅速增长常伴随着通货膨胀；通货膨胀时期的物价上涨总是比工资增长得快，其结局则是趋向更加不平等的财富分配。”① 因此，在后发国家现代化的早期阶段，主要的重点是资源的开发与积聚，而在基本完成城市化和工业化之后，当国家掌握和可用以调配的政治资源比较丰富时，国家所要解决的主要问题是在政治资源开放与维护的基础上来合理地配置和利用资源，社会关注的重点是建立资源配置格局上的利益均衡机制。当代中国新型现代化的情形就是这样，改革开放之后中国选择的是首先发展经济，以经济建设为中心，社会生产力取得了重大发展，中国的经济实力迅速增强。但这种发展是以

① ［美］塞缪尔·P. 亨廷顿著，王冠华译：《变化社会中的政治秩序》，生活·读书·新知三联书店1989年版，第53页。

巨大的资源为代价的，也带来了一系列社会问题。社会学家郑杭生、李路路提出旧式现代性和新型现代性的概念。所谓旧式现代性，“就是那种以控制自然资源、争夺自然资源为中心，社会和自然不和谐，使自然和社会都付出代价的现代性”。所谓新型现代性，“是指那种以人为本，人与自然双赢、人与社会双赢，两者关系协调和谐，并把自然代价和社会代价减少到最低限度的现代性”。①可以说，中国改革开放之后的不均衡现代化之路实际上具有旧式现代性的性质。构建社会主义和谐社会目标的提出，表明执政党与政府开始转向新型现代性的社会发展之路，开始由先前的注重经济发展转变到强调经济与社会协调共同发展，实现人与自然的和谐共处；由注重效率转向在稳定效率前提下关注公平。

三、和谐社会与政治资源配置的相关性

公平与正义是和谐社会的核心，而一个公平与正义的社会是建立在资源配置的相对均衡的基础上的。社会主义和谐社会命题的提出，不仅促使我们反思政治资源配置存在的问题，更重要的是，和谐社会建设本身也为新时期政治资源的优化配置提供了契机。

（一）社会的不和谐源于对政治资源的激烈争夺

为什么人类社会存在着不和谐呢？从政治资源的视角来看，对资源、特别是政治资源的争夺是造成社会不和谐的重要原因。通过合理的制度安排与制度设计，每个社会成员和社会组织都受到公平的待遇，对于每个政治社会来说都是非常必要的，但任何一个社会都不可能使政治资源和社会资源在社会成员和社会组织之间均等分配。因为，那样做既不可能，也违背了政治资源配置的规律。仅仅由于人们

① 郑杭生、李路路：《社会结构与社会和谐》，《中国人民大学学报》，2005年第2期，第3页。

之间的差别，政治资源的分配往往不可能是不平等的。美国政治学家达尔认为，有四项理由使政治资源在现实社会中的分配往往并不是完全公平或平等的。①每一个社会都存在着某种功能专业化：功能专业化造成了人们在享有政治资源方面的差别。一位国务卿和一位参议员外交委员会的成员比绝大多数公民得到更多美国外交方面的信息。②由于先天的差异，人们进入生活时获得的政治资源不同，那些起步较早的人常常处于领先地位。③生物学和社会性继承的差异，加上经历的差异，会使一个社会中不同的人们在动机和目标上产生差异，而动机的差异又导致获取资源的差异。④动机和目标上的差异在社会中通常受到鼓励，以使不同的人胜任不同的专业。[1]

正是政治个体各自拥有的政治资源总量不同，造成了不同的政治地位和社会地位，产生了领袖与大众的分野，出现了米歇尔斯所谓的“寡头统治铁律”现象。社会分化对于社会发展而言是一把“双刃剑”，一定程度的社会分化往往有助于现代化的顺利推进，但极端的社会分化和社会阶层之间的不平等往往诱发社会冲突。如果对由于政治资源的不均分配导致的社会分化不加调整和控制，任其发展下去，势必影响社会的稳定，造成社会不和谐。

（二）社会主义和谐社会是政治资源和谐共处的社会

“和谐”的前提应当是多元的存在，如果仅仅是单纯的一元那就谈不上和谐。民族、阶层、政党以及其他政治组织是国家重要的政治资源。这些政治资源之间固然有这样或那样的差异，但是它们各有各的生命力，各种政治资源的和谐共存能够形成合力，对政治共同体的生存与发展具有重要作用。中国要构建的社会主义和谐社会是以社会主义制度为前提的，这就决定了中国的和谐社会，应当是坚持共产党领导的各党派、民族、阶层和谐共存的社会。在当代中国，各民族之

---

① ［美］罗伯特·C. 达尔著，王沪宁译，《现代政治分析》，上海译文出版社 1987 年版，第 72 ~73 页。

间的团结与和谐共处是维护国家的统一和政治稳定的重要基础；中国共产党领导的多党合作制度能够充分发挥民主党派的政治智慧，为社会主义现代化建设服务。对于中国共产党领导下的多党合作制度的建立，毛泽东给予了积极的推动和高度评价。在中华人民共和国成立后，针对民主党派领导人黄炎培提出民主党派的历史任务已经完成准备解散的想法，毛泽东进行了说服和挽留。后来在《论十大关系》中，毛泽东又指出："究竟是一个党好，还是几个党好？现在看来，恐怕是几个党好，不但过去如此，而且将来也是如此，就是长期共存，互相监督。"中国共产党与民主党派的和谐共处与合作，推动了中国民主政治的进程。中华人民共和国成立以来的实践证明，多党和谐共处社会主义事业就顺利发展；反之，社会主义事业就遭受严重挫折，如1957年针对民主党派的反"右"扩大化运动，导致民主党派受到极大冲击，多党合作的政治功能逐渐丧失，直至引发"文革"悲剧。除了政党等政治组织的和谐共处外，社会主义和谐社会还应该允许日益涌现的大量社会组织的存在与发展，这些社会组织是政治组织必要的补充，与其他政治资源往往形成互补和互动。同时，社会组织和社会团体的制度化和规范化发展也是社会主义政治稳定的社会基础。

然而，强调社会主义和谐社会是政治资源兼容共生的社会，并不是否认社会主义和谐社会内部存在矛盾。任何社会都不可能没有矛盾与冲突，各种政治资源、各种社会力量之间不可能完全没有摩擦。早在社会主义制度建立的过程中，毛泽东就曾批判过那种"无矛盾的"社会主义和谐的思想，指出了在社会主义新制度中仍然充满着矛盾。他认为：在正确处理人民内部矛盾的过程中，中国可以建立起"又有集中又有民主，又有纪律又有自由，又有统一意志，又有个人心情舒畅、生动活泼的政治局面。"①因此，毛泽东所畅想的社会主义和谐社会并不是无矛盾和零冲突的社会。关键是，社会主义和谐社会能

① 《建国以后毛泽东文稿》（第6册），中央文献出版社1995年版，第543页。

够通过制度化的利益表达与规范机制来约束与调节各种政治资源（政治力量）之间的矛盾，它是一个有能力解决利益矛盾和化解利益冲突，并由此实现各种政治力量利益趋于均衡的社会。社会主义和谐社会利益的大致均衡使社会各个群体有着共同的预期和一致的认同，以此形成社会和谐的基础性力量；而且使政府也从和谐的社会环境中获得了更大的执政合法性。因此，社会主义和谐社会的政治资源和谐共处是建立在利益均衡制度的基础上的。

（三）社会主义和谐社会也是政治资源（政治力量）政治参与有序的社会

不言而喻，一个和谐的社会应该也是一个稳定的社会，也是各种政治力量与社会力量政治参与有序进行的社会。广泛的政治参与是现代化的一个重要标志，“区分现代化国家和传统国家，最重要的标志乃是人民通过大规模的政治组合参与政治并受到政治的影响”。① 广泛的政治参与对政治制度化的水平提出了要求。在政治制度化水平较低，政治参与的渠道单一与狭窄的情况下，持续的大规模的政治参与肯定对政治系统形成强有力的压力，往往酿成政治和社会冲突。因为，各种政治力量与社会力量的利益与要求如果不能够通过合法的政治参与渠道得到表达，它们往往寻找体制外的或非法的政治表达渠道如暴力、群众运动甚至革命来宣泄政治不满。因此，“政治稳定依赖制度化和参与之间的比率。如果要想保持政治稳定，当政治参与提高时，社会政治制度的复杂性、自治性、适应性、内聚力也必须随之提高”。② 也就是说，制度化和规范化的政治参与是保持社会和谐的重要条件，在这种制度化和规范化的政

① ［美］塞缪尔·P. 亨廷顿著，王冠华译：《变化社会中的政治秩序》，生活·读书·新知三联书店 1989 年版，第 34 页。

② ［美］塞缪尔·P. 亨廷顿著，王冠华译：《变化社会中的政治秩序》，生活·读书·新知三联书店 1989 年版，第 73 页。

治参与机制下，各种政治力量与社会力量能够有序地进行利益表达，政治系统通过制度化的政治参与渠道，也能够获得支持，化解潜在的政治风险与社会冲突。因此，从政治参与的角度来看，社会主义和谐社会是一个能够有力地化解冲突、协调利益的社会。社会主义和谐社会的构建，必须确立多元的规范化的政治参与渠道，来整合各种政治力量等政治资源，有效地协调利益矛盾，化解冲突。在经济、文化、社会生活等领域建立畅通的民意表达机制，并使之制度化、常规化；通过不断拓宽利益表达和信息沟通的渠道，积极培育和发挥各种社会组织的桥梁与纽带作用。新兴的社会中介组织、自治组织、群众团体能够把分散的各种政治力量与社会团体组织起来，通过制度化形式进行利益表达，实现政府与民众的双向沟通，成为沟通国家与社会、政府与民众的重要渠道；在宪法和法律允许的范围内，使各种政治参与主体的利益、愿望和要求能够及时、有序、充分地得到表达。

（四）社会主义和谐社会更是政治资源配置合理的社会

如果承认社会冲突与不和谐源自社会资源，尤其是政治资源配置上的极端不平等，那么合理得当的政治资源配置就是和谐社会能够实现的前提条件。而且，社会主义和谐社会的本质也要求政治资源的配置必须符合社会主义发展的要求，符合公正与效率，最大限度地体现人民的意志与利益。政治是对公共价值的权威性分配，政治系统利用公共权威协调共同体内部的各种利益关系，合理、有效地来对公共利益和政治资源进行分配。但政治共同体内部各个利益群体由于资源分配的不平等，可能会引起政治冲突与社会冲突，解决冲突的关键应是资源的分配得当。通过政治资源的优化配置，实体性政治资源与规范性政治资源相互配合，相得益彰，政治机构和政治组织能够高效有序地运转，而不是相互抵消，相互扯皮。当前我国社会正处于急剧转型过程中，不同利益群体在改革中享有的资源不同，分配的利益也不尽相同，造成了一定的社会矛盾和冲突。

但是，由于人们的根本利益和长远目标是一致的，要解决现阶段的冲突与矛盾，应该协调政治共同体内部不同利益群体之间的资源和利益分配机制，达到动态的利益均衡，才能构建真正意义上的社会主义和谐社会。因此，这就要在承认合理的社会差别的基础上，通过建立合理的社会激励机制，把政治资源尽可能地公平分配给每一个社会成员，使每一个社会成员都有机会通过自己的努力，实现合理、有序的社会流动，从而使全体人民能够各尽所能、各得其所而又和谐相处。具体来说，就是要使国家财政或物质性资源的配置能够实现公平合理，使社会各个阶层能够各取所需、人民安居乐业，物质性资源能够最大限度地发挥作用，促进国家经济增长，使人民普遍实现小康；在政治制度的配置上，建立合理的制度安排，在既定的政治制度和政治体制框架之内，政权体系保持有效协调运作，各个国家政治权力机关既能有效地相互配合又相互制约，履行政务的各种主体之间以及政务主体与工作对象之间处于良好的合作与相容状态；在民主和法制的基础上，调节各个政治主体之间的利益关系，依法保障政治主体的合法利益，规范其利益行为；建立国家与政府负责、社会协同、公众参与的政治治理模式，整合各种社会资源，有效地调动劳动者的生产积极性，实现社会政治、经济、思想文化发展之间的平衡与内部子系统的协调。

四、优化政治资源配置、促进社会和谐

构建和谐社会的基础性工作是政治资源的优化配置。政治资源的优化配置是指科学合理地安排不同类型的政治资源的使用，使政治资源的使用能够最大地发挥效能。社会主义和谐社会政治资源的优化配置，必须汲取过去政治资源配置中的经验，直面当前政治资源配置中的问题与不足，根据建设和谐社会的目标，形成政治资源配置的战略性方案。

（一）和谐社会政治资源优化配置的前提是加强执政党执政能力建设

由于中国现代化的特殊性，现代化的推动者和组织者主要是政府和中国共产党。中国共产党承担着实现社会主义现代化的历史重任，同时也是政治资源配置的主体。虽然改革开放以后，中国国家与社会关系发生了深刻变革，国家不再是社会资源唯一的来源，但由于中国现代化的艰巨性与复杂性，在今后乃至相当长一段时间内，中国共产党将始终肩负着资源整合和资源配置的主要任务。要构建社会主义和谐社会，实现政治资源的优化配置，前提是应该提升中国共产党的执政能力。所谓执政能力，一般说来，它是指执政的政治集团和政治组织，推行执政理念、维持执政地位的力量与效能。政党的执政能力是一个历史的范畴，在不同的时期会有不同的要求。中共十六届四中全会在科学判断国内和国际形势的基础上，从宏观层次上，把党的执政能力概括为五种能力：驾驭社会主义市场经济的能力，发展社会主义民主政治的能力，建设社会主义先进文化的能力，构建社会主义和谐社会的能力以及应对国际局势和处理国际事务的能力。而从执政的具体实践层面上来讲，执政能力可细分为整合能力、调适能力、创新能力、判断能力等，而对政治资源的配置能力自然也应该是党的执政能力的一个重要内容和重要体现，中国共产党的执政能力直接关系到政治资源的配置能否实现合理与科学。和谐社会的构建对于中国共产党的执政能力与执政方略都提出了很高的要求，中国共产党只有通过自身的全面建设，尤其是执政能力的建设，使自己成为求真务实、开拓创新、勤政廉洁的执政党，才能够完成构建社会主义和谐社会的艰巨任务。因此，加强党的执政能力与提升政府的治理水平，不仅是顺应当代中国政治发展的要求，也是实现社会主义和谐社会政治资源优化配置的前提。

1. 以“和谐意识”促进中国共产党政治资源配置理念的科学化

实现政治资源的优化配置，首先应该具有科学的配置理念。因为，政治资源的配置既是一门艺术，也可以说是一门科学，它需要科学的理论与理念作指导。社会主义和谐社会政治资源的优化配置需要执政的中国共产党在配置理念上能够与时俱进，树立“和谐意识”，按照创建和谐社会的要求，使政治资源的配置能够在各个阶层各种政治力量之间达到和谐，形成利益均衡的资源分配结构；摒弃不适应和谐社会构建的资源配置理念，树立以人为本的政治理念，围绕人民群众最现实、最关心、最直接的利益，坚持权为民所用、情为民所系、利为民所谋，使政治权力的配置能够更好地维护人民的民主权利，使人民在构建和谐社会的过程中得到实惠，人民之间拥有的经济实体性资源大致平衡，能够体现社会公平，能够实现社会主义政治资源配置的人文关怀。

2. 加强中国共产党政治资源配置方法与手段的科学化、规范化

加强党的执政能力建设并不意味着要强化党对国家和社会事务的控制范围和力度，而是要增强党的适应能力，根据社会发展的形势，转变党的执政方式，使党的执政方式更好地符合社会发展的规律与要求。由于历史和现实的原因，改革开放以前的中国，国家与社会合一、党政合一、政治与经济合一，执政党与政治体系主要依靠行政命令对政治资源进行配置。应当承认，这种资源配置的方式曾在当代中国社会发展中起过重要的作用。中国共产党执政方式的变革源于十一届三中全会以来的政治体制改革，与此相适应，社会资源和政治资源的配置方式也出现了相应的转换。进入20世纪90年代以来，随着经济多年高速增长和人民总体生活水平极大提高，社会结构的深层问题以及利益关系分化所带来的一系列社会问题就越来越凸显，面对新时期构建和谐社会的重要任务，执政党原有的资源配置的手段与方法不仅在总体上无能为力，而且还有可能使问题进一步严重的趋势。因此，为了适应社会主义和谐社会的构建的要求，在政治资源配置的方

法与手段上还需要进一步科学化、规范化。这就要求进一步规范党政关系，实现党政真正分开，在资源的配置上，党的功能应更多地专注于决策过程，执政党的主导作用应规范在法制的轨道上，配置的方式也应进一步法治化，应更多地通过间接的法律手段来从总体上调控资源配置，重视和发挥人大和政府等政治机关的职能。并且，执政党必须遵守宪法与法律的规定，在宪法与法律的范围内活动，做到科学执政、民主执政与依法执政，使三者统一于社会主义和谐社会政治资源配置的实践过程之中。

（二）和谐社会政治资源配置的核心是优化制度资源配置

如何建立和维护社会秩序是一切社会科学和哲学必须直接或间接回答的问题。从古至今，哲学家和社会科学家往往提出两种路径供选择，其一是寄希望于改善人类的道德能力。实践证明，虽然人们为此付出了很大的努力，但成功的可能性使人怀疑；另外一条路径的出发点是：人就是他现实存在的样子，存在着道德上的弱点。这种现实限制着社会可以达到和谐状态。但是，在这些限制之下，人们仍然有望通过恰当的规则设计、制定和维护，获得可持续的社会秩序。因此，“我们需要社会规则……只有那些浪漫的无政府主义者才会认为，人们中间存在着‘自然和谐’，即使没有任何规则，他们也能消除冲突。我们需要共同生活的规则，其简单的理由是，没有规则，我们必会陷入争斗”。① 因此，规则、制度对于社会和谐具有根本性作用，现代和谐社会的根本在于制度建设。自有国家以来，一切文明都需要制度支撑，制度为社会的有序和谐运行提供保障。西方宪政经济学的代表人物布坎南和布伦南在他们所著的《规则的理由——宪政的政治经济学》的前言中开宗明义地写道：“从最基本的层面上说，规则的理由就存在于人们永无休止地追求和平与和谐的共同生活的愿望之

① ［美］詹姆斯·M. 布坎南，［澳］杰佛瑞·布伦南：《规则的理由——宪政的政治经济学》，《宪政经济学》，中国社会科学出版社 2004 年版，第 3 页。

中；在这种生活中不存在持续不断的人人为敌的霍布斯式战争。”西方政治文明的重要体现就是西方资本主义国家建立了一套完备的社会制度体系，它对于保障西方资本主义国家的正常运转，调节资本主义内部的矛盾是至关重要的。

从当代中国政治的实践来看，由于制度资源供给的不足和制度缺失，曾经给社会主义现代化建设事业带来了巨大的损失。邓小平对此曾经作过深刻而精彩地总结，他说：“我们过去发生的各种错误，固然与某些领导人的思想、作风有关，但是组织制度、工作制度方面的问题更重要……不是说个人没有责任，而是说领导制度、组织制度问题更带有根本性、全局性、稳定性和长期性。”① 从构建社会主义和谐社会的现实需要来看，制度构建和制度资源的优化配置是和谐社会政治资源配置的核心。

1. 和谐社会的制度优化配置必须立足于当代中国国情

制度资源配置的方式很复杂，有学者把制度资源的优化配置概括为四种主要方式：纵向继承性配置方式，是指古为今用，对历史制度进行挖掘，配置并整合到现代社会制度体系中去；横向移植配置方式，是指当本国制度资源匮乏时，借鉴国外的制度模式，并对其进行改造，使之符合本国国情；融合杂交性配置方式即“拿来主义”，古为今用，洋为中用，将古代与现代、本国与国外的制度实现嫁接；综合创新即立足现实，面向未来，敢于创新。② 社会主义和谐社会的制度配置固然可以借鉴和采纳西方政治文明的优秀成果，但切忌照搬。因为，任何一项制度的产生都是具有历史基础和社会条件的，都与它所处时代的政治、经济、文化相关。伟大的法国思想家托克维尔在考察美国的民主制度时认为，有助于美国维护民主制度的原因有三：自然环境、法制和民情。因此，美国的民主制度与美国社会是紧密联系

① 《邓小平文选》（第2卷），人民出版社1994年版，第333页。

② 陈祥明：《社会可持续发展的制度资源配置》，《社会科学辑刊》，1998年第3期，第36页。

在一起的，美国的民主制度未必就是民主世界唯一的模式，“美国的联邦宪法，好像能工巧匠创造的一件只能使发明人成名发财，而落到他人之手就变成一无是处的美国艺术品”。墨西哥照搬美国的宪法，不但没能使国家富强，反而失去了民族特色，因为，“他们只抄来了宪法的条文，而无法同时把给予宪法以生命的精神移植过来”。①托克维尔在两百多年前的告诫对于今天和谐社会的制度配置仍然具有重要意义。英国19世纪杰出的政治思想家密尔也曾强调制度要与民族习惯和性格和谐一致，他说：“当一项制度，或一套制度，具有民族的舆论、爱好和习惯为它铺平的道路时，人民就不仅更易于接受，而且更容易学会，并从一开始就更倾向于去做需要他们做的事情，以维护这种制度，和把它付诸实施，便能产生最好的结果。”② 无疑，社会主义和谐社会的制度配置可以借鉴西方政治制度中汲取文明成果，但其根本立足点应是当代中国的国情，制度的配置必须符合中华民族自身的特点，符合社会主义中国的社会发展规律。

2. 社会主义和谐社会的制度优化配置必须扬长避短，注重现有制度优越性的发挥

作为社会主义民主制度的重要体现，当代中国的政治制度尽管还有许多不完善之处，但从整体上讲，当代中国政治制度具有自己的特色与优点，它与当代中国的国情是紧密契合的，体现了当代中国社会主义民主的价值理想，其优越性的发挥以及功能的拓展还有很大的空间。因此，和谐社会的制度优化配置，首要的是应该注重现有制度优越性的发挥。例如，当代中国的多党合作和政治协商制度是具有中国特色的政党制度，它有利于加强社会主义民主政治建设、促进政治决策的科学化和民主化、提高中国共产党的执政能力。因此，在社会主

① ［法］托克维尔著，董果良译：《论美国的民主》，商务印书馆1988年版，第186页。

② ［英］J. S. 密尔著，汪瑄译：《代议制政府》，商务印书馆1982年版，第11页。

义和谐社会的构建中，应继续坚持和完善中国共产党领导的多党合作和政治协商制度，强化多党合作和政治协商制度的政治协商功能，使各民主党派、各社会团体能够准确及时地反映利益要求和政治愿望，形成一种“商议性政治”① 的氛围，来有效地化解社会冲突。同时，更要坚持和完善人民代表大会制度，充分发挥人大制度的功能，使之成为充分反映人民意志、维护人民利益的主渠道。

3. 和谐社会的制度优化配置，必须体现制度创新的要求

关于制度创新的理论，新制度经济学家有很多深入的探讨。几乎所有的新制度经济学家都认为，只有一项制度安排的预期净收益超过预期成本时，该项制度才会被创新。“如果预期的净收益超过预期的成本，一项制度安排就会被创新。只有当这一条件得到满足时，我们才可发现在一个社会内改变现有制度和产权结构的企图。”② 诺斯认为，诱致人们去改变制度安排获取收益来源的因素有：规模经济、外部性、风险和交易费用。在现有的制度框架下，这些因素所引起的收入的潜在增加不能内在化时，制度创新能够实现这种这些收入的增加，新的制度安排“能够使经济单位实现规模经济（股份公司、企业），鼓励创新（奖金、专利法），提高要素市场的效率（圈地、股

① 当代西方著名哲学家哈贝马斯提出“商议性政治”民主的概念。他认为，政治过程充满了妥协、谈判和商谈等，政治利益和政治价值需要一种平衡机制，所需要的是一种商议性政治。商议性的成功并不取决于一个有集体行动能力的全体公民，而取决于相应的交往程序和交往预设的建制化，以及建制化商议过程与非正式地形成的公共舆论之间的共同作用。“商议性政治”的概念虽然是针对当代资本主义民主政治而言的，但它对于当代中国和谐社会的制度构建和配置也具有一定的现实意义。参见：［德］尤尔根·哈贝马斯：《在事实与规范之间》，生活·读书·新知三联书店 2003 年版。

② ［美］R. 科斯、A. 阿尔钦、D. 诺斯等著，刘守英译：《财产权利与制度变迁》，上海三联书店 1994 年版，第 274 页。

票、废除农奴），或者减少市场的不完善（保险公司）”。① 对此，戴维·菲尼也持和诺斯基本相同的观点。他认为，“对制度安排的变化的需求基本上起源于这样的一种认识：按照现有的安排，无法获得潜在的利益。行为者认识到，改变现有安排，他们能够获得在原有的制度下得不到的利益”。② 制度也正是通过创新，来推动自身的发展，解决自身存在的矛盾。正是从这个意义上讲，制度创新是制度变迁的良性发展，制度创新是实现制度优化配置的重要途径。因此，社会主义和谐社会的制度优化配置，制度创新是不可或缺的重要环节，是题中应有之义。社会主义和谐社会的制度优化配置，需要通过制度创新来调整现有的政治、经济、文化制度之间的关系，使各项制度相互协调，达到最优状态；通过制度创新，弥补现有某些制度的缺失，从而使制度的配置趋于完善，使制度在和谐社会中真正地发挥核心作用。

4. 和谐社会的制度优化配置更应体现法治的理念

西方法治的最早表述可以追溯到亚里士多德，他认为：“法治应该包含两重意义：已成立的法律获得普遍的服从，而大家所服从的法律又应该本身是制订得良好的法律。”③ 也就是说，法治不仅仅是要全社会普遍对法律认同与服从，而且还要用制度来保障所实行的法律是良法。法治是现代自由民主国家的一项基本宪政原则。它意味着人人服从法律并由法律统治，即统治者和被统治者都必须在正义的法律的框架内活动，法律具有终极意义上的规范和裁决政治行为的力量，法律是政党、政府以及司法活动的最终导向和唯一准绳。“法治社会

---

① ［美］道格拉斯·诺斯、罗伯斯·托马斯著，厉以宁译：《西方世界的兴起》，华夏出版社 1999 年版，第 10 页。

② ［美］戴维·菲尼：《制度安排的需求与供给》，《制度分析与发展的反思》，商务印书馆 1992 年版，第 138 页。

③ ［古希腊］亚里士多德著，吴寿彭译：《政治学》，商务印书馆 1965 年版，第 199 页。

与非法治社会的区别在于：在非法治社会中，民众必须守法，政府可以不守法；在法治社会中，人民必须守法，政府更必须守法。”①和谐社会也是法治的社会，政治和谐化的过程也必然是一个法治化的过程。法治的功能就是要促使社会制度与社会结构的关系达到和谐统一的状态，防止朝令夕改权大于法而造成的社会混乱与无序。从政治文明的角度而言，法治对政治制度起决定作用，对政治行为起调整作用，对政治意识起促进作用。② 构建社会主义和谐社会，不仅要倡导法治精神，培育法治观念，更应注重法治的制度建设，在制度构建与制度配置中体现法治精神。这就需要用宪法和法律把法治的理念要求规定或确认下来，使其成为社会主义国家民主制度中的组成部分，通过法治，来规范社会主义制度安排，引导社会向更理性化、秩序化的方向发展，保证国家各项工作都依法进行，使社会主义民主制度化、法律化，使这种制度和法律不因领导人的改变而改变，不因领导人看法和注意力的改变而改变，使社会治理摆脱偶然性、任意性和特权，形成一种稳定有序的和谐状态。

（三）和谐社会政治资源配置的基础是财政资源的优化配置

和谐社会财政资源的配置，应该让绝大多数人能够分享改革和发展的成果，化解市场化过程中由于资源配置不均衡所形成的矛盾，调整社会阶层之间的利益关系，增加社会对政治共同体的认同感和凝聚力，维护和实现社会的公平、正义与和谐，建立和完善适应和谐社会的财政资源体制。

① 刘军宁：《从法治国到法治》，《经济民主与经济自由》，生活·读书·新知三联书店 1997 年版，第 110 页。

② 汪习根：《法治与政治文明关系三论》，《政治与法律》，2004 年第 2 期，第 17 页。

1. 和谐社会财政资源的优化配置的目标是要建立公共财政体系

所谓公共财政，包括国家税收的公共提供和公共支出两个方面。公共财政本质上是一种有偿财政，是纳税人基于对公共利益的需要，通过采用让渡其部分财产所有权为代价来获取公共产品和公共服务的手段。它要求国家必须为公众提供满意的公共产品和公共服务并接受其监管。① 因此，公共财政体现了纳税人与国家之间的契约关系，国家财政只能用于公共事宜，否则，财政税收的非“公共”使用必然是对纳税人利益的直接侵犯，国家权力也就不具备公共性，就不能确保国家能够为民众提供公共服务。近代西方政治文明的一个重要成果就是公共财政体系的建立。

近代西方国家的前身大多是王朝国家，王朝国家财政制度的一个明显的弊端，是国家的收支与国王的个人收支往往混淆在一起，从而使人不能确切地知道哪项支出是国王的，哪项支出又是国家的。国王为了个人生活的奢侈与挥霍，往往滥用国家财政，往往以国家的名义随意征税。结果，造成了国王与纳税者之间的矛盾与冲突。近代英国资产阶级革命的直接原因就是国王与贵族围绕税收的斗争。自 1688 年光荣革命后，英国废除了王朝财政体系，在代议制体制下确立了公共财政体系，国家的税收开始用于满足国家公共支出的需要，而不再主要用于王室的消费，英国的王朝国家最终迅速发展成为近代的民族国家。

人类进入现代社会以来，公共财政更是适应市场经济的国家财政。社会主义和谐社会的构建，也要求社会主义的国家财政规范化、制度化，以更好地为全体人民提供满意的公共产品。因此，应抓住构建和谐社会的机遇，构建以人民为主体的公共财政体系。社会主义的财政应由人民当家做主，高效地为人民服务，为公共需要服务，人民是国家财政的主人，政府是人民的公仆，受委托行使公共职能。财政

---

① 魏建国:《代议制与公共财政——近代西方代议制宪政模式的形成及其作用机理分析》,《政法论丛》, 2005 年第 6 期, 第 29 页。

收入来源于人民，更要服务于人民，国家财政应从人民的根本利益出发，公正、公平、公开、高效地提供国民需要的公共产品和公共服务。实际上，自1998年开始，中国的财政改革目标明确逐步化，中国的财政体制要逐步由建设财政向公共财政转变。在当年的全国财政工作会议上，构建中国公共财政框架的决策已经出台，目前，中国已经形成了符合社会主义市场经济发展要求的公共财政体制的初步框架，包括已基本建立起来的增长稳定的财政收入体系、灵活有效的财政宏观调控体系和管理规范的财政支出体系。在构建社会主义和谐社会的进程中，要继续推进社会主义公共财政体系的建立。只有这样，才能从前提上保证实现财政资源的优化配置。

2. 和谐社会财政资源的优化配置的关键是加强和完善民主监督机制

为了确保公共财政的有效配置与使用，不能完全靠公务人员的自觉性去实现公正、公平地提供公共产品和公共服务，而应通过民主科学的监督体制和完善的法规去实现财政资源的优化配置。因此，一套关于民主决策与监督的机制，是必不可少的。从根本意义上讲，民主制度的价值就在于为确保政治家和政府官员的行为与决策，真正对选民和纳税人负责，提供一个有效的和可操作性的机制。民主制度一方面通过系统获取和协调民众偏好，另一方面通过约束和监督政治家与政府官员对这些偏好及时做出合理反应，从而至少在原则上确保有效率地提供公共产品。通过民主的财政体制，人民才能够向政府表达偏好并借以监督和制约政府行为，才能够使财政资源的配置具有效率。

在当代西方，对公共财政民主机制的强调莫过于公共选择学派的经济学家布坎南。布坎南探究了二战后西方资本主义国家特别是美国财政赤字背后的政治动因，布坎南和瓦格纳在《赤字中的民主》中对凯恩斯主义反平衡预算的主张进行了批评，他们指出财政预算已经成为政治家竞选的工具。为了获取选民的政治支持，政府往往通过扩大财政预算来满足选民增加公共福利和个人收入的要求。官僚机构和立法部门都追求预算最大化，他们与利益集团形成“铁三角”，导致政府预算居高不下，他们为了给人们带来暂时的利益在公共支出中推行赤字财政，而规避债务责任，使后代忍受财政赤字的煎熬。同时，在公共支出中，由于不完全的监督信息和公民财政知识的缺乏，政府往往努力制造“财政幻觉”，使公众不能真正了解预算的实际规模和真正性质。因为“即使是在最为现代化的预算制度下，预算的绝对复杂性也使仔细的检查根本不可能，公民至多仍然只能非常粗略地了解公款的分配情况。在这一必然无知状态下，政府发现可以比较容易地操纵预算项目，使之看起来较多的款项用在了‘受人欢迎’的计划上”。① 布坎南和瓦格纳认为，要克服财政赤字，建立合理的财政体制，“第一是要明确认识到建立一个有意义的宪法准则的必要性，这一准则应该独立于它可能受到的较为广泛的限制之外。预算不能离开民主政治的海洋浮游，它们只能建立在对外部形式的种种约束之中……这些准则为具体的预算规定制定了种种限制条件，这样的准则就其基本涵义来说，恰恰是符合宪法的”。② 正如政府的行为要受到政治宪法的制约一样，它也必须受到一部经济宪法的规范，这样，布坎南提出了财政立宪的主张，其实质是建立财政预算与分配的“元规则”，其要义也就是建立财政资源配置的民主监督机制。

要保证国家公共财政的正确使用，不仅要靠严明的法律，而且必须依靠直接和经常性的组织对公共财政进行监管。从西方资本主义国家的政治实践来看，从近代到现当代，西方资本主义国家的议会一直严格保留着税收立法权及监督权，议会通过经济权力（财政预算的批准和审查）来制约行政权力始终贯穿于资本主义国家的发展历程中。虽然二战后，许多发达的资本主义国家议会的地位相对于行政部门地位的提高而有所下降，但仍然在监督政府方面起着重要的作用。各国议会的财政权在内容的规定上虽然不尽相同，作用有大有小，但

① ［美］詹姆斯·M. 布坎南著，穆怀朋译：《民主财政论》，商务印书馆1993年版，第145页。

② ［美］詹姆斯·M. 布坎南，理查德·瓦格纳等著，刘延安译：《赤字中的民主》，北京经济学院出版社1988年版，第177～178页。

财政权仍然牢牢掌握在西方各国议会的手中，是议会通过国家预算来制约和监督政府的重要权力。社会主义和谐社会财政资源配置的民主监督机制的加强和完善，首要的是应该加强和完善财政预算的权力制衡机制，强化人大的以审议、批准国家预决算为内容的财政监督权，强化预算的法律约束力；通过公共预算制度的改革，强化人民代表大会在政府预算的编制、执行和决算全过程的决定权与监督权。这就要求提升人大的政治地位，使人大的实际地位与法理地位相符；推进人大代表的专职化，吸收专业人士到人大财经委员会任职，使人大财经委员会专职化、专业化。同时，更要建立公共财政体系的监督体系，特别要强调广大纳税人对财政资金运行的管理监督权，加强财政部门对政府部门滥用财政资金的制约权力，以形成对财政资金的收、支、管、用进行全方位和全过程监督的新格局，时时公开财政信息，推动财政透明化，落实财政资源配置的责任。

3. 和谐社会财政资源的优化配置更要重视财政资源配置的优先次序

除了建立适应社会主义市场经济体制的公共财政体系和完善财政资源配置的民主决策与监督制度之外，和谐社会财政资源优化配置的具体过程中，更要重视财政资源配置的优先次序。虽然，经过 30 多年的改革开放，中国经济实力显著增强，国家财政收入也逐年增长，但总体上讲，由于当代中国仍然处在社会主义的初级阶段，中国的财政资源仍然是有限的。这种有限的财政资源在配置上不可能“四面出击”，更不应该配置到同社会发展无关的领域。因此，财政资源的配置也应该有一个先后的次序排列。它不仅关系到社会的公正问题，而且直接影响到社会的整体发展与和谐社会的构建。如何确定财政资源配置的优先次序？中央党校的吴忠民教授对公共投入的分析可以为我们提供较好的思路。吴忠民教授认为，应该本着先考虑基本的民生问题、再考虑发展的原则来安排公共投入的次序，他在分析马斯洛需求层次论的基础上，认为公共投入的次序有基础者、次基础者、再次基础者之分，基本的民生问题属于基础者，应当放在优先的位置。当然，对公共投入的先后次序也不可绝对化理解，如果某一“基础性”的公共投入已经实施得至为完善，应适时将注意力转移至“次基础者”，否则不仅造成某种意义上的浪费，而且会存在公共投入“过度”与“不足”并存的情况。①中国在现阶段财政资源的配置上的“缺位”与“越位”并存的现象与吴忠民的分析是吻合的，其根源是财政资源配置优先次序的颠倒。一方面是巨额的行政管理费用的逐年增长，2004年我国行政办公开支高达7000亿元，公车消费居高不下，每年全国的公务用车费用远远超过1000亿元。②另一方面，关系基本民生的社会保障、义务教育、医疗卫生的投入却相对滞后。构建社会主义和谐社会，财政资源的优化配置必须重视优先次序，理顺资源配置的先后次序与轻重缓急，继续增加社会发展进程中关乎民生问题的财政投入。通过财政资源的优化配置，缩小城乡差距和社会阶层之间的差距，使社会上绝大多数成员能够分享改革和发展的经济成果。

（四）和谐社会政治资源配置的保障是意识形态的优化配置

人类社会的活动形成了不同的领域，社会要想和谐，首要条件就是各个领域之间不相互干预和彼此冲突。当然，人类社会活动领域本来是各不相干的，人们把它们的相对边界划分为政治、经济、军事、文化等其实是一种理论上的习惯。随着人类文明的发展、社会现代化程度的提高，社会分工的层次越来越多，划分出的领域也越来越多，而且相互之间的交叉和影响也越来越明显。所以，“意识形态才可能作为对事物的一种主导或统治性看法，用来整合和维系不同领域活动

---

① 吴忠民：《应当高度重视公共投入的优先次序》，《南方周末》，2003年11月13日。

② 梁发芾：《去年公费出国到底花了多少钱?》，《中国经济报》，2005年3月9日。

的合力，也就是各领域的活动都遵从某个规范理念来调整自己的运作规则和方式”。① 作为关于世界和社会的系统看法，意识形态一方面是对包罗万象的关系的一种抽象，它使各种社会因素在同一时空中的活动得到根本维系；另一方面它又是一种功能局限，规定着各种领域活动的形式和效用。从这个意义上讲，意识形态既是政治体系进行政治整合的重要资源，同时也起到价值导向作用。社会主义和谐社会是经济、政治、文化等多种人类活动领域综合作用的结果，在整个社会由“不和谐”向“和谐”的发展过程中，意识形态理论体系的确立和完善，可以形成一种强大的精神动力，增强社会成员的凝聚力与向心力，有助于减少社会转型中的矛盾与冲突。当前社会主流的“意识形态一方面确认了社会阶层或社会集团的现实利益和目标追求，即社会和谐理念的确立；另一方面对和谐社会未来发展的图景进行设计，并对设计的理想目标在未来实现的可行性上进行理论的论证，从而坚定人们对社会主义制度的信念和对社会未来发展的信心”。② 和谐社会意识形态配置，应紧紧围绕着构建和谐社会的“民主法治、公平正义、诚信友爱、充满活力、安定有序、人与自然和谐相处”六大价值目标，有效地赋予社会政治、经济、文化建设以合理性的价值基础，强化主流意识形态在社会成员中的社会认同和政治认同，使主流意识形态成为一个具有开拓创新、自我超越和自我完善能力的理论体系。

1. 正确处理意识形态领域的主导性与多样性的关系

正确处理意识形态领域的主导性与多样性的关系，关键是坚持主导性与多样性的统一。

首先，应坚持主导性前提下的多样性。坚持社会主义意识形态的

① 孙津：《和谐社会的意识形态》，《江苏社会科学》，2005 年第 4 期，第 120 页。

② 叶政：《和谐社会中的意识形态建设刍议》，《理论学刊》，2005 年第 8 期，第 84 页。

主导性是和谐社会意识形态配置的前提和根本，更是当代中国社会发展统一的保证，是不能动摇和放弃的；否则，就会造成意识形态领域指导思想的混乱和多元化，对当代中国的发展带来严重后果。同时，在坚持主流意识形态的前提下，和谐社会也应该能够容忍其他非主流意识形态的存在与发展。主流意识形态与非主流意识形态应该保持和谐共处，可以“和而不同”。“和而不同思想的精妙之处在于，它在强调和谐的同时，坚持有异（不同）的存在。”① 因此，意识形态领域的“和谐”是包容了多样性的，“和谐”的前提应当是多元的存在，如果仅仅是单纯的一元那就谈不上和谐。“主导性不能脱离多样性，脱离了多样性，或限制多样性的丰富与发展，主导性就会成为形式、教条而不起作用。”② 如“文革”期间文化上实行的样板戏。目前，在中国，多种意识形态成分的客观存在反映了社会进步和开放的程度。除了那些敌对的意识形态之外，许多种意识形态成分的出现，并非完全是对主导意识形态的威胁，有些还对主导意识形态是一种丰富和补充。不同意识形态的存在、碰撞、融合正是政治意识文明的一个重要表现。所以，在意识形态的配置上，应该提倡一种“和而不同”的宽容精神，注重异中求同，从不同的意识形态中寻找共同点，使主流意识形态在比较和借鉴中获得丰富和发展；切忌采取非此即彼和批判一切的态度，盲目地对边缘性和非主流的意识形态实行“一刀切”，正确的做法应该是采取科学的态度，具体问题具体分析，以正面引导为主，通过主流意识形态进行疏导、规范，而对于严重错误的思潮和危害社会政治稳定的思想应坚决反对和进行斗争。

其次，坚持多样性条件下的主导性。社会主义的和谐允许各种思想交汇、激荡与交流，但不是要以多样性取代主导性。社会主义和谐社会必须具有健康、充满活力的核心价值理念，必须有主导性意识形

① 虞崇胜：《和而不同：和谐社会政治文明的精髓》，《东南学术》，2005年第2期，第12页。

② 郑永廷：《社会主义意识形态发展研究》，人民出版社2002年版，第264页。

态来保证社会发展的连续性。坚持意识形态领域的主导性，就是要维护马列主义、毛泽东思想、邓小平理论在意识形态领域的指导地位。只有在精神文化、制度文化上确立主流意识形态的领导权，才可能拥有凝聚全国各族人民团结奋斗的精神支柱，社会成员才能够获得价值归依，才能够就维持和发展社会所需的基本价值准则取得一致。这样，社会主流意识形态能被大多数社会成员认同具有较大的兼容性，非主流文化与主流文化保持着共融和一致。

2. 主流意识形态的与时俱进

成功的意识形态整合，有两个关键环节：一是意识形态需要在同时的思想世界中取得优势地位；二是取得优势地位的意识形态需要在一定范围和一定程度上深入人心。① 世界是变化的，时代也一直处于发展之中，社会主义主流意识形态的深入人心不能简单维系在灌输上，那种控制灌输型的意识形态整合方式最终将会因为缺乏来自社会的持续支援而难以为继，主流意识形态的活力必须着眼于现实社会中人的存在和发展，必须随着实践的发展而不断丰富、发展与完善。这样才能够为和谐社会的建构提供精神动力和智力支持，才能够始终为社会大多数成员所认同和接受，才能够反映社会大多数成员的利益诉求，也才能够起到凝聚人心和稳定政治秩序的作用。意识形态的与时俱进核心体现在理论的创新，通过理论创新来获得适应性。“适应性就是后天获得的组织性；概而言之，就是适应环境挑战的能力和存活能力。”② 众所周知，基督教自产生以来，一直在西方世界保持着重要影响和较多的信徒，即使当代科学技术的革命，也并没有真正冲击到西方世界对基督教的普遍信仰。究其原因，恐怕和基督教教义的不断调整和立场的不断变化有关。早期的基督教产生于下层犹太人反对

① 林尚立：《政治建设与国家成长》，中国大百科全书出版社 2008 年版，第 248 页。

② ［美］塞缪尔·P. 亨廷顿著，王冠华译：《变化社会中的政治秩序》，生活·读书·新知三联书店 1989 年版，第 12 页。

罗马统治者的斗争中，因此，最初的教义具有很强的阶级性和一定的革命性。后来，随着罗马帝国的上层人物控制了教会组织之后，为了适应统治下层人民的需要，罗马统治者对教义进行了改造，基督教的思想发生了质变，从反抗罗马和犹太上层统治的理论成为为罗马统治提供服务的精神支柱，而此后路德和加尔文的宗教改革更是使基督教获得新生，走向世俗化，新教很好地适应了西方资本主义的发展，新教伦理成为西方资本主义的精神之源。① 而当人类步入现代社会以来，受民主化潮流的影响，西方原先渐趋衰落的天主教为了适应发展，在其信条、领导方式上发生了深刻的变化，20 世纪五六十年代，天主教曾是民主的障碍，但到 20 世纪 70 年代，天主教成为拥护民主的力量，天主教对 20 世纪后期民主化浪潮起到了推动作用，美国政治学家亨廷顿曾经指出，“天主教在造就 70 年代和 80 年代民主化浪潮的广泛性力量中的地位仅次于经济发展。第三波的逻辑就像是一美元纸币图案上的十字架”。② 由此可见，一个组织的生存与发展是建立在其理论的创新上，同样的道理也适用于政治共同体或国家。当代中国的主流意识形态也要适应社会环境的阶段性变迁不断地发展，更好地发挥整合和凝聚功能，为执政党和政府赢得更坚实的合法性基础。要使主流的意识形态——马克思主义指导下的社会主义能够应对客观环境的变化，能够适应社会形势的发展。“在马克思主义指导下，冲破落后的传统观念和主观偏见的束缚，改变因循守旧、不接受新事物的精神状态。决不能停留在对马克思主义的某些原则、某些本本的教条式理解上，或者停留在对社会主义的一些不科学的甚至扭曲的认识上，或者停留在那些超越社会主义初级阶段的不正确的思想上，而必须用辩证唯物主义和历史唯物主义的世界观、方法论去分析

① 马克斯·韦伯曾经论述了新教伦理与近代理性资本主义发展之间的生成发育关系，参见：《新教伦理与资本主义精神》，陕西师范大学出版社 2002 年版。

② ［美］塞缪尔·P. 亨廷顿著，刘军宁译：《第三波——20 世纪后期民主化浪潮》，上海三联书店 1998 年版，第 97 页。

和解决问题，使思想适应发展变化的新形势。”①

3. 传统意识形态的现代转化

在和谐社会的构建中，重塑意识形态的功能，并不意味着要完全抛弃传统意识形态。历史已经证明，一个国家如果彻底抛弃某种意识形态资源，全面移植另一种意识形态资源，是不可能保持长治久安的。“意识形态革命的结果往往是，激烈的思想交锋给民族情感压上沉重的负担，社会成员由于内心世界无所归属而失却精神的庇护所，个人情感的狂热骚动和激烈宣泄往往会导致极端行为。”② 实践证明，任何国家的发展都不能割裂本国的历史文化传统。在现代化的进程中，本国传统政治资源中的精华部分完全可以通过创造性的转化，为新时期政治文明的成长提供有益的养分。罗伯特·帕特南在研究公民文化传统对意大利的各个地区政治参与的影响时，发现20世纪末公民参与积极的地区，几乎都是那些在19世纪拥有众多合作社、文化团体和互助会的地区，在那里，12世纪时，邻里组织、宗教组织和同业公会共同促进了城市共和国的兴旺发展。③ 通过对新加坡民主政治的考察，有学者认为，具有新加坡特色的社群主义民主的许多元素都是从传统儒家文化传统转化或演变而来，是新加坡原有的儒家文化与西方现代政治文明相结合后产生的一个新的品种。④ 新加坡民主政治无疑是我们如何对待传统政治文化资源的一个警示。中国是一个具有深厚的传统意识形态沉淀的国家，中国传统的意识形态并非一无是处，而是精华与糟粕共存，儒家文化传统历史悠久，其中包含了许多

---

① 江泽民：《论有中国特色社会主义》，中央文献出版社2002年版，第625页。

② 谢庆奎、杨宏山：《信息全球化与意识形态创新》，《入世与政府先行》，中信出版社2002年版，第95页。

③ ［美］罗伯特·帕特南著，王列，赖海榕译：《使民主运转起来——现代意大利的公民传统》，江西人民出版社2001年版，第189页。

④ 李文：《儒家文化与新加坡民主政治》，载郭定平主编：《文化与民主》，上海人民出版社2010年版，第195页。

现代性的因子和文明的要素。台湾学者林毓生曾经指出：虽然我们传统中没有民主的观念与制度，但却有许多资源可以与民主的观念与制度接枝，例如儒家性善的观念可以与平等观念接枝，黄宗羲的有治法而后有治人的观念可以与法治观念接枝。① 林毓生所说的“接枝”实际上就是对传统文化要进行创造性转化，做到古为今用。因此，在和谐社会的构建中，中国新时期的意识形态设不能脱离中国历史、文化与现实的内在规定性。既要警惕和坚决抛弃传统意识形态中陈腐消极的东西，也应注重发扬其中具有规范和指导价值的信念体系，对传统的意识形态资源进行整合，有意识地弘扬传统意识形态中与和谐社会构建相契合的因素，寻求传统意识形态的现代转化，让传统意识形态为现代政治生活服务。

（五）社会主义和谐社会政治资源配置的归宿是优化政治权利的配置

和谐的社会必将是一个利益均衡的社会，而利益均衡的背后是权利的均衡，它是一个社会能够长期稳定的重要基础。卢梭在他的《社会契约论》中指出：“即使是最强者也决不会强得足以永远做主人，除非他把自己的强力转化为权利，把服从转化为义务。”② 因此，没有权力与权利的各归其位、互不侵犯、有序并存、协同发展，社会也就不可能进入真正的和谐状态。因此，构建和谐社会的归宿当是权利尤其是政治权利的优化配置。

1. 和谐社会的政治权利的优化配置必须体现公正的理念

公正是人类社会永恒的价值追求，是衡量社会进步的基本尺度。

---

① 林毓生：《中国传统的创造性转化》，生活·读书·新知三联书店 1988 年版，第 287 页。

② ［法］卢梭著，李平沤译：《社会契约论》，商务印书馆 2003 年版，第 9 页。

在人类的思想史上，公正的内涵随着社会实践的发展得到不断拓展和丰富。美国当代著名政治哲学家罗尔斯在其重要著作《正义论》一书的开端就宣称：“公正是社会制度的首要价值，正像真理是思想体系的首要价值一样。一种理论，无论多么精致和简洁，只要它不真实，就必须加以拒绝或修正；同样，某些法律和制度，不管它们如何有效率和有条理，只要它们不正义，就必须加以改造或废除。”① 公正的理念植根于现代文明社会之中，是现代法治国家普遍应尊崇的社会价值。一个和谐和健康的社会所应信奉的基本理念是：公正、共享、发展。政治权利的配置公正，能够使绝大多数社会成员都受益；可以充分激发各个阶层以及绝大多数社会成员的潜能；可以实现社会的有效整合和社会团结。反之，一个没有社会公正的社会是绝不可能走向繁荣稳定与和谐的。从根本上讲，社会主义政治文明优越于资本主义的政治文明，社会主义制度为每个公民提供了平等的发展机会和机遇，但社会主义政治权利的配置还存在着不足，这就要在构建社会主义和谐社会的过程中，在政治权利的配置上体现公正的价值理念，建立起规范的政治权利体系。

2. 和谐社会的政治权利的优化配置也要体现以人为本的理念

德国古典哲学的奠基人康德提出了人是目的而不是工具的著名论断。人是社会和政治的主体，政治发展和社会发展的目的都是为了满足人的各种需求。因此，人对于政治而言具有优先性，政治制度的设计与安排应满足人类发展的需求，应保障社会成员政治自由和社会自由，应能促进社会成员的生存与发展。诚如18世纪的法国思想家卢梭所言：“人民之所以要有首领，乃是为了保卫自己的自由，而不是为了使自己受奴役，这是无可争辩的事实。”② 但在现实的政治实践

① ［美］约翰·罗尔斯著，何怀宏译：《正义论》，中国社会科学出版社1988年版，第1页。

② ［法］卢梭著，李常山译：《论人类不平等的起源和基础》，商务印书馆1962年版，第132页。

中，政治主体客体化和政治客体主体化是常见的现象，尤其是在专制社会中，作为政治主体的人往往受政治和政治制度的奴役，只有少数统治者或管理者才是政治主体，大多数民众都是政治客体，是政治管理的对象和政治统治的工具，专制的社会制度正是造成政治和社会压迫的重要根源。在现代民主政体中，政治制度和社会制度的安排都把尊重社会公民的权利，改善社会公民的生活质量，优化人类的发展环境作为重要的参考坐标。也就是说，一个被视为民主的社会在制度安排上应该能够最大限度地保障被统治者自由与权利。社会主义和谐社会的政治权利的配置自然应以人为出发点和归宿，应该体现政治对人的关怀，坚持以人为本的理念。“以人为本的科学涵义可以从三个方面理解：其一，它是一种对人在社会发展中的主体作用和地位的肯定。它既强调人在社会发展中的主体地位和目的地位，又强调人在社会发展中的主体作用。其二，它是一种价值取向，即强调尊重人、解放人、依靠人、为了人和塑造人。尊重人，就是尊重人的类价值、社会价值和个性价值，尊重人的独立人格、需求、能力差异、人的平等、创造个性和权利，尊重人性发展的要求。解放人，就是不断冲破一切束缚人的潜能和能力充分发挥的体制和机制。塑造人，是说既要把人塑造成权利的主体，也要把人塑造成责任的主体。其三，它是一种思维方式，就是要求我们在分析、思考和解决一切问题时，既要坚持运用历史的尺度，也要确立并运用人的尺度，要关注人的生活世界，要对人的生存和发展的命运确立起终极关怀，要关注人的个性、人的共性、人的普遍性和特殊性，要树立起人的自主意识并同时承担责任。”① 因此，和谐社会政治权利的优化配置，要从尊重人、理解人、关心人、爱护人的角度出发，肯定社会主义公民的社会和政治主体地位，最大限度地发挥社会主义制度的优越性，体现社会主义制度的人文关怀。

---

① 虞崇胜：《以人为本：政治文明建设的出发点和最终归宿》，《华中师范大学学报》（人文社会科学版），2004 年第 5 期，第 50 页。

3. 和谐社会政治权利优化配置，必须建立在经济发展的基础上

权利的发展离不开经济和社会的发展，“权利决不能超出社会的经济结构以及由经济结构所制约的社会文化发展”。① 政治权利的实施是需要成本的，一个贫穷的国家或政府，是不可能提供实实在在的权利的。美国著名法学家霍尔姆斯和桑斯坦曾经指出：“实施权利是费钱的，特别是统一而公平地实施；到了法律权利还没被实施的程度，那它就是空有其名。”② 因此，经济落后实际上就是权利发展和优化权利配置的制约因素。只有社会经济的发展，政治权利的内容才能够得到丰富和拓展，政治权利的主体才真正广泛，政治权利的实现才更具有现实性。尽管，对于和谐社会的政治权利的优化配置，我们可以作出种种具体的政治设计和制度安排，如：增加政治权利资源的供给，使之既有量的扩大，又有质的提高；进一步建立和健全政治权利的援助制度，为弱势群体保留专门的政治渠道，提供一定数量的参政席位和各种政治表达机会等。但这些优化政治权利配置措施的实施，必须要有一定的经济基础来保证。从这个意义上讲，和谐社会政治权利的优化配置，最终取决于当代中国经济的发展。因此，以经济建设为中心，坚定不移地推进经济和社会的发展，必将是和谐社会政治权利发展和政治权利优化配置的关键。

---

① 《马克思恩格斯选集》（第3卷），人民出版社1995年版，第305页。

② ［美］史蒂芬·霍尔姆斯、凯斯·R. 桑斯坦著，毕竟悦译：《权利的成本——为什么自由依赖于税》，北京大学出版社2004年版，第26页。

结语：政治资源配置与现代国家的成长

自16世纪以来，发轫于西欧的现代化浪潮逐渐席卷全球。现代化成为一种全球的过程，它标志着人类从传统的农业社会向现代的工业社会的深刻转变。虽然，现代化是世界性现象，是人类发展的必然趋势，但不同的社会，不同的国家现代化之路并不趋同，现代化所具备的前提和条件往往存在一定差异。从一般意义上讲，“作为一种社会发展，现代化必须具备四个基本前提：一是独立的国家，二是有效的政权，三是现代的制度，四是合理的战略”。① 但是，现代化的这些基本前提在早发国家和后发国家往往有不同的规定性。尤其是，有效的政权的存在往往是后发国家与内生型现代化国家现代化差异的显著标志。与内生型现代化国家现代化不同，后发的现代化更加依靠强大的国家力量来驱动，后发国家的发展机理决定了有效的国家力量是现代化成功的关键。后发国家的现代化往往是一种赶超型的现代化，“这些国家现代化发展的基本逻辑是：通过转型或重建，形成有现代权威的国家力量，并由国家力量引入现代化经济与生产要素，改变旧的经济与社会，在发育市场经济的基础上，培育起现代经济与社会，与此同时培育和建设现代国家体系，以便保持政治建设与经济、社会建设的协调和统一”。② 因此，一个权威的现代国家体系是后发国家

---

① 林尚立：《中国共产党与国家建设》，天津人民出版社2009年版，第31页。

② 林尚立：《政治建设与国家成长》，中国大百科全书出版社2008年版，第33～34页。

现代化的关键。

作为现代化的后来者，中国现代化的内在机理决定了必须树立以国家为主导、集中社会资源，进行一种跨越式的发展战略。与此同时，中国又是在还没有形成现代化的国家体系就被卷入现代化进程中，这就决定了一方面中国国家力量既是推动现代化的核心，另一方面中国国家的成长又必须借助现代化来完成。也就是说，中国的现代化孕育现代国家，而现代国家力量又促进现代化的发展。

从一般意义上讲，任何国家的成长都需要一定的政治资源。能否集聚足够丰富的国家政治资源，能否最大限度地对现有的国家政治资源进行优化配置在很大程度上决定着中国现代国家成长的成败。从历史上看，中国现代国家的成长并不顺利。从共同体的形态来看，中国的国家成长可以分为两个历史逻辑：一个是以文化权力为轴心的古代国家成长的历史逻辑；另一个是以公共权力为轴心的现代国家成长的历史逻辑。① 中国现代国家的成长就是要告别以文化权力为轴心的古代国家，构建以公共权力为轴心的现代国家。自近代以来，这种构建以公共权力为轴心的现代国家的努力就一直在近代中国政治发展进程中存在着。但由于缺乏必要的资源和动力，中国现代国家的建设先后出现中断。辛亥革命开启了民主共和，但由于主权独立和国家统一问题一直没有得到解决，中华民国的存在并不能提供一个现代化的政治体系。中华人民共和国的成立，首先实现了现代国家体系建立的第一步：民族国家的建立，同时奠定了中国现代国家成长的政治基础和制度基础。改革开放以后中国的政治发展，开始从整体上推动中国全面向现代社会转型，社会主义市场经济的发展、现代法理型权威的构建为现代国家的成长提供了内在动力和法律保障，社会主义政治文明建设的提出全面推动中国的政治形态趋向现代国家。中国共产党十八大以后，中国政治建设的重要任务是推进国家治理体系和治理能力现代

① 林尚立：《走向现代国家：对改革以来中国政治发展的一种解读》，载黄卫平、汪永成主编：《当代中国政治研究报告 III》，社会科学文献出版社 2004 年版，第 28 页。

化。这既是新时期中国现代化的内在要求，也是全面深化改革时期中国国家建设的核心任务，它表明国家能力、国家治理的有效性将始终是中国现代化的保证。而国家能力的提升、国家治理体系的现代化必须建立在政治资源的基础之上，涉及对现有政治资源的存量进行优化配置。因此，未来中国国家建设和国家发展，所要做的一项基础性的工作是不断优化政治资源的配置，从政治资源优化配置的角度来思考和设计新时期中国政治建设、政治发展的道路。正是从这个意义上讲，我们提出政治资源优化配置的理论，并非无的放矢，而是立足于从政治资源配置的思考当代中国国家成长的现实路径。

参 考 文 献

中文著作参考文献

政治学类

1. 《马克思恩格斯选集》（1～4卷），人民出版社1995年版。

2. 《列宁选集》（第3卷），人民出版社1995年版。

3. 《毛泽东选集》（1～4卷），人民出版社1991年版。

4. 《建国以后毛泽东文稿》（第6册），中央文献出版社1995年版。

5. 《邓小平文选》（1～3卷），人民出版社1993、1994年版。

6. 江泽民：《论三个代表》，中央文献出版社2001年版。

7. 江泽民：《论有中国特色社会主义》，中央文献出版社2002年版

8. ［古希腊］柏拉图：《理想国》，商务印书馆1986年版。

9. ［古希腊］亚里士多德：《政治学》，商务印书馆1965年版。

10. ［意］马基雅弗里：《君主论》，商务印书馆1985年版。

11. ［法］卢梭：《社会契约论》，商务印书馆2003年版。

12. ［法］卢梭：《论人类不平等的起源和基础》，商务印书馆1962年版。

13. ［法］孟德斯鸠：《论法的精神》（上），商务印书馆1963年版。

14. ［英］J. S. 密尔：《代议制政府》，商务印书馆1982年版。

15. ［英］哈林顿：《大洋国》，商务印书馆 1996 年版。

16. ［美］汉密尔顿等：《联邦党人文集》，商务印书馆 1980 年版。

17. ［法］托克维尔：《论美国的民主》（上、下卷），商务印书馆 1988 年版。

18. ［美］加布里埃尔·A. 阿尔蒙德、小 G. 宾厄姆·鲍威尔：《比较政治学——体系、过程和政策》，上海译文出版社 1987 年版。

19. ［美］戴维·伊斯顿：《政治生活的系统分析》，华夏出版社 1999 年版。

20. ［美］戴维·伊斯顿：《政治体系》，商务印书馆 1993 年版。

21. ［美］罗伯特·A. 达尔：《现代政治分析》，商务印书馆 1987 年版。

22. ［美］罗伯特·A. 达尔：《多头政体》，商务印书馆 2003 年版。

23. ［美］罗伯特·A. 达尔：《民主理论的前言》，生活·读书·新知三联书店 1999 年版。

24. ［美］罗伯特·A. 达尔：《论民主》，商务印书馆 1999 年版。

25. ［美］罗伯特·A. 达尔：《谁统治——一个美国城市的民主和权力》，江苏人民出版社 2011 年版。

26. ［美］罗伯特·A. 达尔：《民主及其批评者》，吉林人民出版社 2006 年版。

27. ［美］罗伯特·A. 达尔：《多元主义民主的困境》，吉林人民出版社 2006 年版。

28. ［美］罗伯特·A. 达尔：《论政治平等》，上海人民出版社 2010 年版。

29. ［美］哈罗德·D. 拉斯韦尔：《政治学——谁得到什么？何时和如何得到?》，商务印书馆 1992 年版。

30. ［美］罗伯特·杰克曼：《不需暴力的权力》，天津人民出版社 2005 年版。

31. ［美］丹尼斯·朗：《权力论》，中国社会科学出版社 2001 年版。

32. ［美］查尔斯·米尔斯：《权力精英》，南京大学出版社 2004 年版。

33. ［以］S. N. 艾森斯塔德：《帝国的政治体系》，贵州人民出版社 1992 年版。

34. ［以］S. N. 艾森斯塔德：《现代化——抗拒与变迁》，中国人民大学出版社 1988 年版。

35. ［美］弗兰克·J. 古德诺：《政治与行政：一个对政府的研究》，复旦大学出版社 2011 年版。

36. ［意］加塔诺·莫斯卡：《统治阶级》，译林出版社 2002 年版。

37. ［德］罗伯特·米歇尔斯：《寡头统治铁律》，天津人民出版社 2003 年版。

38. ［美］戴维·杜鲁门：《政治过程》，天津人民出版社 2005 年版。

39. ［美］巴林顿·摩尔：《民主和专制的社会起源》，华夏出版社 1987 年版。

40. ［美］约瑟夫·熊彼特：《资本主义、社会主义与民主》，商务印书馆 1999 年版。

41. ［美］乔·萨托利：《民主新论》，东方出版社 1998 年版。

42. ［美］科恩：《论民主》，商务印书馆 1988 年版。

43. ［美］罗伯特·帕特南著，王列，赖海榕译：《使民主运转起来——现代意大利的公民传统》，江西人民出版社 2001 年版。

44. ［美］塞缪尔·P. 亨廷顿著，王冠华译：《变化社会中的政治秩序》，生活·读书·新知三联书店 1989 年版。

45. ［美］塞缪尔·P. 亨廷顿：《第三波——20 世纪后期民主化浪潮》，上海三联书店 1998 年版。

46. ［美］塞缪尔·P. 亨廷顿：《文明的冲突与世界秩序的重建》，新华出版社 2002 年版。

47. ［美］塞缪尔·P. 亨廷顿等：《现代化——理论与历史经验的再探讨》，上海译文出版社 1993 年版。

48. ［美］西蒙·马丁·李普塞特：《一致与冲突》，上海人民出版社 1995 年版。

49. ［美］西蒙·马丁·李普塞特：《政治人：政治的社会基础》，上海人民出版社 1997 年版。

50. ［美］约翰·罗尔斯：《正义论》，中国社会科学出版社 1988 年版。

51. ［美］罗伯特·诺齐克：《无政府、国家与乌托邦》，中国社会科学出版社 1991 年版。

52. ［英］安东尼·吉登斯：《全球时代的民族国家》，江苏人民出版社 2010 年版。

53. ［德］尤尔根·哈贝马斯：《合法化危机》，上海人民出版社 2000 年版。

54. ［德］尤尔根·哈贝马斯：《在事实与规范之间》，生活·读书·新知三联书店 2003 年版。

55. ［法］让-马克·夸克：《合法性与政治》，中央编译出版社 2002 年版。

56. ［美］R. 麦克法夸尔、费正清编：《剑桥中华人民共和国史：革命的中国的兴起》（1949—1965），中国社会科学出版社 1990 年版。

57. ［美］吉尔伯特·罗兹曼主编：《中国的现代化》，江苏人民出版社 2003 年版。

58. ［美］詹姆斯·R. 汤森、布兰特利·沃马克：《中国政治》，江苏人民出版社 2003 年版。

59. ［英］J. C. 亚历山大、邓正来编：《国家与市民社会》，中央编译出版社 2002 年版。

60. ［美］乔治·萨拜因：政治学说史（上、下册），商务印书馆 1986 年版。

61. ［美］Alan C. 易萨克：《政治学的范围与方法》，台湾幼狮文化事业公司（台北），1984 年版。

62. ［法］莫里斯·迪韦尔热：《政治社会学——政治学要素》，华夏出版社 1985 年版。

63. ［英］拉尔夫·密利本德：《马克思主义与政治学》，商务印书馆 1984 年版。

64. 马起华：《政治论衡》，台湾“商务印书馆”股份有限公司，1977 年版。

65. 刘德厚：《广义政治论》，武汉大学出版社 2004 年版。

66. 虞崇胜：《政治文明论》，武汉大学出版社 2003 年版。

67. 施雪华：《政治科学原理》，中山大学出版社 2001 年版。

68. 施雪华：《政府权能理论》，浙江人民出版社 1998 年版。

69. 施雪华：《政治现代化比较研究》，武汉大学出版社 2006 年版。

70. 王沪宁：《比较政治分析》，上海人民出版社 1987 年版。

71. 王沪宁主编：《政治的逻辑——马克思主义政治学原理》，上海人民出版社 1994 年版。

72. 王邦佐等编著：《中国政党制度的社会生态分析》，上海人民出版社 2000 年版。

73. 林尚立：《当代中国政治形态研究》，天津人民出版社 2000 年版。

74. 林尚立：《政治建设与国家成长》，中国大百科全书出版社 2008 年版。

75. 林尚立：《中国共产党与国家建设》，天津人民出版社 2009 年版。

76. 陈明明主编：《共和国成长的制度基础》，上海人民出版社 2009 年版。

77. 陈明明主编：《中国模式建构与政治发展》，上海人民出版社 2012 年版。

78. 陈明明主编：《比较视野中的现代国家建设》，上海人民出版社 2012 年版。

79. 郭定平：《政党与政府》，浙江人民出版社 1998 年版。

80. 郭定平主编：《文化与民主》，上海人民出版社 2010 年版。

81. 浦兴祖主编：《中华人民共和国政治制度》，上海人民出版社 1999 年版。

82. 俞可平：《西方政治分析新方法论》，人民出版社 1989 年版。

83. 俞可平：《权利政治与公益政治》，社会科学文献出版社 2005 年版。

84. 王浦劬等：《政治学基础》，北京大学出版社 2006 年版。

85. 燕继荣：《现代政治分析原理》，高等教育出版社 2004 年版。

86. 毛寿龙：《政治社会学》，中国社会科学出版社 2001 年版。

87. 杨弘、刘彤：《现代政治学分析基础》，人民出版社 2004 年版。

88. 时和兴：《关系、限度、制度：政治发展过程中的国家与社会》，北京大学出版社 1996 年版。

89. 曾峻：《公共秩序的制度安排——国家与社会关系的框架及其运用》，学林出版社 2005 年版。

90. 孙晓莉：《中国现代化进程中的国家与社会》，中国社会科学出版社 2001 年版。

91. 罗荣渠：《现代化新论》，北京大学出版社 1993 年版。

92. 何清涟：《现代化的陷阱——当代中国的经济社会问题》，今日中国出版社 1998 年版。

93. 钱乘旦主编：《世界现代化进程》，江苏人民出版社 2012 年版。

94. 张涛：《中国的政治发展》，经济日报出版社 1994 年版。

95. 李景鹏：《中国政治发展的理论研究纲要》，黑龙江人民出版社 2003 年第 2 版。

96. 李景鹏：《权力政治学》，黑龙江教育出版社 1995 年版。

97. 王爱冬：《政治权力论》，河北大学出版社 2003 年版。

98. 陆德山：《认识权力》，中国经济出版社 2000 年版。

99. 袁祖社：《权力与自由》，中国社会科学出版社 2003 年版。

100. 刘军宁等编：《经济民主与经济自由》，生活·读书·新知三联书店 1997 年版。

101. 刘军宁编：《民主与民主化》，商务印书馆 1999 年版。

102. 陈家刚选编：《协商民主》，上海三联书店 2004 年版。

103. 赵成根：《民主与公共决策研究》，黑龙江人民出版社 2002 年版。

104. 郭秋永：《当代三大民主理论》，新星出版社 2006 年版。

105. 朱光磊：《当代中国政府过程》，天津人民出版社 2002 年版。

106. 杨凤春：《中国政府概要》，北京大学出版社 2002 年版。

107. 商红日：《政府基础论》，经济日报出版社 2002 年版。

108. ［韩］咸台灵：《中国政党政府与市场》，经济日报出版社 2002 年版。

109. 徐湘林主编：《中国国情与制度创新》，华夏出版社 2004 年版。

110. 杨宏山：《当代中国政治关系》，经济日报出版社 2002 年版。

111. 施九青：《当代中国政治运行机制》，山东人民出版社 2002 年版。

112. 李树忠：《国家机关组织论》，知识产权出版社 2004 年版。

113. 王绍光、胡鞍钢：《中国国家能力报告》，辽宁人民出版社 1993 年版。

114. 黄卫平、汪永成主编：《当代中国政治研究报告Ⅲ》，社会科学文献出版社 2004 年版。

115. 杨光斌：《中国经济转型中的国家权力》，当代世界出版社 2003 年版。

116. 杨光斌：《制度的形式与国家的兴衰——比较政治发展的理论与经验研究》，北京大学出版社 2005 年版。

117. 徐勇：《乡村治理与中国政治》，中国社会科学出版社 2003 年版。

118. 徐勇：《徐勇自选集》，华中理工大学出版社 1999 年版。

119. 郑永廷：《社会主义意识形态发展研究》，人民出版社 2002 年版。

120. 林毓生：《中国传统的创造性转化》，生活·读书·新知三联书店 1988 年版。

121. 薄一波：《若干重大决策与事件的回顾》（下卷），人民出版社 1997 年版。

122. 辛逸：《农村人民公社分配制度研究》，中共党史出版社 2005 年版。

123. 蔡定剑、杜钢建主编：《国外议会及其立法程序》，中国检察出版社 2002 年版。

124. 唐鸣、王为、王春英：《当代西方国家政治制度》，世界知识出版社 1996 年版。

125. 中共中央文献研究室：《建国以来重要文献选编》（第 10、11、15 册），中央文献出版社 1995、1997 年版。

126. 中共中央文献研究室：《十五大以来重要文献选编》（上），人民出版社 2000 年版。

127. 《中国共产党第十八次全国代表大会文件汇编》，人民出版社 2012 年版。

128. 《中共中央关于全面深化改革若干重大问题的决定》，人民出版社 2013 年版。

129. 中华人民共和国国家农业委员会办公厅编：《农业集体化重要文件汇编》（1958—1981），中共中央党校出版社 1981 年版。

130. 《中国大百科全书·政治学卷》，中国大百科全书出版社 1992 年版。

131. 《论语·季氏》。

132. 《老子》。

经济学类

1. ［美］詹姆斯·M. 布坎南：《自由、市场与国家》，上海三联书店 1989 年版。

2. ［美］詹姆斯·M. 布坎南、［澳］布伦南：《宪政经济学》，中国社会科学出版社 2004 年版。

3. ［美］詹姆斯·M. 布坎南、戈登·塔洛克：《同意的计算——立宪民主的逻辑基础》，中国社会科学出版社 2000 年版。

4. ［美］詹姆斯·M. 布坎南：《民主财政论》，商务印书馆 2002 年版。

5. ［美］安东尼·唐斯：《民主的经济理论》，上海人民出版社 2005 年版。

6. ［美］詹姆斯·M. 布坎南、理查德·瓦格纳：《赤字中的民主》，北京经济学院出版社 1988 年版。

7. ［美］戈登·图洛克：《贫富与政治》，长春出版社 2006 年版。

8. ［美］丹尼斯·缪勒：《公共选择理论》，中国社会科学出版社 1999 年版。

9. ［美］乔·史蒂文斯：《集体选择经济学》，上海三联出版社 1999 年版。

10. ［冰岛］思拉恩·埃格特森：《经济行为与制度》，商务印书馆 2004 年版。

11. ［美］V. 奥斯特罗姆、D. 菲尼等编：《制度分析与发展的反思——问题与抉择》，商务印书馆 2001 年版。

12. ［美］道格拉斯 . C. 诺斯：《制度、制度变迁与经济绩效》，上海三联书店 1994 年版。

13. ［美］道格拉斯·C. 诺斯：《经济史中的结构与变迁》，上海三联书店 1994 年版。

14. ［美］道格拉斯·C. 诺斯、罗伯斯· 托马斯：《西方世界的兴起》，华夏出版社 1999 年版。

15. ［美］R. 科斯、A. 阿尔钦、D. 诺斯等：《财产权利与制度变迁》，上海三联书店 1994 年版。

16. ［美］巴泽尔：《产权的经济分析》，上海三联书店 1997 年版。

17. ［美］曼库尔·奥尔森：《集体行动的逻辑》，上海三联书店 1995 年版。

18. ［美］曼库尔·奥尔森：《国家兴衰探源》，商务印书馆 2001 年版。

19. ［美］曼库尔·奥尔森：《权力与繁荣》，上海人民出版社 2005 年版。

20. ［美］史蒂芬·霍尔姆斯、凯斯·R. 桑斯坦：《权利的成本——为什么自由依赖于税》，北京大学出版社 2004 年版。

21. ［匈］亚诺什·科尔奈：《短缺经济学》（上卷），经济科学出版社 1986 年版。

22. ［美］康芒斯：《制度经济学》（上、下），商务印书馆 1997 年版。

23. ［德］柯武刚、史漫飞：《制度经济学》，商务印书馆 2000 年版。

24. 卢现祥：《新制度经济学》，武汉大学出版社 2004 年版。

25. 汪洪涛：《制度经济学——制度及制度变迁性质解释》，复旦大学出版社 2003 年版。

26. 程虹：《制度变迁的周期》，人民出版社 2000 年版。

27. 柳新元：《利益冲突与制度变迁》，武汉大学出版社 2002 年版。

28. 袁峰：《制度变迁与稳定》，复旦大学出版社 1999 年版。

29. 江美塘：《制度变迁与行政发展》，天津人民出版社 2004 年版。

30. 孙宽平：《转轨、规制与制度选择》，社会科学文献出版社 2004 年版。

31. 杨龙：《政府经济学》，天津大学出版社 2004 年版。

32. 杨龙：《西方新政治经济学的政治观》，天津人民出版社 2004 年版。

33. 张亚斌：《中国所有制结构与产业结构的耦合研究》，人民出版社 2001 年版。

34. 周振华、杨宇立等：《收入分配与权利、权力》，上海社会科学院出版社 2005 年版。

35. 孔泾源主编：《中国居民收入分配年度报告》（2004），经济科学出版社 2005 年版。

36. 卢嘉瑞等：《中国现阶段收入分配差距问题研究》，人民出版社 2003 年版。

37. 林毅夫等：《中国的奇迹——发展战略与经济改革》（增订版），上海三联书店 1999 年版。

38. 何振一、阎坤主编：《中国财政支出结构改革》，社会科学文献出版社 2000 年版。

39. 安秀梅：《政府公共支出管理》，对外经济贸易大学出版社 2005 年版。

40. 梁朋、岳树民主编：《公共财政学》，对外经济贸易大学出版社 2003 年版。

41. 刘溶沧、赵志耘主编：《中国财政理论前言Ⅱ》，社会科学文献出版社 2001 年版。

42. 高鸿业、吴易风主编：《西方经济学》，中国人民大学出版社 2004 年版。

43. 《中国统计年鉴》（1981 年卷），中国统计出版社 1982 年版。

44. 《中国统计年鉴》（2004 年卷），中国统计出版社 2004 年版。

45. 《中国企业管理年鉴》（2004 年卷），企业管理出版社 2004 年版。

46. 《中国工业经济统计年鉴》（2004 年卷），中国统计出版社 2004 年版。

社会学类

1. ［美］］T. 帕森斯：《现代社会的结构与过程》，光明日报出版社 1988 年版。

2. ［英］拉尔夫·达仁道夫：《现代社会冲突》，中国社会科学出版社 2000 年版。

3. ［美］林南：《社会资本——关于社会结构与行动的理论》，上海人民出版社 2005 年版。

4. 刘兆佳、尹宝珊等编：《发展与不平等：大陆与台湾之社会阶层与流动》，香港中文大学香港亚太研究所，1994 年版。

5. 陆学艺：《当代中国社会阶层研究报告》，社会科学文献出版社 2002 年版。

6. 陆学艺主编：《当代中国社会流动》，社会科学文献出版社 2004 年版。

7. 李培林、张翼等：《社会冲突与阶级意识》，社会科学文献出版社 2005 年版。

8. 李培林、陈光金等：《中国社会和谐稳定报告》，社会科学文献出版社 2008 年版。

9. 李强：《当代中国社会分层与流动》，中国经济出版社 1993 年版。

10. 孙立平：《断裂——20 世纪 90 年代以来的中国社会》，社会科学文献出版社 2003 年版。

11. 孙立平：《守卫底线——转型社会生活的基础秩序》，社会科学文献出版社 2007 年版。

12. 李春玲：《断裂与碎片——当代中国社会阶层分化实证分析》，社会科学文献出版社 2005 年版。

13. 李汉林：《中国单位社会：议论、思考与研究》，上海人民出版社 2004 年版。

14. 刘建军：《单位中国——社会调控体系重构中的个人、组织与国家》，天津人民出版社 2000 年版。

15. 张静：《法团主义》，中国社会科学出版社 1998 年版。

16. 史卫民、刘智：《中国选举进展报告》，中国社会科学出版社 2009 年版。

法学类

1. ［英］哈耶克：《法律、立法与自由》，中国大百科全书出版社（第一卷），2000 年版。

2. ［英］哈耶克：《法律、立法与自由》，中国大百科全书出版社（第二、三卷），2000 年版。

3. ［奥］凯尔森：《法与国家的一般理论》，中国大百科全书出版社 1996 年版。

4. ［美］E. 博登海默：《法理学：法律哲学与法律方法》，中国政法大学出版社 1999 年版。

5. ［美］罗纳德·德沃金：《认真对待权利》，中国大百科全书出版社 1998 年版。

6. ［美］A. J. M. 米尔恩：《人的权利与人的多样性》，中国大百科全书出版社 1995 年版。

7. 夏勇：《中国民权哲学》，生活·读书·新知三联书店 2004 年版。

8. 夏勇主编：《走向权利的时代》，中国政法大学出版社 2000 年版。

9. 王人博、程燎原：《权利及其救济》，山东人民出版社 1993 年版。

10. 常健：《当代中国权利规范的转型》，天津人民出版社 2000 年版。

论文类

1. 王沪宁、陈明明：《调整中的中央与地方关系：政治资源的开发与维护》，《探索与争鸣》，1995 年第 3 期。

2. 王沪宁：《市场发育和权威基础：保护和开发政治资源》，《复旦学报》（社会科学版），1995 年第 2 期。

3. 王沪宁：《新政治功能：体制供给和秩序供给》，《学术季刊》，1994 年第 2 期。

4. 胡伟：《开发政治资源已被提到重要战略地位》，《探索与争鸣》，1996 年第 4 期。

5. 臧乃康：《论现代化进程中政治资源的开发与利用》，《社会科学研究》，1996 年第 3 期。

6. 周圣平：《政治资源的理论定位和实践思考》，《湖南师范大学学报》（社会科学版），2004 年第 1 期。

7. 邓伟志：《政治资源配置问题简论》，《新华文摘》，2000 年第 4 期。

8. 包心鉴：《论政治资源的科学配置与使用》，《理论学刊》，2004 年第 2 期。

9. 龚少情：《变革社会中的政治资源配置》，《东方论坛》，2003 年第 4 期。

10. 成莉莉：《现代化进程中我国政治资源的配置机制》，《中共杭州市委党校学报》，2004 年第 6 期。

11. 陆小成、张林军：《公共政策执行中的政治资源开发与配置》，《云南行政学院学报》，2003 年第 4 期。

12. 何深思：《论我国政治资源的公平分配与合理共享》，《中国特色社会主义研究》，2005 年第 2 期。

13. 王冠中：《资源政治学在中国：历史回顾与展望》，《探索》，2005 年第 5 期。

14. 施雪华：《当代中国国家权力配置变迁的特点与趋势》，《中国特色社会主义研究》，2004 年第 1 期。

15. 刘怡昌、施雪华：《现代化进程中的中央与地方关系》，《探索与争鸣》，1994 年第 4 期。

16. 冯玲、李志远：《中国城市社区治理结构变迁的过程分析——资源配置的视角》，《人文杂志》，2003 年第 1 期。

17. 李子江：《论社会主义市场经济资源配置系统》，《学术研究》，1999 年第 10 期。

18. 张继焦：《非正式制度、资源配置与制度变迁》，《社会科学战线》，1999 年第 1 期。

19. 傅菊辉、樊立英：《论基层政府政治资源的流失、保护与开发》，《湘潭大学学报》（哲学社会科学版），1999 年第 3 期。

20. 傅菊辉：《论腐败对政治资源的影响》，《求索》，2002 年第 3 期

21. 刘宗洪：《防止执政资源流失的对策性思考》，《探索》，2004 年第 1 期。

22. 刘铁明：《论中共政治资源流失的途径与对策》，《湖南财经高等专科学校学报》，2001 年第 10 期。

23. 陈亚杰：《从中共执政的合法性基础资源及其现状看“三个代表”的提出》，《党史与党建》，2003 年第 5 期。

24. 杨宏山：《中国政治发展与合法性资源》，《理论与改革》（成都），2004 年第 1 期。

25. 李英田：《经济增长与政治合法性的关系探析》，《理论与改革》（成都），2004 年第 1 期。

26. 张亚泽：《发展中国家转型中的政治合法性危机探析》，《云南行政学院学报》，2000 年第 5 期。

27. 白纲、林广华：《论政治的合法性原理》，《天津社会科学》，2002 年第 4 期。

28. 张健：《合法性与中国政治》，《战略与管理》，2000 年第 5 期。

29. 吴文勤、杨长鑫：《中国共产党的执政资源变迁及其制度整

合》，《唯实》（南京），2004 年第 1 期。

30. 郑权：《论拓展党的执政资源的现实途径》，《理论前言》，2004 年第 23 期。

31. 李国栋：《关于巩固和拓展党的执政资源的思考》，《西安政治学院学报》，2004 年第 6 期。

32. 靳晓霞：《经济转型期执政合法性资源的维护和重构》，《武汉理工大学学报》（社会科学版），2004 年第 1 期。

33. 虞崇胜：《和而不同：和谐社会政治文明的精髓》，《东南学术》，2005 年第 2 期。

34. 虞崇胜：《社会主义政治理论和实践的重大创新——政治文明是怎样提出来的》，《东南学术》，2004 年第 3 期。

35. 虞崇胜：《以人为本：政治文明建设的出发点和最终归宿》，《华中师范大学学报》（人文社会科学版），2004 年第 5 期。

36. 汪习根：《法治与政治文明关系三论》，《政治与法律》，2004 年第 2 期。

37. 萧功秦：《“软政权”与分利集团化：中国现代化的两重陷阱》，《战略与管理》，1994 年第 1 期。

38. 林尚立：《领导与执政：党、国家与社会关系转型的政治学分析》，《毛泽东邓小平理论研究》，2001 年第 6 期。

39. 金太军：《政治的基本问题与中国的政治体制改革》，《文史哲》，2000 年第 5 期。

40. 刘津洁、杨龙：《论政治权力结构》，《云南行政学院学报》，2002 年第 2 期。

41. 郭德宏、孟庆和：《人民公社的经验与教训》，《党史研究与教学》，1992 年第 5 期。

42. 张乐天：《论人民公社制度及其研究》，《华东理工大学学报》（文科版），1996 年第 3 期。

43. 沈延生：《村政的兴衰与重建》，《战略与管理》，1998 年第 4 期。

44. 贺雪峰：《论乡村社会的秩序均衡》，《云南社会科学》，

1999 年第 3 期。

45. 于建嵘：《人民公社的权力结构和乡村秩序》，《衡阳师院学报》，2001 年第 5 期。

46. 谢志岿：《论人民公社体制的组织意义》，《学术界》，1999 年第 6 期。

47. 吴毅：《人民公社时期农村政治稳定形态及其效应》，《天津社会科学》，1997 年第 5 期。

48. 孙津：《和谐社会的意识形态》，《江苏社会科学》，2005 年第 4 期。

49. 叶政：《和谐社会中的意识形态建设刍议》，《理论学刊》，2005 年第 8 期。

50. 孙立平：《我们在面对一个断裂的社会?》，《战略与管理》，2002 年第 2 期。

51. 孙立平：《权利失衡、两极社会与合作主义宪政体制》，《战略与管理》，2004 年第 1 期。

52. 孙立平：《资源重新积聚背景下的底层社会形成》，《战略与管理》，2002 年第 1 期。

53. 路风：《单位：一种特殊的社会组织形式》，《中国社会科学》，1989 年第 1 期。

54. 李汉林：《中国单位现象与城市社区的整合机制》，《社会学研究》，1993 年第 5 期。

55. 李猛、周飞舟、李康：《单位：制度化组织的内部机制》，《中国社会科学》（季刊）（香港），1996 年秋季卷，总第 16 期。

56. 李培林：《新时期阶级阶层结构和利益格局的变化》，《中国社会科学》，1995 年第 3 期。

57. 李培林：《新富阶层与社会公平》，《北京社会科学》，1995 年第 1 期。

58. 李春玲：《社会群体的收入差异：两极分化还是多层分化》，《战略与管理》，2004 年第 3 期。

59. 李强：《当前我国社会分层结构变化的新趋势》，《江苏社会科学》，2004 年第 6 期。

60. 郑杭生、李路路：《社会结构与社会和谐》，《中国人民大学学报》，2005 年第 2 期。

61. 魏建国：《代议制与公共财政——近代西方代议制宪政模式的形成及其作用机理分析》，《政法论丛》，2005 年第 6 期。

62. 冯海发：《我国农业为工业化提供资金积累的数量研究》，《经济研究》，1993 年第 9 期。

63. 颜鹏飞、巴能军等：《论治理国有资产流失的战略性抉择》，《经济评论》，2001 年第 4 期。

64. 汲凤翔：《30 年地区发展：绝对差距在扩大》，《中国投资》，2012 年第 11 期。

65. 李实、罗楚亮：《中国收入差距究竟有多大？对修正样本结构偏差的尝试》，《经济研究》，2011 年第 4 期。

66. 谷亚光：《中国收入分配差距的状态、原因及治理对策》，《马克思主义研究》，2010 年第 4 期。

67. 姜玮，毛智勇：《当前我国居民收入分配差距的现状、特点及原因研究》，《江西社会科学》，2010 年第 10 期。

68. 杨龙：《我国政治资源的不平衡分布》，《中共福建省委党校学报》，2004 年第 2 期。

69. 孟宪平：《当代中国政治权利发展探析》，中共中央党校硕士论文。

70. 高默波：《书写历史：〈高家村〉》，《读书》，2001 年第 1 期。

71. 王甘霖：《“骑士代表”艰难履职》，《南方周末》，2002 年 2 月 28 日。

72. 邓科：《胡鞍钢：腐败损失有多大 每年 1 万亿》，《南方周末》，2001 年 3 月 22 日。

73. 吴忠民：《应当高度重视公共投入的优先次序》，《南方周末》，2003 年 11 月 13 日。

74. 梁发芾：《去年公费出国到底花了多少钱?》，《中国经济报》，2005 年 3 月 9 日。

75. 刘彬:《国企改革再出发》,《人民政协报》,2013年12月31日。

76. 北京市中国特色社会主义理论体系研究中心:《国企改革的成就与经验》,《经济日报》,2013年5月30日。

77. 国务院新闻办公室:《2012年中国人权事业的进展》,《人民日报》(海外版)2013年5月15日。

78. 中华人民共和国国务院新闻办公室:《中国的民主政治建设》,《新华月报》,2005年第11期。

79. 陈文新:《从“现代化”到“制度变迁”——当代西方政治发展理论的语境转换》,《云南行政学院学报》,2005年第1期。

80. 陈文新:《马克思制度变迁理论初探》,《求实》(江西),2005年第2期。

81. 陈文新:《政治资源与当代中国政治发展》,《思想战线》,2008年第4期。

82. 陈文新:《政治资源基本理论初探》,《上海行政学院学报》,2006年第1期。

83. 陈文新:《政治资源的优化配置与社会主义政治文明建设》,《北京行政学院学报》,2012年第6期。

外文文献

1. Etzioni, The Active Society, A Theory of Societal and Political Processes, New York: The Free Press, 1968.

2. William Gamson, Power and Discontent, Homewood, Ⅲ: The Dorsey Press, 1968.

3. Robert. A. Dahl, Dilemmas of Pluralist Democracy: Autonomy vs. Control, New Haven: Yale University Press, 1982.

4. John Kane, The Politics of Moral Capital, Cambridge University Press, 2000.

5. Kate Nash, Contemporary Political Sociology: Globalization,

Politics, and Power, Blackwell Publishers ltd, 2000.

6. W. Philips Shively, Power and Choice: An Introduction to Political Science McGraw-Hill, Inc, 1991

7. Pippa Norris, Passages to Power Legislative Recruitment in Advanced Democracies, Cambridge University Press, 1997

8. John F-Wasmund, Administrative lobbying of the Georgia State Legislature, A Dissertation for the PHD in the College of Georgia State University, 1985.

9. Kevin J. O ' Brien, Reform Without Liberalization, Cambridge University Press, 1990.

10. Nicolas Dahan, A Contribution to the Conceptualization of Political Resources Utilized in Corporate Political Action Journal of Public Affairs. London: Feb 2005. Vol. 5, Iss. 1.

11. Jay Barney, Firm Resources and Sustained Competitive Advantage, Journal of Management; Mar 1991; 17, 1; ABI/INFORM Global.

12. Thomas Romer and Howard Rosenthal, Political Resources Allocation, Controlled Agendas, and the Status Quo, Public Choice Apr, 1978; 33, 4; ABI/Inform Global.

13. William Simonsen and Mark D. Robbins, Citizen Participation in Resource Allocation, West View Press, 2000.

14. Vernon W. Ruttan, What Happened to Political Development, Economic Development and Cultural Change; Jan 1991; 39, 2; ABI/ Inform Global.

15. Kevintleicht, Political Resources and Direct State Intervention: the Adoption of Public Venture Capital Programs in the Americanstates, 1974-1990, Social Forces. Chapel Hill: Jun 1998. Vol. 76, Iss. 4.

16. Janet E Frantz, Political Resources for Policy Terminators, Policy Studies Journal Urbana: 2002. Vol. 30, Iss. 1.

17. Jeremy, David, Bailey, Democratic Energy: Thomas Jefferson

and The Development of Presidential Power, A Dissertation, Boston College, Political Science Department, 2003.

18. Alexander Hicks and Joya Misra, Political Resources and the Growth of Welfare in Affluent Capitalist Democracies, 1960-1982, AJS Volume 99 Number 3, November 1993.

19. Hunter, Kenneth G., Laura Anne Wilson, and Gregory G. Brunk. 1991. Societal Complexity and Interest-Group Lobbying in the American States. Journal of Politics, 53.

20. Rogers, Mary E 1974. Instrumental and Infra-Resources: The Bases of Power: American Journal of Sociology, 79.

21. Oberman W, Strategy and tactic choice in an institutional resource context. In Corporate Political Agency, Mitnick B (ed.) . Sage: Newbury Park, CA.

后　记

本书在博士论文的基础上修改而成，也是我的第一本著作。在本书即将付梓之际，许多往事不禁涌上心头。

2003 年 9 月，怀着对学术的真诚追求，我从古城开封来到风景秀丽的珞珈山下，跟随虞崇胜先生研习政治学。蒙先生不弃，得以有机会感受珞珈文化的熏陶。在珞珈山下，我第一次真正领略到了学术和思想的魅力，感受到了珞珈文化浓厚的人文关怀，更重要的是我意识到了自身知识结构的不足与缺陷，更加珍惜来之不易的求学机会。我来自于豫南农村，求学之路并不顺利。正是父母长期的辛勤劳作和默默支持，使我能够安心读书，我在学业上所取得的每一点进步，实际上也凝结着他们的汗水。我的姐姐和弟弟为我多年的求学生涯付出太多太多，更多的时候，我是以沉重的心情接受他们的帮助。正是在这种感恩的心理下，在三年攻博的岁月里，我利用一切可能的时间去大量地读书。忘不了武汉大学新三栋七楼那间温馨的小屋，在那里，在寒夜，我静静地享受着阅读政治学原典给我带来的内心的安宁与快乐，感受到一个寒门学子独有的温暖。

回想博士论文的写作，更无异于一场心智的考验。对政治资源问题的研究，完全得益于虞老师的指导与帮助，正是先生敏锐的学术洞见和前瞻的学术想象力，使我下决心去从事中国政治资源配置这一问题的研究。但当我真正面对这一宏大主题时，我常常感到心力交瘁，我整个的知识储备显得捉襟见肘，知识结构的短板暴露无遗，这样的情形常常迫使放下写作重新选择阅读去进行知识的弥补。写作的艰辛只有劳动者才能真切地体会到，在焦虑、困惑于彷徨之中，我往往选择独自漫步在江城寂静的小巷中，去享受片刻的宁静，去重新梳理那混乱的思绪。终于，2006 年初春的一个凌晨，我完成了博士论文的初稿，而窗外还是一个寂静的世界。那一刻，我如释重负，心里洋溢着一丝激动与欣慰。

有人说，往事不堪回首。我认为，往事值得回味与珍重。在回味往事的过程中，我们才体会到成长的艰辛与快乐，才会真正走好以后的路，更重要的是，回味往事让我们懂得了生活的珍贵，懂得了感恩和感谢。

首先，要感谢我的导师虞崇胜先生。先生博学谦逊，宽以待人，博士论文的完成首先应归功于先生的精心指导。他的渊博的学识常常给我启发，使我在思索的困境中获得突破；他的耐心指导，使我的论文逐步规范和完善；他的宽容，激励着我在学术的道路上不断前进。在生活上，师母蒋老师给予我极大的关怀与照顾，毕业后还常常关心我的工作情况，师母的关心我永远不会忘怀。

感谢刘德厚教授、谭君久教授、施雪华教授、张星久教授。在武汉大学公共管理学院浓厚的学术环境中，他们的学术追求和智慧，使我时刻感受到珞珈文化的氛围；他们的日常指导与教诲，常常使我感受到进步的动力。

感谢由复旦大学林尚立教授、南开大学杨龙教授、国家行政学院许耀桐教授、中国社科院杨海蛟研究员、武汉大学张星久教授组成的答辩委员会，在论文答辩的过程中，他们在肯定论文的成绩的同时，也都从不同的角度对论文提出了许多中肯的意见与建议，他们的建议使我受益匪浅，直接促成了工作之后博士论文的修改方向。

感谢郑州大学公共管理学院的郑志龙教授、刘学民教授、秦国民教授、高卫星教授等领导与诸多同事。自 2006 年进入郑州大学公共管理学院工作以来，我时刻感受到公共管理学院这个大家庭的温暖，尤其是秦国民教授对于我工作、生活上的帮助，让我一直感念于心，正是在他的直接推动下，促成了本书的出版，在此深表谢意！

我还要感谢深圳大学的张涛教授。作为我的硕士生导师，是张老师首先把我引入学术的殿堂。在攻读博士的日子里，他的不断帮助和鼓励，给了我克服困难的勇气和力量。

感谢周口师院的贾腾博士，同他的讨论与交流总是能给我许多启发，他对学术的执著与热情总是鞭策我的一种力量，他的正直与诚实是我学习的品格。

感谢出版策划人舒刚博士，他为本书的出版付出了艰辛的劳动。

感谢我的父母和家人。我的妻子在论文写作和修改的日子里，不仅照料我的生活，而且还为我的论文资料的收集工作付出了很多时间。儿子棋棋的天真无邪为我带来了无尽的欢乐，使我忘却了脑力劳动带来的疲倦。

最后，我要说的是，虽然有诸多师友的无私帮助，我对政治资源问题的研究恐怕还存在不少瑕疵，对于即将与读者见面的这部著作，我仍然感觉到很惶然。我的导师虞崇胜先生曾言：学贵自得，学者通过研究应有一孔之见，学者不可人云亦云，夸夸其谈；学贵自省，学者应认识到自己研究的局限性，不可妄自菲薄。对于政治资源这一宏大课题的研究，从初涉到最终修改定稿，我真切感受到了自得与自省的存在。我对政治资源问题的研究，努力地提出了一些自己的见解，这些见解逐步获得了一些认可，有多篇文章被人大复印资料转载，关于政治资源的观点被新华文摘论点摘编，国内学术界也越来越关注这个问题的研究。同时，随着研究的不断深入，囿于学识，我越来越感觉到自身研究成果存在着的缺憾和不足，许多未知领域和遗留问题只能留待以后进行继续探讨。我相信，随着本书的出版，我对政治资源问题的研究并没有画上句号，而只是一个新的开始。

陈文新

2014 年 6 月于郑州大学盛和苑